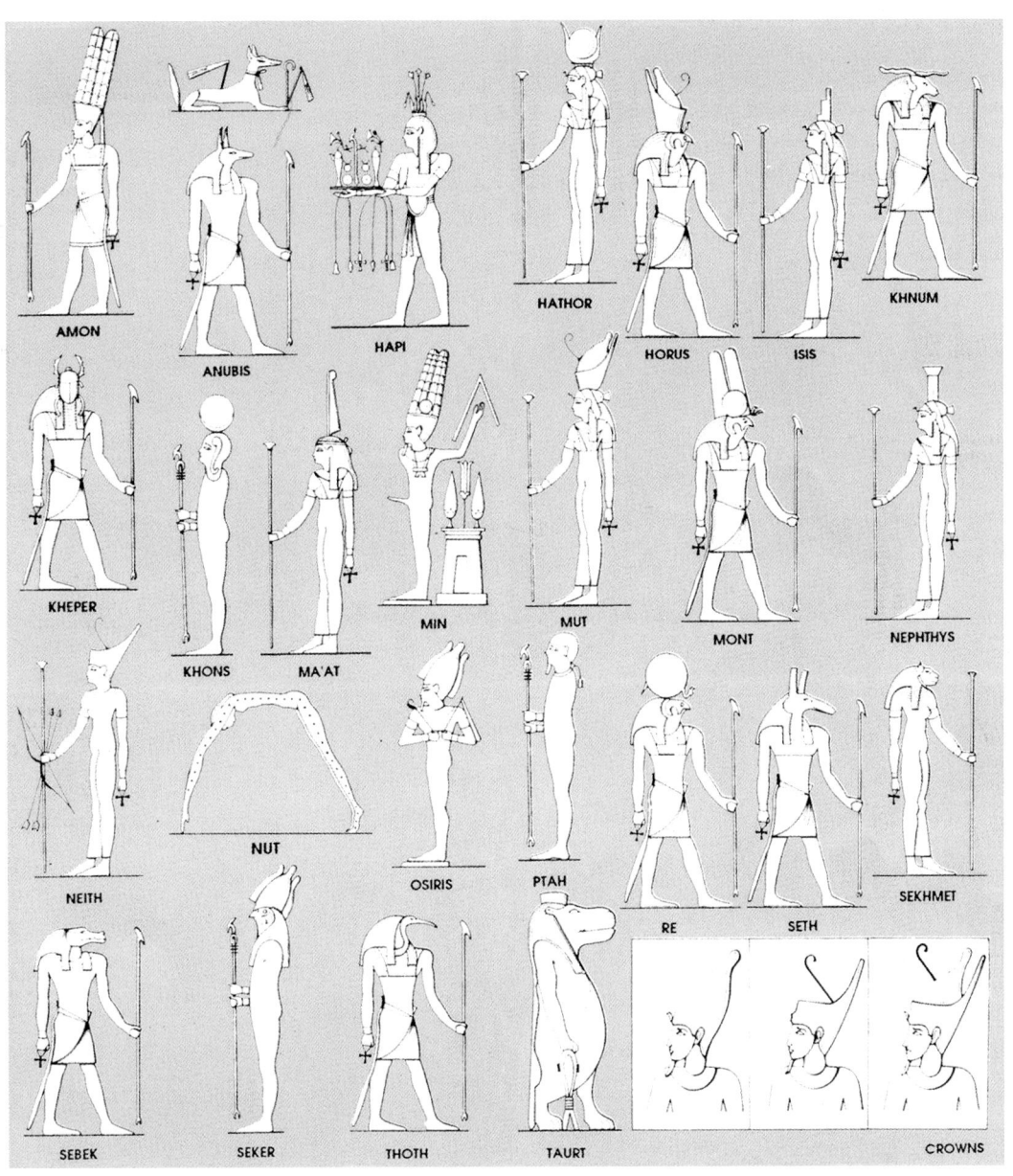

AMON

ANUBIS

HAPI

HATHOR

HORUS

ISIS

KHNUM

KHEPER

KHONS

MA'AT

MIN

MUT

MONT

NEPHTHYS

NEITH

NUT

OSIRIS

PTAH

RE

SETH

SEKHMET

SEBEK

SEKER

THOTH

TAURT

CROWNS

고대 이집트의 신들

파라오 세티 1세가 황금으로 만든 오시리스의 척추(djed)를 이시스 여신에게 바치는 장면(세티 1세의 장제전)

오시리스의 부활

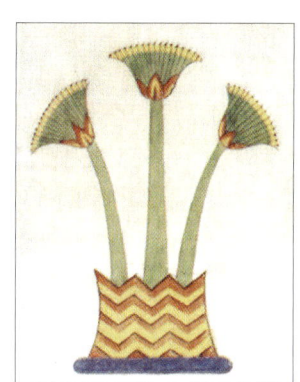

파피루스 나무(왼쪽)와 파피루스 두루마리

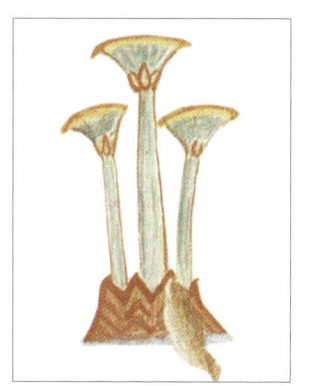

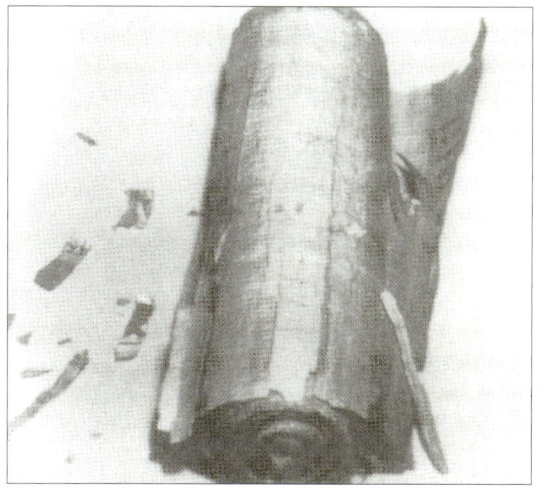

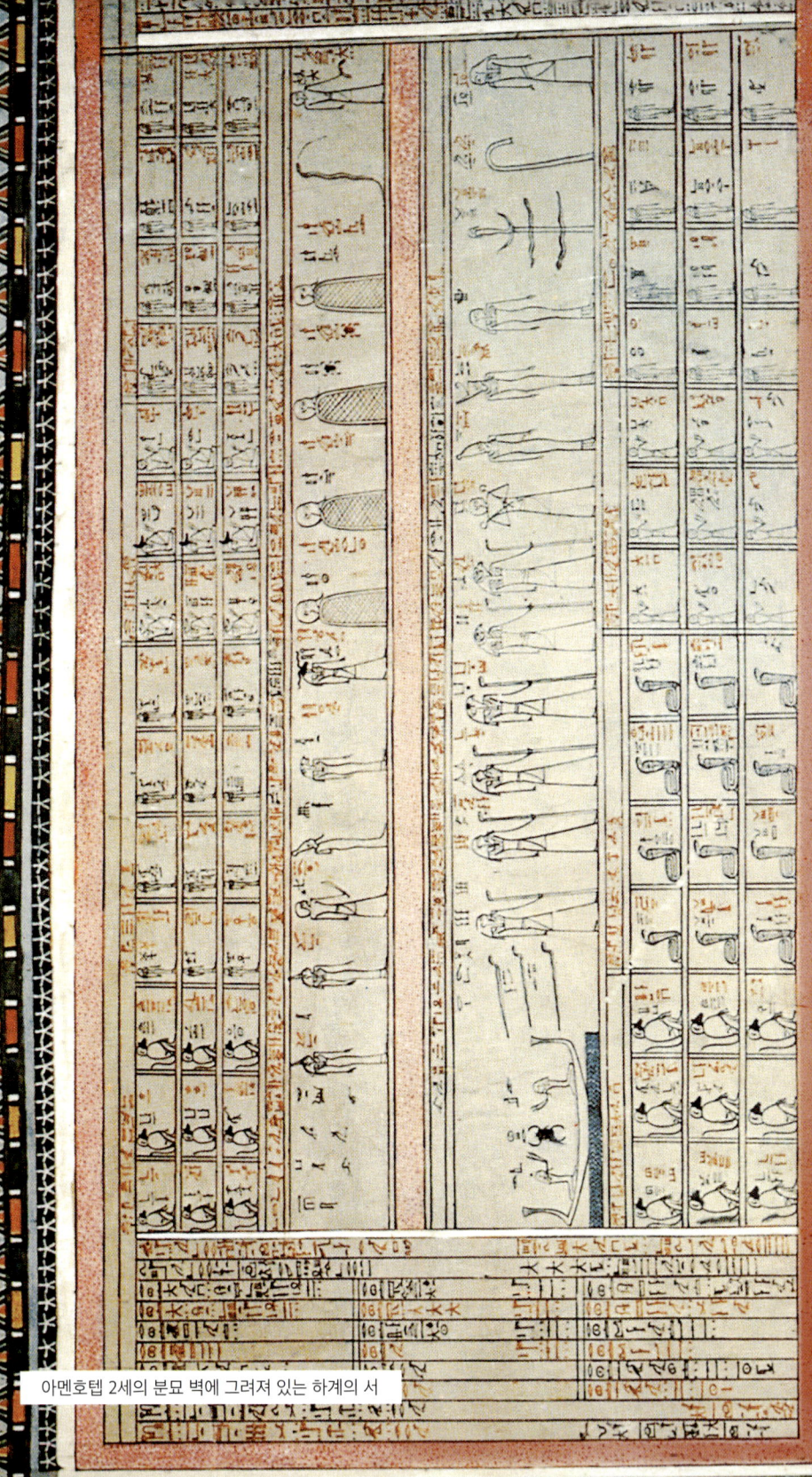

아멘호텝 2세의 분묘 벽에 그려져 있는 하계의 서

이집트 사자의 서

the Egyptian Book of the Dead

이집트
死者의
書

서규석 편저

문학동네

일러두기

1. 논문 제목은 「」, 책 제목은 『』로 표기했다.
2. 이집트어 표기는 한글 맞춤법통일안 외래어 표기법을 기준으로 했으나 국내에서 이미 굳어진 일부 용어는 현행 표기를 그대로 따랐다.
3. 이 책에 사용된 그림과 사진의 저작권은 대영박물관(The British Museum)과의 계약에 의해 저자에게 있으므로 무단 전재 및 무단 복제를 금한다. 그 외 일부 사진은 예술의 전당이 제공했음을 밝힌다.

서문

나일강! 그것은 단지 한줄기 강물이 아니다. 아프리카 대륙의 절반을 휘감아돌며 상류의 들판에서 진흙을 실어날라 하류의 이집트를 옥토로 만들어놓고 지중해로 빠져나가는 나일강은 신이 빚은 작품이다. 세계가 깊은 잠에 빠져 있던 시기에 거대하고 장엄한 태양의 문화를 꽃피우고 인류의 문명을 인도한 것은 바로 나일강이었다.

비가 거의 내리지 않는 나라에서 비옥한 땅을 갖고 찬란한 문화를 만개할 수 있었던 것은 신이 내려준 축복이 아니고서는 불가능 한 일이다. 내륙의 리비아사막과 홍해의 아라비아사막이 나일강을 마주보며 서 있는 가운데 끝없이 펼쳐진 황량한 사막의 나라 거기에 생명수를 전달하는 나일강의 물줄기. 이와 같은 이집트의 자연이야말로 신의 작품이 아니고 무엇이겠는가. 에티오피아와 우간다에서 시작되는 수원과 강줄기가 신들의 작품으로 만들어지지 않았던들 상류에서

6,400킬로미터나 떨어진 사막의 이집트가 존재할 수 있었을까. 신은 위대한 문명의 씨앗을 전파하기 위하여 이렇게 고안해놓은 것은 아니었을까.

세계 어느 곳을 가보아도 이집트에서처럼 진한 코발트색으로 물든 하늘을 볼 수는 없다. 이집트를 둘러보면서 느낄 수 있는 것은 '죽은 자의 힘'이 그 어느 곳보다도 강하고 또 많다는 점이다. 문학은 피라미드 문서로 기록된 종교 문학이며 현존하는 건축도묘, 장제전, 신전 등 종교물이다. 무수한 회화와 조각도 종교적인 것으로 이집트 문화는 신을 중심으로 피어난 것이다. 이집트의 문명은 사자死者의 문명이며 그 역사는 사자의 역사라고 해도 과언이 아닐 만큼 고대 이집트는 독특하고 방대하며 매력적인 죽음 의식과 내세관을 지니고 있다.

오늘을 살고 있는 우리는 이미 여러 가지로 그들이 꽃피운 문화와 문명의 혜택을 입고 있다. 오시리스의 부활을 기원하는 이시스는 성모 마리아를 연상시키는 모습이며, 이집트인들이 행한 부정 고백否定告白은 모세의 십계명만큼이나 우리에게 감명을 주고 시대적으로도 앞선 것이다. 생명을 상징하는 '앙크Ankh'도 그리스도교에 유입되어 십자가가 만들어지는 계기가 되었으며, 그리스로마 사상의 원천도 이집트가 제공한 것이다. 수난과 영생과 부활 외 드라마가 기원전 2000년에 이미 이집트에서 완성되었다는 것만으로도 놀라운 일이다. 서양 철학에 많은 영향을 끼친 플라톤의 이데아론도 기원전 399년 소크라테스의 독배 이후, 이집트를 여행하던 중 '카Ka 사상'에서 받은 지적 충격을 「대화편」에서 재구성한 것에 지나지 않는다. 알렉산더대왕이 이집트를 정복한 이후 희랍 사상과 신화의 원천도 이집트로부터 비롯된 것이다. 그만큼 헬레니즘과 헤브라이즘의 본류에는 이집트 나일강의 젖줄이 흐른다고 말할 수 있다.

이 글은 이집트인들이 인류 역사상 최고最古의 문화를 꽃피우며 거대한 유적과 유물을 남기는 데 정신적 모태가 되었던『사자死者의 서書』를 중심으로 이집트의 신화와 죽음 의식에 대하여 쓴 것이다.『사자의 서』는 어느 한 사람이 기록한 것도 아니고 어느 한 시대에 쓰인 것도 아니다. 왕조가 성립되기 이전, 문자가 발명되지 않은 구전口傳의 시기부터 마케도니아의 알렉산더대제에 의해 이집트왕국이 멸망한 후 성립된 프톨레미 시대까지 약 삼천 년에 걸쳐 기록된 것이다.

오늘날 우리가『사자의 서』를 해독할 수 있게 된 것은 수많은 이집트학 학자들의 노력 덕분이나 또한 그 시기는 장구한 이집트 역사에 비하면 참으로 짧다. 유럽의 고고학자들에 의해 발굴, 발견된 파피루스가 렙시우스, 나비유, 레노프, 벗지 등의 학자들에 의해 편찬되어 이집트 상형문자의 의미를 이해할 수 있게 된 시기는 서기 1800년대 말부터 1900년대 초이다. 이들은 마치 식물학자가 채집한 식물을 분류하고 정리하는 것과 같은 작업을 시도하였다. 이러한 작업 덕분에 마침내 약 오천 년 전의 일을 우리 시대에 우리의 사고로 읽을 수 있게 된 것이다.

그러나 수집된 파피루스 가운데 상당수는 훼손된 상태였으며, 오류가 섞인 사본 혹은 의미가 불분명한 내용이 많다.『사자의 서』는 별도의 저서나 기록물에 의해 일관된 내용으로 쓰인 것이 아니라 신전이나 기념물, 파피루스 등의 기록에서 채집한 것이어서 오늘날 우리가 혼돈을 빚는 것도 당연하다. 이러한 이유로『사자의 서』를 읽을 때 상호 모순되고 의미 전달이 불분명하여 당혹스럽거나, 무수한 지방신의 이름이 등장하여 혼란스러운 것은 어찌 보면 당연한 일이다. 이스라엘 민족이 야훼를 유일신으로 삼은 것에 비해, 이집트인들은 상하 이집트 42개 지방의 민간신앙을 계통화하여 세계관을 만들었기 때문에 지방마다 나름의 신들이 무수히 존재했고 왕조의 부침과 더불어 신의 위치가 뒤바뀌는 일이 비일비재하였다. 이 책에서는 이러한 점 때문에 이집트 신화에 등장하는 무수한 신들에 대한 설명을 부록으로

덧붙였으며 본문 중에서도 주를 달아 독자의 이해를 돕도록 애썼다.

이집트인들은 삶을 인도하고 보호하는 권능을 가진 신들을 만들면서 그 신들의 능력을 반대하거나 훼방하는 또다른 신도 인정했다. 그 대표적인 것이 선을 상징하는 호루스 신과 악을 상징하는 세트 신의 갈등이다. 이집트인들은 마치 낮이 있으면 밤이 있고 빛이 있으면 어둠이 있듯이 자연현상을 대립과 조화의 통일로서 이해했고 그것을 신화 속에 담았다.

따라서 『사자의 서』를 읽으면서 오늘날의 사고방식으로 접근해서는 안 된다. 또한 일관되고 통일된 내용을 기대하는 것도 성급한 일이다. 조급함을 뒤로 하고 주의깊게 살펴본다면 『사자의 서』는 다음과 같은 세 가지 내용을 특징으로 하고 있다.

첫째, 『사자의 서』는 사자의 명복을 빌기 위한 주문집이며, 명칭 자체가 암시하듯 장의용葬儀用 문구들로 이루어져 있다. 제1장부터 제17장까지를 '레우 누 페르 엠 후루Reu nu pert em hru'라고 현지인들이 이름 붙인 것처럼, 사자가 몸에 지니고 다녀야 하는 일종의 '부활의 서'다. 이에 대한 상세한 설명은 제64장부터 제75장까지 전개되어 있다. 둘째, 오시리스 신과 라 신에 대한 찬가집이기도 하다. 사자가 현세와 마찬가지로 내세의 오시리스왕국에서 부활하여 행복을 누리기 위하여 오시리스와 라 신에게 드리는 찬가, 자기 고백, 심판 등이 들어 있다. 셋째, 이집트의 신화적 사유와 세계관 및 사회 관습과 풍습이 고스란히 반영되어 있다. 우주, 태양과 달, 나일강 등의 자연 만물에 대해 갖고 있던 신화적 사고와 토템적 신앙뿐만 아니라 중왕조 시대의 평등 사상, 사회 구성 원리였던 족내혼, 일상생활의 소소한 습속 등이 『사자의 서』 전체를 관통하고 있다.

고왕국 시대 파라오의 피라미드, 특히 계단식 피라미드인 마스타바 무덤의 벽에 각인된 종교회화, 경문經文, 주문 등과 함께 신화의 원천으로서 가장 오래된 것이 바로 『사자의 서』이다. 후에 『사자의 서』

이외에 신왕국 시대의 것인 『하계의 서Book of Tuat』 『제문의 서Book of Gates』 등의 경문이 발견되었는데, 이집트인들은 이 세 가지 경전에 오시리스 신화 및 하계의 비밀을 기록하여 사자의 길 안내서로서 사자와 함께 매장했다. 이집트의 신화와 『사자의 서』는 주로 이들 경전에서 채집한 것이다.

『사자의 서』의 밑바탕에 깔려 있는 것은 죽음과 부활과 영생의 오시리스 신화이다. 부활은 속죄와 불가분의 관계가 있고, 이 때문에 신관들의 의식, 부정고백이 수반된다. 오시리스 사상은 누구나 신이 될 수 있다는, 신과 인간의 동일성에 기초한다. 구약의 「다니엘 서」가 의를 위해 죽은 자에 대한 복음이듯이 『사자의 서』는 이시스와 네프티스가 오시리스의 수난과 부활을 기원하고, 파라오에서 일반 민중에 이르기까지 영원을 희구하는 모든 인간의 '부활의 서'이다.

이 책은 몇 개의 문헌을 참고로 하여 일반인들이 최대한 이해하기 쉽도록 꾸며졌다. 『사자의 서』는 1800~1900년대를 전후하여 이집트학의 여명을 여는 데 기여했던 대영박물관의 이집트학 실장이었던 월리스 벗지, 독일 학자 렙시우스, 그리고 최근에 포크너가 편찬한 것을 기초로 하여 필자가 재구성한 것이다. 또한 이집트의 신화는 고대 그리스의 역사가 플루타크가 쓴 『이시스와 오시리스』를 참고로 했으며, 『사자의 서』를 이해하는 데 도움이 되도록 이집트의 개벽신화와 종교를 전편에 도입하였다.

아울러 여러 학자들이 해독 내지 해석한 내용과 삽화를 많이 담고자 노력했다. 최근에 발간된 『사자의 서』에 관한 책들은 단지 해석에만 그치고 있기 때문에 가급적이면 초기의 학자들, 예를 들면 렙시우스와 벗지, 나비유의 해독과 삽화를 중심으로 실었다. 덧붙여 독자들이 이집트의 룩소르나 아부심벨, 왕가의 계곡을 여행할 때 신전에 기록된 상형문자의 한 구절쯤은 해석할 수 있도록 몇 가지 실례를 들어 상형문자 해독 방법을 설명하였다.

글을 쓰면서 가장 어려웠던 점은 고대 이집트의 고유명사를 처리하는 일이었다. 이집트의 고유명사는 고대인들이 당시 어떻게 발음했는지를 지금도 완전하게 밝혀내지 못하고 있어 정확히 표기하기가 어렵다. 더욱이 후대 연구자들이 사용하는 언어권에 따라서도 상당한 차이가 있어 혼란이 더욱 가중되고 있는 실정이다.

이집트 상형문자에는 자음만 있고 모음이 없다. 예를 들어 아름다움을 의미하는 고대 이집트어는 'Nfr'이다. 이 단어를 고대 이집트인들이 어떻게 발음했는지 알 수가 없기 때문에 학자들은 자음의 중간에 a, o 또는 e 모음을 삽입하여 Nofra, Nefer, Nofri, Nabre 등으로 표기했다. 파라오 프타호텝의 원래 표기도 Pthhtp이다. 여기에 모음을 첨가하여 현대식의 Pthahotep으로 만들어낸 것이다. 태양신 라Ra 역시 레Re로 표기되기도 한다.

따라서 필자는 혼란을 피하기 위해 대영박물관의 『고대 이집트 백과사전』을 참고하여 가급적이면 빈번하게 쓰이는 하나의 이름을 고수했다. 즉 같은 이름과 지명을 나타내는 사례들, 예를 들면 프톨레미와 프톨레마이오스, 엘레판틴과 엘레판티나, 아몬 신과 아멘 신, 크눔과 크네무, 아툼 신과 템 신 등의 경우에 전자의 것으로 통일하여 사용했다. 다만 이미 우리에게 익숙한 용어는 기존의 표기 방식을 그대로 따랐다.

끝으로 이집트학이 국내에서는 아직 황무지나 다름없기 때문에 외국의 친지들로부터 많은 도움을 받았음을 밝힌다. 이 자리를 빌려 조지워싱턴대학교에서 자료를 보내준 정승재 박사, 독일의 라이프치히대학도서관에서 마이크로필름을 우송해준 김충구 박사, 이집트에서 자료를 제공해준 서울항공의 신동일님, 그리고 지적 토론을 아끼지 않은 김성룡 박사에게 감사하며, 믿음과 정으로 울타리를 쳐준 아내

조정윤에게 고마움을 전한다.

　그리고 이 글이 빛을 볼 수 있도록 기꺼이 출판을 허락해준 문학동네에도 감사함을 보낸다. 또한 부족한 부분은 추후 시간을 갖고 보완해나갈 것임을 약속드린다.

1999년 7월 서규석

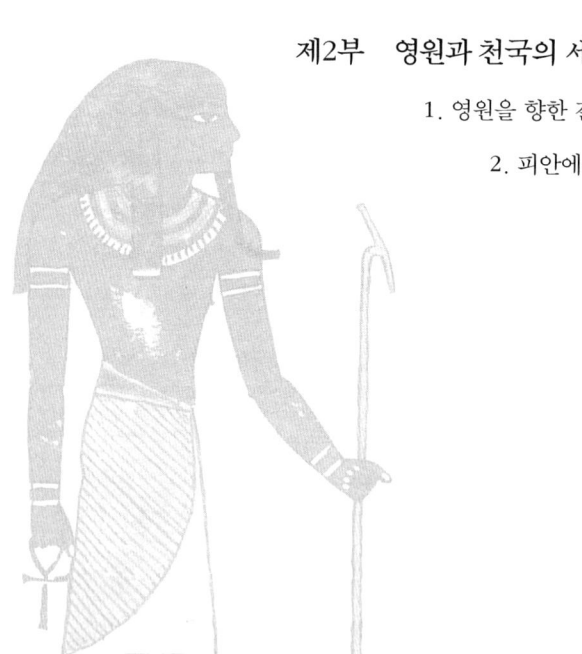

차 례

제1부
천지창조와 부활의 신화

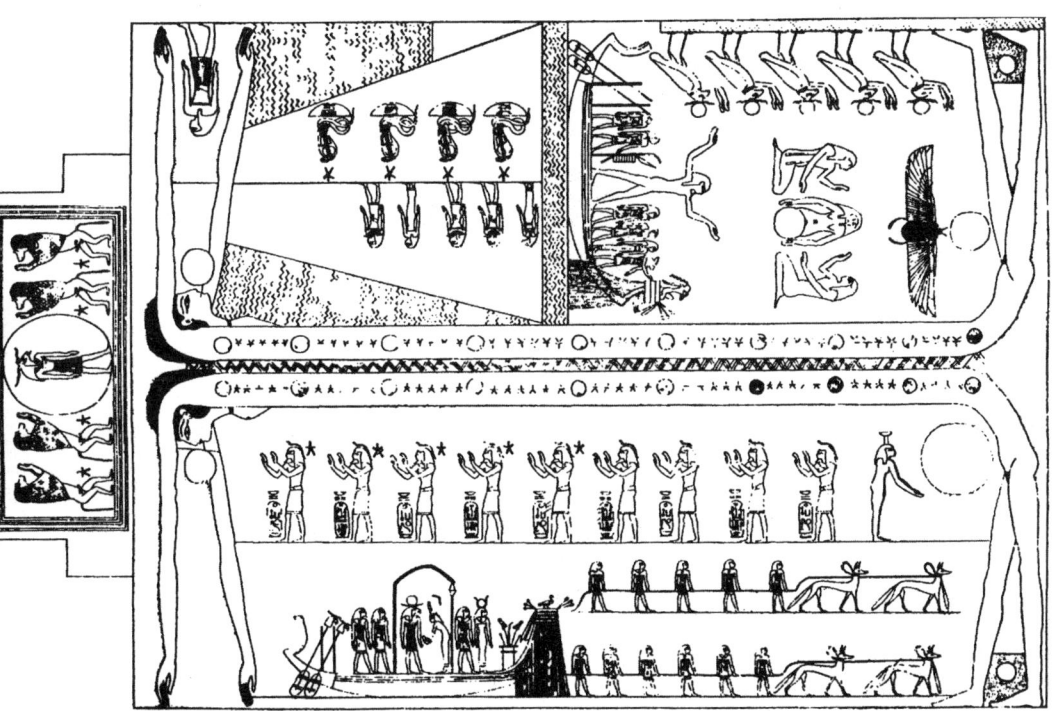

인간과 만물의 창조자 아툼 신과 누트 여신이 누워 있는 모습으로 신과 만물을 감싸고 있다.

1. 신화의 발상지 나일강

  이집트는 나일이며 나일은 이집트라는 말이 있듯이 이집트는 그야
말로 나일강이 빚어낸 선물이다. 전 세계가 깊은 잠에 빠져 있을 무렵
인 지금으로부터 오천 년 전 이집트에서 아름다운 문화의 꽃이 피어
날 수 있었던 것은 나일강이 있었기에 가능했다.

  중앙아프리카의 대삼림으로부터 발원하는 나일강은 대사막을 달
려서 하이집트의 부챗살과 같은 지역에 상류에서 실어온 비옥한 토
지를 내려놓고 지중해로 빠져나간다. 에티오피아에서 발원하는 청
나일Blue Nile과 우간다의 빅토리아호에서 시작하는 백나일White Nile
이 카르툼Cartum에서 합류하여 나일강의 본류를 형성한다. 이 길이가
3,400킬로미터이며, 다시 이곳으로부터 장장 3,000킬로미터를 흘러
지중해로 들어간다. 나일 본류인 카르툼에서부터 여섯 개의 급류, 소
위 나일 카타락트Nile Cataract를 거치게 되는 데 본류 지점이 제6폭포

이며, 아스완 댐 부근이 제1폭포이다.

초기 이집트인들은 제1폭포 앞에 위치한 엘레판틴의 지하 바다에서 나일강의 물이 솟아오르는 것으로 생각했다. 이곳은 코끼리가 많이 살았다. 해서 그리스인들이 엘레판티나로 이름 붙였던 곳이다. 아스완에서부터 지중해까지 강물을 가로막는 장애물은 없으며 마지막 백육십여 킬로미터를 남겨둔 지점에서는 일곱 개 이상의 지류를 형성한다. 강물은 그곳에 상류로부터 실어온 비옥한 토지를 부려놓았다. 부채꼴 모양의 습윤한 평지를 형성한 이 지역을 그리스인들은 델타라고 불렀다.

역사적으로 남쪽 멤피스로부터 아스완 댐 부근의 엘레판틴의 제1폭포까지에 이르는 지역은 상이집트 국가였다. 지도상으로 보면 이집트의 밑부분 지역이 여기에 해당된다. 반면 카이로 부근의 나일 하구에서부터 일곱 개의 지류를 만든 나일강 델타 지대는 하이집트 지역이다.

나일의 범람은 생명의 부활

나일강의 강줄기를 따라 형성된 하이집트는 비옥한 델타이며 지중해성 기후이고, 상이집트는 넓고 급격한 형태의 폭포가 있는 건조지대로서 상하 이집트는 기후나 지형적으로 많은 차이가 있다. 매년 7월이면 찾아오는 나일강의 범람은 나일강 하류 지방 즉 하이집트를 수천 년 동안 비옥한 땅으로 만들어주었지만, 서쪽으로는 황량한 리비아의 사막지대를 형성해놓았다.

상이집트의 중심은 테베와 히에라콘폴리스였다. 그러나 매의 신호루스족의 족장은 북진하여 티니에 수도를 정하고 상하 이집트를 처음으로 통일하였다. 그리고는 통일 왕국의 수도를 멤피스로 정하였다. 이 족장이 메네스Menes 혹은 메네시스로 알려진 전설적인 왕이다. 선

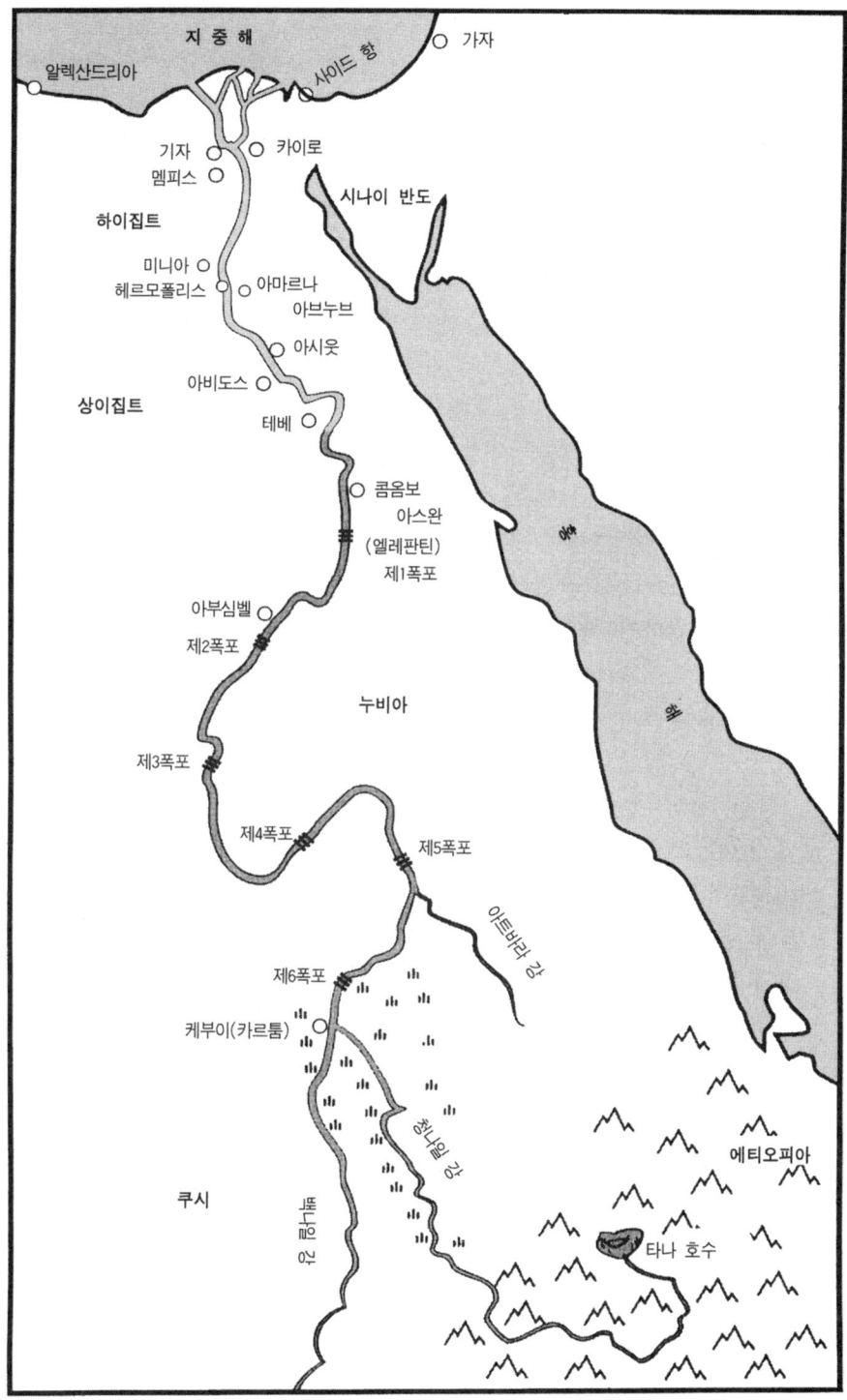

고대 이집트

사시대까지 상하 이집트는 분쟁과 갈등의 형태로 지속되어 왔지만 치수, 관개, 무역의 필요성 때문에 통일을 이루었고, 그로부터 마침내 역사 시대로 접어들게 되었던 것이다.

나일강은 일 년 중 7월부터 강의 수위가 높아져 9월까지 범람한다. 이집트인들은 범람한 강물이 빠지기 시작하면 진흙에 씨앗을 뿌리고 농작물을 재배했다. 따라서 이집트인들은 7월부터 일 년이 시작된다고 보았다. 물이 불어나는 증수기는 대개 6월부터 9월까지이며, 이때는 생명이 살아 숨쉬는 환희의 계절로 여겨졌다. 10월이 되면 땅이 드러나기 시작하여 다음 해 2월까지 습기가 보존된다. 또 3월부터 6월까지 죽음을 뜻하는 건조기가 돌아오고 이러한 세 계절의 반복으로 일 년이 이루어진다.

여기서 나일강이 이집트인의 사유 방식과 세계관에 미친 영향을 잠시 살펴보자.

나일강과 폭포, 태양 이 세 가지야말로 이집트인에게는 생명 그 자체였다. 나일강의 범람과 태양이 만들어낸 이집트에서 태양 숭배를 고려하지 않는 것은 있을 수 없는 일이다. 에티오피아의 타나 호수에서 시작되는 나일강 물이 카르툼을 거쳐 바위투성이의 게벨 시루시레와 누비아 그리고 사암으로 뒤덮인 협곡의 아스완에 도착하면 축제가 벌어진다. 이때가 7월이다. 이 강물이 테베, 멤피스의 북쪽에까지 뻗게 되면 9월까지도 축제가 계속된다. 이때 나일강에는 공물이 바쳐지고 찬가가 울려퍼진다.

오 나일의 신 하피를 찬양합니다.
당신은 이 땅에 내려왔고
이집트를 평화로이 살 수 있게 했습니다.
숨어 있는 당신은 기쁨을 인도하고
라가 창조한 밭에 물을 가져다 주었습니다.

당신은 모든 생물에 생명을 주고
모든 대지에 목을 축이게 했습니다.
당신은 하늘에서 내려와서
곡식과 마실 것을 주고
모든 것을 풍요롭게 했습니다.[*]

대지에 풍요를 가져다주는 범람기가 바로 새해 원년이다. 새해 원년은 당시 그들이 말하는 7월의 두번째 주 다음날 대략 7월 19일경이다. 나일강이 범람하면 신년 원단 다음날부터 온 나라가 환희에 가득차고 활동기에 들어간다. 사람들은 탄금에 맞추어 노래하고 손뼉 치며 환호한다. 그들은 신비에 휩싸인 나일강의 발원지를 알지 못했다. 그래서 그들은 타는 듯한 대지에 풍요를 제공하는 것은 신이라고 믿었다. 이집트인들은 그 강물이 내세에서 출발하여 제1폭포의 지하에서 현세로 솟구쳐나온다고 생각했기 때문에 신전 앞에 수많은 음식과 공물, 파피루스를 봉헌하였고 또다른 신상들을 세웠으며 오페트Opet 축제를 열었다.

오페트 축제

신을 기념하는 오페트 축제는 대략 23일간 계속되며 테베에서는 9월까지 지속되었다.
투탕카멘 시대에는 아몬 신을 기리기 위해 호화롭게 장식한 신의 배가 룩소르와 카르낙 어귀에 띄워지고 그 뒤를 무트와 콘스 신의 모습을 장식한 배가 뒤따랐다. 람세스 시대에는 새해가 되면 은으로 만

---

[*] Gaston Maspero, *Hymme au Nil*, Paris, 1868.

든 예리한 장식용 끌을 가지고 석회석에 조각을 시작하는 새해 시무식을 갖고는 했다. 또 룩소르 신전의 대역사大役事를 위해 왕이 끌로 시범을 하는 것으로 공사가 시작되었다.

신전에서는 11일 동안 축제가 열리고 신들을 위한 가무歌舞가 시작된다. 카르낙과 룩소르 어귀에는 임시로 설치된 간이식당에 과일, 꽃, 주류가 준비되고 신관들에 의해 운반된 성스러운 작은 배가 신전 앞까지 늘어서 있게 된다.

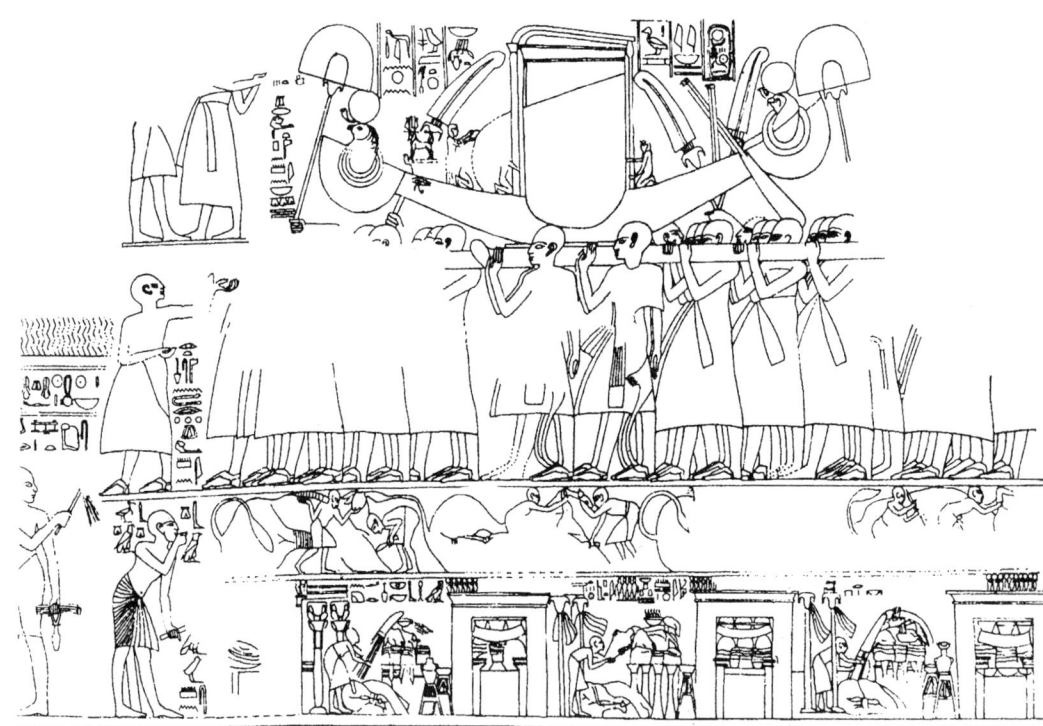

나일강의 오페트 축제. 투탕카멘 시대에 나일강의 카르낙과 룩소르의 운하에서 오페트 축제를 벌이기 위해 왕의 태양선을 병사들이 운반하는 모습. 룩소르 신전에 부조되어 있다.

나일의 범람은, 오시리스가 죽은 뒤에 다시 부활한 것처럼, 하늘의 물이 생명이 끊긴 대지에 비옥한 토양을 날라다주어 다시금 만물을 소생시키고 부활시킬 수 있다는 사상을 제공했다. 나일의 범람이 끝나면 농부들은 종자를 넣어두었던 부대를 가지고 파종하며, 뿌려진 씨앗은 태양열을 받아 싹이 트고 비옥한 토양을 비료 삼아 생육하게 된다. 이처럼 신비의 나일강은 죽음과 부활의 신화, 생명과 문명과 풍요를 잉태하였고, 이집트인들은 이를 가능하게 했던 신들을 위한 축제를 벌였던 것이다.

2. 개벽신화

이집트의 신들은 그리스로마의 신들처럼 전지전능하지도 영원불
멸하지도 않다. 그들도 인간과 다를 바가 없다. 마치 인간처럼 늙고
병들고 죽으며, 사랑과 증오와 분노와 기쁨의 감정에 지배받는다. 이
는 이집트인들이 생로병사로 요약되는 인간 삶의 모습과 변화를 고스
란히 신화에 투영시켰다는 것을 의미한다. 이집트의 신화는 그들만의
독특한 지리적 환경에서 파생된, 그들의 삶과 세계관의 반영 그 자체
라고 할 수 있다.

그래서 이집트의 신들은 대부분 인간이나 동물 또는 식물의 형상
을 하고 있다. 고대 이집트인들에게 있어서 어떤 동물은 인간의 능력
을 초월하는 힘을 가지고 있으며 인간 이상의 지혜로 길흉을 예고하
는 신비적인 힘을 지녔다고 믿어졌다. 사자獅子는 그 힘과 위엄 때문
에 태양의 상징으로 숭배되었으며, 암양은 번식과 생산의 신으로, 들

숫양의 모습을 한 아툼 신이 연꽃 위에 앉아 있고 이시스와 라의 딸인 마아트가 좌우로 서 있다. 아툼 신의 무릎 위에는 생명을 상징하는 앙크가 놓여 있고, 머리에는 권위와 지배를 상징하는 코브라가 장식되어 있다. 이 그림은 혼돈으로부터 질서와 시간이 창조되었다는 것을 상징한다.

개는 사막의 길을 만들고 오아시스로 인도하는 신성한 동물로 여겨졌다.

　조류와 갑충도 마찬가지다. 독수리는 하늘로 뻗는 날개를 갖는 웅자한 모습 때문에 태양신의 상징으로 숭배되었으며, 따오기는 지상의 식물을 찾아내는 냉철한 습성 때문에 지혜의 신 토트의 상징으로 간주되었다. 말똥구리는 동물의 배설물을 동그랗게 말아올리는 모습 때문에 케페라 신과 동일시되어 신성하게 여겨졌다. 세트 신과 동일시되었던 악어 머리의 남신 세베크는 제1폭포의 험난한 급류 주변에 위치한 콤옴보 호수의 주인으로 숭배되었으며, 들개 모양의 아누비스도

리비아사막의 길 안내자로서 존중된 신이었다. 또한 지상을 자유롭게 비행하고 공격력을 자랑하는 황금의 매는 호루스 신의 화신으로, 피닉스는 오시리스 신의 화신으로 신성시되었다.

신들의 퍼즐게임

이집트인의 천지창조 신화는 단군신화와 같은 단 하나의 이야기로 구성된 것이 아니다. 왕조와 시대에 따라 그리고 지역별로 무수한 신화가 존재했다. 얼핏 살펴보면 혼란스러울 정도로 많은 우주 창조의 이야기가 전해져내려온다.

이집트에는 이천 명이 넘는 신들이 존재했다. 42개 지방마다 고유의 신이 숭배되었고, 왕조의 변천에 따라 그 위치가 뒤바뀌었다. 제1왕조 때는 호루스가 왕권의 수호신이었다. 이때의 천지창조 신화는 단순하다.

이집트인들은, 태초에 하늘은 평평한 널판으로 만들어져 있었는데 동쪽의 해가 뜨는 산과 서쪽의 해가 지는 산 사이에 ▱ 과 같은 형태로 걸쳐 있다고 생각했다. 그리고 후기에 가서는 ᘀᘀᘀ ᘀᘀᘀ 과 같은 네 개의 기둥이 하늘을 떠받치고 있다고 여겼다. 동서남북의 네 기둥은 호루스의 네 아들 즉 암셋(케스타), 하피, 두아무테프, 기브세누프를 상징한다. 고대 이집트인들이 사람이 죽은 후에 신체의 일부를 네 개의 용기에 담아서 보관하였던 것은 바로 이 창조신화에 의한 것이다.

그후 '하얀 성벽'이란 뜻을 가진 멤피스에 수도가 세워지면서 이곳의 지방 신이었던 프타 신이 호루스 신의 지위를 이어받아 모든 신 가운데 제일 높은 지위를 갖게 되었다. 멤피스 지방의 창조 신 프타는 하늘과 땅, 그리고 다른 하위의 신들을 창조했다. 원래 프타 신은 창

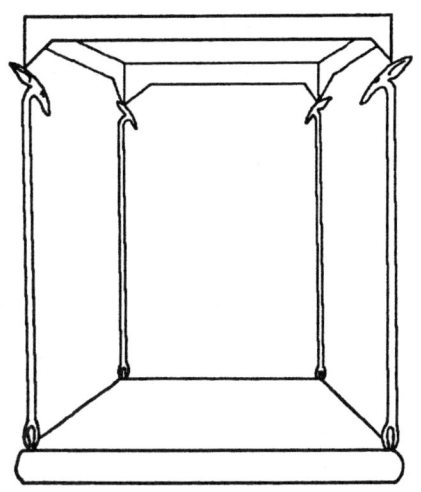

대지 위에 있는 네 개의 기둥이 하늘을 떠받치고 있는 모습.
네 개의 기둥은 파라오의 왕권을 상징한다.

조자라는 뜻의 'pth'에서 유래했는데, 멤피스 신화에 의하면 세크메트, 네페르아툼과 함께 삼위일체의 신으로서 천지를 창조하고 동물과 인간을 만들어낸 신이다.

프타는 대머리에 턱수염이 있으며 붕대를 감은 미라 형태로 묘사되곤 한다. 등에는 메나트Menat*를 걸고 다니며, 조각과 건축의 신, 대장장이 신 등 다방면의 속성을 갖고 있다.

프타 신은 『사자의 서』에서 '입을 여는 의식'을 행하는 장면에 등장한다. 프타 신은 자신이 만든 도구를 가지고 사자의 입을 벌려 내세에서 먹고 마시고 행동할 수 있는 힘을 불어 넣어주는 역할을 한다.

한편, 멤피스의 북쪽에 위치한 헬리오폴리스의 신화에서는 태양신

---

* 하토르 여신을 상징하는 목걸이. 사자가 내세에서 다양한 모습으로 변하고 재생할 수 있도록 하는 의식에 사용되는 도구이다.

라가 호루스 신과 프타 신을 제치고 최고신의 자리를 차지하고 있다. 제4왕조 시대에는 카프라, 멘카우라 왕도 모두 라의 아들로 행세했을 만큼 라가 국가의 최고신으로 숭배되었다. 라는 국가의 수호신으로 절대적인 지위를 부여받았으며, 그의 태양신전은 이집트 지역의 종교적 중심지가 되었다.

그러나 라 신앙은 제5왕조가 끝날 무렵 북쪽의 부시리스 지방에서 출현하여 델타 지역을 점령한 오시리스 신앙에 그 지위를 내주게 된다. 엄밀히 말하면 지위를 내주었다기보다 라와 오시리스 신앙이 결합했다고 볼 수 있다.

기원전 2040년경의 중왕국 시대에 들어서면 헤르모폴리스의 여덟 신들이 천지를 창조한 신화가 등장한다. 케메누Khememu라는 신이 상 이집트의 헤르모폴리스(현재의 에스무넨 지방)에 거주하면서 여덟 명의 키 작은 신들과 함께 혼돈으로부터 천지를 창조했다. 이 신들은 대지, 하늘, 물질 공기를 상징하는 네 쌍의 남녀 신들로서 만물을 각각 상징한다.

제11왕조부터 제18왕조까지는 테베 지역의 지방 신 아몬이 국교 신으로 숭배되었으며, 파라오는 아몬라의 아들로서 신정정치를 펼쳐 나갔다. 카르낙 신전에는 아몬라와 그의 아내인 무트, 아들인 콘수 신이 나란히 자리잡고 있다. 그러나 아몬, 무트, 콘수 신은 『사자의 서』에서는 거의 등장하지 않는다. 아몬 신은 '은신했다, 숨었다'라는 의미로서 여성과 동물을 수태시키는 신비적이고 알려지지 않은 힘을 가리킨다. 이 신은 후에 그리스로 건너가서 '암몬'이 된다.

또한 나일 델타 지대인 에스나 지방에서는 크눔이 만물을 창조했다고 믿었으며, 암소의 형상을 한 메후르트, 신성한 소의 신 아포피스가 숭배되었다.

이처럼 창조신은 왕조와 신관들에 의해 시대별로 퍼즐게임하듯 이 자리가 뒤바뀌는 운명을 맞이했다. 이런 가운데서도 전 시대에 걸쳐 나타나는 신이 있으니 바로 누 신이다.

누 신의 천지창조

　태초에 세계는 땅도 바다도 공기도 존재하지 않았고 하늘의 폭포수에서 흘러내리는 물만이 존재했다. 이를 이집트인들은 '누Nu'라고 명명했다. 그들은 시간이 지나면서 사물들에 대해 신들의 이름을 붙여나가기 시작했다. 이것은 기원전 1350년경 세티 1세 때에 정착된 신화다.

　누라는 말은 아툼Atum(툼 또는 템으로 불리기도 한다)의 화신으로 태고부터 하늘에 있는 거대한 폭포의 물, 또 여기에 살았던 신을 지칭한다. 이집트인들은 깊이를 잴 수 없을 만큼 깊고 양을 측정할 수 없을 만큼 많은 폭포의 물을 모든 생명의 근원으로 생각했고, 누를 물의 화신으로 간주했다.

　이집트인들은 누가 자신의 입속에서 거대한 물을 흘려보내 내세를 관통하고 계곡을 두 개로 분리시켜 거대한 강을 만들었다고 믿었다. 당시 이집트인들은 나일강의 발원지를 알기 위해 부단히 애썼지만 그것이 6,400킬로미터나 떨어진 에티오피아로부터 시작되리라고는 생각하지 못했다. 이들은 단지 나일강이 아스완 지역의 제1폭포에서 시작되며, 분출하는 폭포수는 누의 입에서 나오는 것으로만 믿었다. 누의 물은 아툼이 거주하는 곳이며, 태양도 여기에서 떠오르는 것으로 간주했다.

　태양은 '마법을 가진 두 척의 배'로 하늘의 물 위를 왕래하는 것으로 묘사되었다. 태양이 뜨는 곳에 있는 배는 만체트Mantchet 또는 마테트Matet로 불렸고, 태양이 지는 끝 지점에 있는 배는 셈크테트Semktet 또는 세크테트Sektet로 불렸는데, 태양신이 이 두 척의 배를 타고 누의

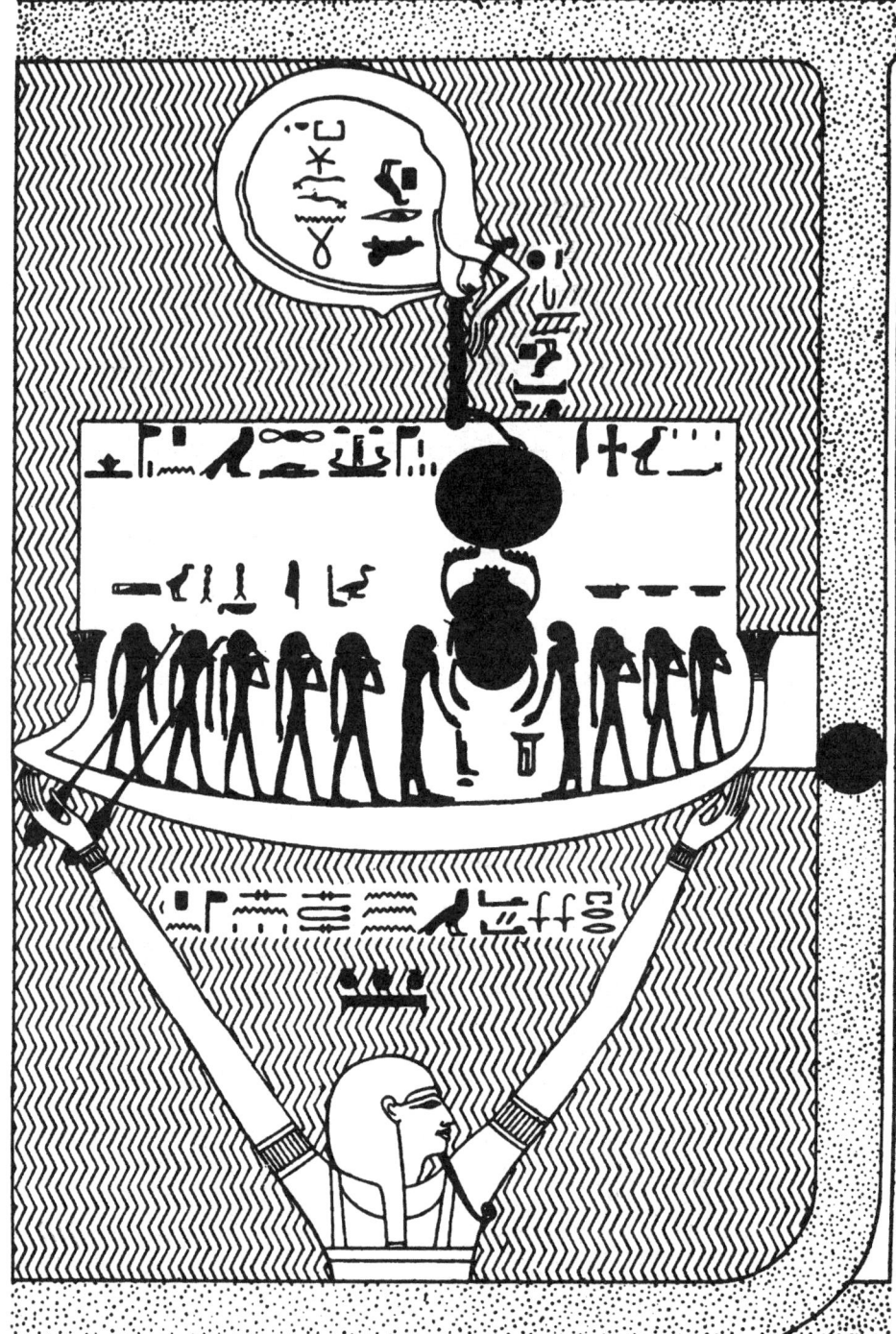

천지창조. 태초의 물로부터 솟아난 누 신이 라의 태양선을 두 손으로 떠받들고 있다.

물 위를 항해한다고 믿었다. 이러한 믿음은 나일강을 중심으로 이집트를 동서로 구분하는 공간 개념을 반영한 것이라고 볼 수 있다.

아툼은 자신의 의지에 의해 태어난 신이다. 그는 신들을 만들고, 인간을 만들고, 자신의 두 눈(태양과 달을 가리킨다)으로 하늘까지 비추는 능력을 가진 위대한 신이며, 모든 신 가운데 가장 오래된 신이다.

파라오 페피 1세의 피라미드에서 출토된 파피루스에는 아툼 신이 다음과 같이 표현되어 있다.

아툼 신은 하늘과 지구가 존재하지 않았던 시대에, 그리고 사람도 신도 아직 태어나지 않았고, 죽음도 없었던 태초에 존재하였다.

아툼은 어떤 구체적인 모습으로 존재한 것이 아니라 자신이 원할 경우 태어나고, 이집트인들이 누라고 이름 붙인 천국의 폭포에서 거주하였다. 태초에 폭포에서 살았던 아툼은 그후 자신의 마음속으로 천국을 만들고 하늘과 신, 지구, 인간, 여자, 새, 동물, 식물을 생각해 냈다. 아툼의 이러한 생각을 토트 신이 단어로 기록한 후 아툼이 이들 단어를 중얼거리자 모든 만물이 그대로 창조되었다고 전해진다.

아툼 신은 헬리오폴리스의 사제들이 태양신 라를 국교 신으로 정한 제4왕조까지 모든 신들 가운데 지배적인 위치를 차지하였다.

피라미드 텍스트에 나타난 아툼 신은 저녁 또는 초저녁에 태양신의 형상으로 변하는데, 이러한 믿음은 후기에 씌어진 『사자의 서』에서 일반적으로 나타난다. 『사자의 서』에 묘사된 아툼 신은 인간 또는 왕의 형상으로 나타나 통일 이집트 국가의 남과 북을 상징하는 왕관을 쓰고 있으며, 왕홀王笏을 들고 있다.

후기에 들어와서 이집트인들은 아툼 신의 대응 신으로서 템트Temt 여신(테미트Temit라 불리기도 한다)을 만들기도 했으며, 『사자의 서』 중 테베에서 출토된 파피루스에는 아툼의 이름이 오시리스 이름과 결합되어 나타나기도 한다. 이와 관련된 것이 『사자의 서』 제78장이다. 여기에는 아툼 신이 인간의 영혼을 만들었다고 되어 있다.

　누 신 밑에는 다시 세 명의 남신과 네 명의 여신이 있다. 이들 신은 나일강의 성격을 그대로 반영하여 이름 붙인 것으로 해석할 수 있다. 먼저 누 신의 대응 신으로 누트 여신을 만들고, 각각 세 명의 남신과 여신을 만들어나갔다. 그러나 누를 제외한 세 쌍의 남신과 여신은 태양신학에 흡수되어 라 신과 결합된 후에는 잘 알려지지 않았다. 누트 또한 신왕국에 들어서면 여성과 암소의 형태를 갖는 신으로 묘사되고 있다.

　　누 신과 그 대응신인 누트 여신
　　헤후 신과 그 대응신인 헤후트 여신
　　케우이 신과 그 대응신인 케우이트 여신
　　케르흐 신과 그 대응신인 케르헤트 여신

　이 가운데 남신들은 개구리 머리를 가진 인간의 모습으로 나타나 있고, 네 명의 여신들은 뱀 머리를 한 여성으로 묘사되어 있다. 누는 이미 설명한 대로 물의 형태 그 자체를 뜻하며, 헤후는 방대하고 끝없이 흘러가는 물을 의인화한 것이다. 또 케우이는 물 위를 뒤덮는 어둠, 케르흐는 완만하고 정지되어 있는 상태의 물을 지칭한다.

　다음으로 아툼과 하늘의 여신 하토르Hathor 사이에서 태어난 신으로 슈Shu와 테프누트Tefnut가 있다. 이들은 쌍둥이 자매다. 슈는 '계단을 올라가다, 높이다, 들어올리다'라는 의미를 갖고 있다. 그는 머리에 깃털을 꽂고, 손에는 왕홀과 동서남북을 상징하는 네 개의 기둥을 들고 있는 인간 모습을 하고 있다.

　한편, 슈의 누이동생이자 아내인 테프누트는 습기, 이슬의 신이다. 그녀는 둥근 원반 또는 도기陶器 비슷한 그릇에 둘러싸인 암사자 머리를 한 여성으로 형상화되어 있고 갈증을 없애주는 역할을 한다. 테프누트 신의 발상지는 누비아이며 『사자의 서』에 의하면 그는 사자에게 배고픔을 면하게 해주는 역할을 맡고 있다고 한다.

슈는 몸이 붙어 있던 누트와 게브를 분리시키기 위해 그들을 손으로 들어올렸는데 이 때문에 하늘과 땅이 떨어져나가 둥근 공간이 생기게 되었다. 그래서 슈는 이 공간을 메우려고 태양을 들어올리기 위해 움츠린 모습으로 묘사되기도 한다. 이런 연유로 그는 그리스신화에서 하늘의 기둥을 떠받치고 있는 '아틀라스'에 비유된다. 이때 누트는 땅의 신 게브가 오랫동안 잠자고 있었기 때문에 둥근 활 모양을 하여 동쪽과 서쪽의 지평선에 자신의 몸을 움츠려서 떠받치게 되었다.

이 여신의 몸과 팔다리에서 무수한 별이 어둠 속으로부터 빛을 내기 시작하였다. 무엇보다도 천지가 낮과 밤으로 나뉘어지고 밤을 비추기 위해 한쪽 눈을 하늘로 올려보내고 그 대신 눈물을 지상으로 내려보내 남자와 여자를 만들었다.

그후 지상의 인간을 지키기 위해 많은 신들 즉 오시리스, 이시스, 세트, 네프티스, 호루스를 만들었다. 이들은 테프누트, 게브, 누트와 함께 헬리오폴리스의 주신으로 경배되었다. 이것이 개벽신화의 주 내용이며, 이 가운데 최상의 신으로 숭배받은 것이 태양신 라였다.

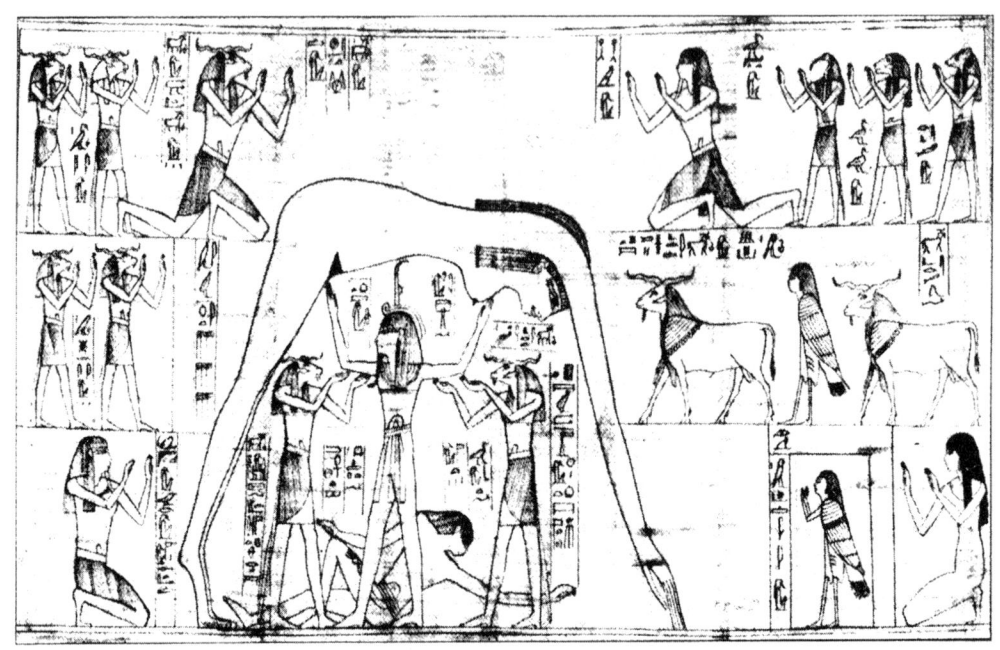

헬리오폴리스의 신화는 슈가 부부인 게브와 누트를 분리시키면서 우주가 창조되었다는 내용을 갖고 있다. 게브는 오시리스의 아버지다. 그림은 슈가 누트를 들어올려 동쪽과 서쪽을 떠받치고 있는 모습이며, 대지에 누워 잠자고 있는 신은 게브다.

3. 태양신 라

　고대 이집트인들은 자신들의 경험으로부터 세계를 몇 개의 계곡으로 나누었다. 계곡의 서쪽에는 높은 산이 있고 그 산의 정상은 하늘과 맞닿아 있다고 여겼다. 그들은 하늘을 인간의 얼굴로 간주했고 태양과 달은 두 눈으로 여겼으며, 인간의 머리에서 내려뜨린 머리카락은 하늘을 떠받치고 있는 기둥으로 비유했다. 또 이 세상 위에는 커다란 암소 한 마리가 서 있고, 인간은 이 암소에게서 태어났으며 이 암소는 매일 아침 새끼 소를 낳는데, 그것이 매일 떠오르는 태양이다.

　하늘에는 동쪽에서 서쪽으로 커다란 강이 흐르고 태양신 라의 배는 매일 동쪽에서 나타나 강을 건너기 시작하여 저녁이 되면 서쪽 산으로 이동하고 일몰 후 깊은 계곡으로 사라져 다음날 아침 동쪽 하늘에 다시 출현한다.

　하늘에는 라를 비롯해 남신과 여신이 살고 있으며, 생전에 선행을

태양선. 태양신 라는 매일 아침 태양선을 타고 동쪽에서 나타나 저녁이 되면 서쪽 산으로 이동
한다.

해온 덕택에 천국 또는 낙원의 생활을 허락받은 사자死者도 여기에 거
주한다. 천국은 갈대밭으로 불리는데 사자獅子의 머리와 수소의 머리
로 장식된 옥좌에 앉아 있는 라 신이 지배하는 곳이다. 옥좌 주위에는
각종 신들이 주신인 라의 명령을 기다리고 있다.

　천국에서 사자는 현세에서보다 더 행복한 생활을 누린다. 천국에
는 흰 잎의 보리와 누런 잎의 밀이 재배되고 포도와 무화과 나무가 자
라고 있다. 천국은 어떤 어려움도 괴로움도 없이 즐거움만으로 가득
차 있는 곳이다. 물론 천국에 들어갈 수 있는 사람은 선택된 영혼뿐
이다.

라의 비밀 이름

라는 이 세계를 창조하고 물과 대지에 살고 있는 모든 동식물을 만들었다. 또한 자신의 눈물로 지상의 인간을 만들었다. 그리하여 라는 천지만물의 창조주로서 이 세계를 오랫동안 지배하게 되었다.

그 사이에 라는 인간의 모습을 하고 매일 지상에 살면서 인간의 행위를 감시하게 되었다. 이때 이시스도 인간의 모습으로 내려와 지상에서 살게 되었다. 이시스는 지혜의 여신으로 인간에게 공예와 문화를 가르치고 단조로운 생활로부터 벗어나게 하여 문화의 씨앗을 뿌린 신이다.

무지한 인간에게 문화를 가르친 이시스는, 어느 날 하늘로 올라갔을 때 언젠가는 자신도 라처럼 인간 세상을 지배해 보고 싶은 욕구를 갖게 되었다.

라는 여러 가지 이름으로 불렸는데 특히 신과 인간에게 알려지지 않은 비밀의 이름을 갖고 있었다. 라의 절대적인 힘은 바로 비밀의 이름에서 나온다고 생각되었고 감히 그 이름을 누구도 알려고 하지 않았다.

그러나 이시스는 달랐다. 어느 날 그녀는 문득 이런 생각을 했다.

'무엇이 라의 비밀 이름인지를 알기 위해서는 라와 동등한 힘을 가지면 될 것이 아닌가, 나 자신이 가지고 있는 마술의 힘으로 어떤 신, 어떤 인간에게도 알려지지 않은 라의 비밀을 캐내야겠다.'

매일 아침 라는 동쪽의 일출봉(이집트인들은 이곳을 바쿠bakhu라 불렀다)에 모습을 나타낸 후 저녁이 되면 영겁의 배를 타고 지하의 하늘을 비행한다. 라는 인간 세상에서 너무 오래 지낸 탓에 말을 할 때마다 입에서 배를 흘려보낼 정도로 노쇠했다. 이시스는 어느 날 라가 하늘에서 배를 타고 내려오는 것을 보고 그 배를 흙과 섞어 뱀의 형태로 만들고는 주문을 외웠다. 그러자 배는 뱀이 되어 움직였다.

라호라크티가 태양선에 앉아 항해하는 장면

 이시스는 그 뱀을 라가 항상 다니는 길에 가져다놓고 그가 오기를 기다렸다. 이윽고 라가 여느 때와 마찬가지로 다니던 길을 걸어갔다. 이때 한 마리의 뱀이 나타나 라의 다리를 물었다. 독은 곧 라의 전신에 퍼져서 고통을 가하기 시작했다.

 라의 비명이 하늘에 도달하고 신들이 놀라 입에서 입으로 걱정하기 시작했다.

 "어떻게 된 거야 무슨 일이 일어났는가."

 그러나 라는 아무 일도 할 수가 없었다. 독이 전신에 퍼지자 고통이 커져서 다리도 떨리고 이가 맞부딪혀 소리를 내기 시작했다. 그의 고통이 커질수록 이집트 전역은 물로 뒤덮여 홍수 사태를 일으키게 되었다.

 그는 고통을 참고 용기를 내서 일어난 다음 신들을 모이도록 했다. 신들은 라의 명령에 따라 곧 그의 주변에 모여들었다. 이 가운데는 마법을 사용한 이시스도 있었다. 신들은 주문을 외워 라의 고통을 제거하려고 노력했으나 허사였다. 독은 오히려 라의 심장 깊숙한 곳까지 퍼지기 시작했다.

신들은 깊은 비탄에 빠졌고, 어떤 고통도 중화시키며 죽은 자도 소생시키는 주문을 알고 있는 이시스는 침묵했다. 한참이 지나서야 이시스는 라의 앞으로 걸어나갔다.

"군주여 어떻게 된 것입니까? 제가 반드시 뱀을 잡아서 죽이겠습니다. 제가 주문을 외워 당신의 적을 항복시키겠습니다. 당신의 영광스러운 빛으로 독사를 퇴치하겠습니다."

이 말을 듣고 라는 입을 열었다.

"누가 무서운 독을 가졌는가, 누가 나를 죽이려 했는가. 불은 아닌가, 나의 육체가 타고 있다. 물은 아닌가, 나의 육체가 차가워져 수족이 떨리고 있다. 나의 눈도 희미해져 잘 보이지 않는다. 나의 얼굴에는 식은땀이 흘러내리고 있다."

이시스는 라의 앞으로 나가 이렇게 말했다.

"이제는 당신의 비밀 이름을 털어놓을 수 없나요? 당신의 고귀한 이름의 힘이라면 고통을 덜게 할 수 있을 것입니다."

라는 이시스를 바라보며 이렇게 대답했다.

"나는 조물주다. 하늘과 대지를 만든 것은 나다. 나는 이 대지를 만들고, 산을 만들고, 또 그 누구도 알지 못하는 대해大海를 만들었다. 나의 말 한마디면 나일의 물로 이집트 전국을 침수시킬 수 있다. 나는 모든 남신과 여신들의 아버지이며 그들에게 생명을 부여했다. 이 건조한 토양과 깊이를 알 수 없는 바다와 모든 생물들을 만든 것이 바로 나다. 내가 눈을 열면 이 세계에 빛이 충만하고, 내가 눈을 감으면 이 세계는 어둠이 내린다. 나의 비밀 이름은 신들도 알 수 없다. 나는 새벽에는 케페라이며, 대낮에는 라이며, 오후 석양에는 하르마키스이며, 일몰에는 아툼이다."

그러나 이 위대한 힘을 가진 전능의 신 라도 고통을 떨쳐버리지는 못했다. 독은 육체 내부로 스며들어 손과 발이 나뭇잎처럼 떨렸다. 라의 말을 들은 이시스는 속으로 냉소를 머금었다. 그녀의 마음속에는 라의 힘을 자기 것으로 만들고 싶은 것 이외에는 아무것도 없었다.

옆에 있던 누조차 그 비밀의 이름을 알지 못했다고 여긴 이시스는 라를 향해 이렇게 말했다.

"하늘의 아버지시여, 당신은 이제 소생할 수 있게 되었습니다. 당신이 갖고 있는 마력의 원천인 비밀의 이름을 밝힌 이상 그 힘을 나에게 주십시오. 당신의 힘과 나의 주술로 세상을 구하겠습니다."

이렇게 말하자 라의 육체에서 무서운 독이 연기와 같이 사라졌다. 그러자 라 신은 위엄 있는 목소리로 "나는 이시스에게 비밀의 이름을 주겠다. 그것은 이미 나의 마음에서 이시스의 마음으로 들어갔다"라고 외쳤다. 그러나 너무 갑자기 이루어져 라는 신들의 눈에서 사라지고 세계는 칠흑 같은 암흑에 둘러싸이게 되었다.

이시스는 어둠 속에서 라의 비밀 이름이 자신의 마음속으로 들어온 것을 알고 아들인 호루스를 불러 "이제 나는 주술의 힘으로 아버지 신의 두 눈(해와 달을 가리킨다)을 받았다. 이제 라를 다시 소생시켜야 한다."고 얘기했다.

이시스가 주문을 외우자 뱀은 원래의 모습으로 되돌아갔고 라도 소생하여 다시 위대한 모습을 갖게 되었다. 이때부터 이시스는 모든 신을 지배하는 힘을 갖게 되었다.

라의 승천

라의 치세가 오래 이어지자 인간들은 위대한 조물주인 라의 은혜를 차츰 잊기 시작했다. 라도 그 무렵 노쇠하여 뼈는 은과 같이 되고 육체는 금과 같이 되었으며 머리색은 유리색으로 변했다는 조롱에 찬 말을 자주 듣게 되었다.

라는 이처럼 불경스러운 말을 듣자 은혜를 모르는 인간들을 증오하기 시작했다. 이윽고 라는 신들에게 한자리에 모이도록 지시했다. 슈신, 테프누트 여신, 게브 신, 누트 여신, 그리고 태초에 누 속에 살았던 남신과 여신들에게 인간의 눈에 띄지 않도록 하여 헬리오폴리스*의 궁정에 모이도록 했다.

헬리오폴리스에 모인 신들은 라에게 머리를 숙이고 어떤 일로 모이게 하였는지를 물었다. 잠시 후 라는 무거운 입을 열었다.

"오오 누여, 나는 제일 오래된 신이다. 나를 태어나게 한 것은 나 자신이다. 또 여기에 오래된 신들에게도 이 말을 전한다. 나 자신에 대한 반역의 말을 바로 내가 만든 인간들의 입으로 듣게 되었다. 나는 그들에게 모든 도를 가르치고 지혜도 빌려주었다고 생각한다. 그러나 그들은 이제 내가 죽는 것을 바라고 있다.

나는 이제 인간에 대해 징벌을 내리고자 마음먹었다. 나의 희망을 접어두고 나는 내가 만든 것을 남기지 않고 파괴하며 전 세계를 본래의 깊은 바다로 되돌려놓으려고 생각한다.

다만 여기에는 나와 오시리스, 그의 아들 호루스 이외에는 어떤 생명도 가질 수 없게 할 것이다.

오시리스에게는 하계의 국가를 지배하는 힘을 주고, 호루스에게는 뜨거운 섬 위에 있는 옥좌를 주겠다. 여기서 나는 작은 뱀이 되어 신들의 눈에서 사라질 것이다."

이때 태고부터 하늘에 있는 거대한 폭포에 살았던 신, 모든 신의 아버지, 위대한 신의 동료를 만든 창조자이며 전 세계를 감싸고 있다

---

* 헬리오폴리스는 '태양의 도시'라는 뜻으로 그리스인들이 붙인 이름이다. 이집트인들은 이곳을 아누(Anu)라고 불렀고 성경에는 '온'으로 표기되어 있다.

헤트헤루(Hetheru)로 불리는 하토르는 '하늘의 집'이라는 뜻을 가진 사랑과 미, 행복의 여신이며, 머리에 둥근 원반과 뿔을 가진 신으로 형상화되어 있다. 이 여신은 후에 그리스로 건너가 아프로디테가 된다.

고 믿었던 신, 라의 어머니 등의 이름을 갖고 있는 누가 머리를 들고 이렇게 간청했다.

"오오 나의 아들이여, 나는 그대를 낳았지만 그대는 나보다도 훨씬 위대한 신이다. 그대의 지위는 요지부동이며 누구도 넘볼 수 없다. 인간은 모두 그대를 두려워하고 있다. 그대의 왕국에서 모반을 한 사람들을 향해 눈을 응시해야 한다."

다른 신들도 이구동성으로 인간들은 모두 산 속으로 숨어 자신들이 라를 경멸했던 말에 스스로 떨고 있으며 라가 인간들을 응시할 때면 어떤 인간도 눈을 뜨지 못할 것이라는 위로의 말을 하였다.

이윽고 라는 자신의 눈을 하토르 여신의 눈이 되게 하여 산 속으로 도망친 인간들을 차례로 죽이기 시작했다. 라가 인간을 죽이기 시작하자 나일강은 인간의 피로 넘쳐흘렀다.

　얼마 후 라가 이 모습을 보고는 곧 후회하기 시작했다. 불같이 타오르던 분노를 가라앉히고 마음을 가다듬어 살아 있는 인간들을 돕기로 하였다. 그는 바람과 같이 빠른 전령을 엘레판틴섬으로 보내서 인간을 치료하는 약초를 가져오게 했다. 전령이 약초를 가져오자 라는 신들에게 명령하여 그것을 빻아서 보리와 함께 인간의 피를 조금 넣게 했다.

　이렇게 해서 맥주를 만들고 7만 개의 병에 가득 채웠다. 새벽이 밝아올 무렵 라는 인간을 죽이면서 나일강의 위로 거슬러 올라가는 하토르에게 더이상 인간을 죽이지 말도록 명령했다.

　복수의 여신 하토르가 살육을 중지하고 밤의 휴식장소로 돌아오자 라는 신들에게 명령하여 맥주를 가져오게 했다. 라가 병 속에 든 맥주를 쏟아버리자 메말랐던 지상은 곧 홍수로 뒤덮여 사람들은 목을 축일 수 있게 되었다.

　잠을 자고 있던 하토르는 놀란 눈으로 이를 바라보다가 강가에 가서 물에다 입술을 맞추고 그 물을 떠서 입에 넣었다. 그러나 너무 마신 나머지 취해버려 이 지상을 돌아다닐 수 없게 되었다. 이를 지켜본 라는 하토르에게 이렇게 명령했다.

　"지금부터 그대의 신전에서 아름다운 시녀들이 향기 좋은 술을 빚게 하라. 그리고 새해 첫날 축제를 열고 그대 앞에 공물로써 공납케 하라."

　이때부터 나일강 물이 높아지고 붉은 물이 이집트 전역을 뒤덮을 무렵이면 매일 남녀가 함께하는 주연이 마련되었다.

　하토르와 누가 라의 앞에 다가오자 라는 낙담한 표정으로 이렇게 말했다.

　"이제 나는 더이상의 고통을 참을 수 없다. 나는 오래 살았고 마음

또한 피로하다. 인간 속에서 살아왔지만 이제는 인간 세상이 싫어졌다. 내가 인간을 멸망시키고자 했던 것도 이런 이유에서였다.

나의 다리는 이미 힘이 없어서 걸어다닐 수도 없다. 나는 이제 이 새로운 고통을 받아들이고, 신들의 도움을 받아 하늘에서 새롭게 살아가야 한다."

이 말을 듣고 누는 공기의 신 슈와 하늘의 신 누트에게 명령하여 라를 돕게 했다. 누가 하늘의 암소로 변하자 슈는 라를 소의 뱃속으로 집어넣었다.

그러자 세계는 갑자기 어둠에 휩싸이고 인간들은 공포에 떨기 시작했다. 라가 자신이 살았던 인간 세상을 뒤돌아보니 사람들은 자신에게 대했던 불경스러운 말을 후회하고 있음이 역력했다. 라에 대해 불경스러운 말을 했던 사람들을 찾아 살해해야 한다는 인간들의 기원 소리도 들렸다.

그후 인간들은 라의 빛이 다시 지구상에 나타날 때까지 라의 적들을 향해 격렬한 전투를 벌이고 마지막으로 그들을 살해했다. 라는 인간들의 충성스러운 행동을 보고 기쁨에 넘쳐 "살육은 살육으로 보상받게 될 것이다. 그것은 적들에 대한 희생이다. 이제 너희들의 죄는 용서한다."라고 말하며 인간이 지은 죄의 대가로 적들의 희생을 인정하였다.

그리고는 하늘의 여신 누트를 향해 말했다.

"오늘부터 나의 거주지는 하늘이다. 나는 이제 지상을 더이상 지배하지 않는다."

이때부터 라는 천국에 영토를 정하고 천국의 밭을 가꾸고 개간하였으며, 신들을 위시하여 귀족들을 거주시켰다.

하늘의 암소 누로부터 생겨난 수많은 별들은 매일 밤 하늘에서 빛을 발하여 라의 광영을 찬양했다. 라는 천상의 신들을 슈의 지배하에 두었고, 슈는 매일 밤 양손을 높이 들어 하늘의 암소와 빛나는 별들을

위대한 하늘의 암소. 태양신 라가 나룻배를 타고 있고, 여덟 명의 정령들이 암소의 발을 붙잡고 있다. 가운데 암소 여신을 떠받들고 있는 슈의 모습도 보인다.

머리에 이게 되었다.

　라는 이때부터 지상으로 내려오지 않고 천국의 커다란 바다를 건너, 매일 아침 케페라로서 동쪽 정상에 모습을 나타내고 한낮에는 라로, 저녁에는 아툼으로서 서쪽 산으로 들어가게 되었다.

4. 내세의 지배자 오시리스

오시리스는 그리스인들이 불렀던 이름이며 이집트어로는 '아사르 Àsâr'이다. 별명으로 '운 네페르Un nefer'라 불리기도 한다. 아사르는 '눈의 위력', 운 네페르는 '아름다운 사람'이라는 의미다. 그리스신화에 등장하는 디오니소스 신이 곧 오시리스 신의 성격을 갖고 있다.

헬리오폴리스 신학에 의하면 천지의 창조자이며, 하늘과 신들을 만든 생명의 주인은 아툼 신이다. 아툼으로부터 탄생한 신으로 슈와 테프누트가 있다. 슈는 공간을 지배하는 신이며, 테프누트는 그의 아내이다. 슈와 테프누트는 다시 대지를 지배하는 남신 게브와 하늘의 여신 누트를 만들고, 이들 사이에서 오시리스가 태어났다.

게브는 슈의 아들이고 누트의 남편이며 오시리스, 이시스, 세트, 네프티스의 아버지다. 원래 게브는 '대지의 신, 모든 아버지의 신, 신들의 족장'으로 불렸다. 게브는 슈에 의해 그의 아내인 누트와 떨어져 있게 되었는데 그 비탄으로 밤낮 거위처럼 울어대서 '위대한 수다쟁이Greart cackler'라는 별칭이 붙기도 하였다.

그는 오른손에 왕홀을 들고 머리에 왕관을 쓴 인간의 모습을 한 신으로 그려져 있는데, 달걀을 낳아서 세상을 만들었다는 믿음 때문에 새를 의인화하여 거위의 머리를 하고 있는 것으로 나타난다. 『사자의 서』에서는 사자의 신으로 묘사되어 있다. 어찌되었든 그는 오시리스, 이시스, 세트, 네프티스의 네 남매를 낳아 신의 아버지로 불린다. 그는 왕국의 권력을 장남인 오시리스에게 물려주었고, 훗날 오시리스의 신화가 탄생하게 된 모태가 되었다.

오시리스는 이시스의 남편이자 자매이며 세트의 형이다. 세트는 네프티스를 아내로 삼고 있다. 헬리오폴리스 신관들은 신의 계보를 만들기 위해 아홉 명의 주요 신으로 아툼을 비롯하여 슈, 테프 누트, 게브, 누트, 오시리스, 이시스, 세트, 네프티스를 만들고 여기에 지방신을 포함하여 아툼 신앙을 만들어냈다. 이와 같이 신들을 계통화시켜 헬리오폴리스를 종교의 중심지로 만드는 데 성공했던 것이다.

오시리스 신화가 정확히 어느 시대에 탄생한 것인지는 분명치 않으나 왕조 이전부터 내려져왔다고 추정된다. 일설에 의하면 리비아 또는 시리아 수메르에서 유래된 신이라고 하나 확실치 않다.

오시리스 신앙의 중심지는 '오시리스 가家'의 의미를 가진 동부 델타 지방의 아부시르이다. 오시리스는 본래 곡물과 과수 등 식물을 관장하는 신이었으나 제6왕조 시대부터 모든 신 가운데 주신主神으로 올라섰다. 오시리스는 상이집트의 백관과 깃털로 만든 관을 합하여 만든 아테프 관을 머리에 이고, 손에는 주권과 통치권을 상징하는 왕홀과 도리깨를 들고 있는 모습으로 그려진다.

그는 상하 이집트의 지배자로서 곡물과 과수 재배 방법, 포도주와 맥주를 빚는 양조법 광물 제련법, 무기를 사용하여 수렵하는 방법, 농기구로 밭을 경작하는 방법을 가르쳤다. 오시리스는 무력을 사용하지

오시리스와 이시스(세티 1세의 장제전)

않고 음악과 시가詩歌로 민심을 순화시켜 '운 네페르', 즉 아름다운 사람으로 찬양받았다.

오시리스의 탄생과 강림

월리스 벗지*는 플루타크가 쓴 이시스와 오시리스의 탄생 신화를 다음과 같이 발췌 요약하고 있다.

---

* Ernest A. Wallis Budge(1857~1934), 대영박물관의 이집트·아시리아실 실장으로 재직중 『사자의 서』『이집트의 종교』 등 이집트에 관한 많은 저서를 남겼다.

태양신 라의 아내였던 여신 누트는 게브의 사랑을 받았다. 그러던 어느 날 라는 아내의 불륜을 목격하고 그녀를 저주하면서 어느 달, 어느 날에도 아이를 출산할 수 없다고 선포했다.

출산의 기회를 잃어버린 누트를 그러나 토트 신이 구해주었다. 그 역시 누트를 사랑하고 있었기 때문이었다. 토트는 우선 달과 게임을 해서 하루 가운데 70분의 1씩 얻어내 5일을 따냈다. 그러고 나서 360일에 5일을 보태서 일 년을 만들었다. 이 5일의 첫째 날에 오시리스가 태어났고, 둘째 날에 호루스*, 셋째 날에 세트, 넷째 날에 이시스, 다섯째 날에 네프티스가 태어났다.

초여름의 태양이 진홍빛으로, 자색으로, 또 황금색으로 바다를 물들이며 기울어져갈 무렵, 한 사람의 여행자가 서 있었다. 여행자의 뒤편에는 석양의 빛을 받은 테베의 언덕 위에 나무로 지은 신전이 있고, 무화과나무가 가지를 길게 늘어뜨리며 그림자를 드리우고 있었다.

여행자는 보통의 인간보다도 넓은 어깨를 가지고 있었으며 신과 같은 위엄을 갖추고 있었다. 그리고 그 옆에 아름다운 용모를 지닌 여인이 태양과 같은 빛을 발하고 있었다. 상아와도 같은 흰 살결, 엷은 장미색의 긴 상의를 입은 아름다운 자태, 밤색의 모발을 가진 이 여인은 이집트의 사막에서는 결코 볼 수 없는 인물이었다.

태양의 둥근 원반이 산 아래로 기울어 산 전체가 회색에서 붉은색으로 물들 무렵, 여인은 남자의 얼굴을 바라보며 태양을 향해 손을 모았다. 일몰을 경배하고 땅에 절하면서 라의 이름을 부르고 몇 마디 찬미의 노래를 불렀다.

노래가 끝나자 남자는 여인을 향해 조금 휴식을 취하자고 말했다. 그러고 나서 상의를 벗어 둥근 돌 위에 내려놓고 두 사람은 어깨를 맞

---

* 호루스는 고대 이집트의 오시리스 신화에서는 오시리스와 이시스의 아들로 되어 있다. 여기서 말하는 호루스는 그와는 다른 신으로 '연상(年上)의 호루스'라고도 부른다.

댄 채 기대었다. 그리고는 파피루스의 잎을 입술에 갖다대 아름다운 음색으로 피리를 불기 시작했다.

그 음색은 가늘고 조용해서 석양의 공기를 진동시키고, 어느 때는 산 속에 있는 학의 소리와 같이 낮고, 어느 때는 해변을 날고 있는 갈매기와 같이 비통하고, 또 어느 때는 조그만 돌이 귀를 스치는 소리와 같이 섬세했다. 마지막 무렵, 피리 소리는 수백 명의 신도들이 신에게 드리는 합창과 같이 넓고 높게 하늘에 메아리쳤다.

그다음에 여행자들은 음색을 변화시켜 경쾌한 리듬으로 피리를 불었고 여인은 은과 같은 소리를 진동시켰는데, 그 소리를 듣고 있으면 마치 이 세상이 아닌 다른 세상에 와 있는 것 같았다.

이윽고 아름다운 소리가 저녁의 하늘로 사라지자, 산기슭을 의지하며 조심스럽게 한 노인이 내려왔다. 노인은 긴 옷에 황금의 가죽 띠를 차고 손에는 막대기를 쥔 채 두 사람 앞에 내려와서 공손하게 인사했다.

"두 분 안녕하세요."

"안녕하세요, 노인 어른. 어디 이 근처에 잠잘 데가 있습니까. 나는 여행자인데 잠시 머물고 가려고 합니다"라고 남자가 대답했다.

노인은 무슨 말인가를 하려다 말고 두 사람을 바라보더니 바짝 다가가서 얼굴을 들고, 먼저 남자의 발에 입을 맞춘 후 다시 여자의 발에다 입을 맞추었다. 그러고 나서 이렇게 말했다.

"나는 이 신전을 관리하고 있는 자입니다만, 별이 가리키는 대로 천상의 비밀을 알고 있습니다. 나는 오랫동안 당신들을 기다리고 있었습니다. 드디어 오늘 나는 누구보다도 먼저 두 분을 만나게 되었습니다. 두 분의 피리와 노래 소리를 듣고 급히 나와 두 분을 맞게 된 것입니다. 비록 초라하고 누추한 집이오나 나와 함께 가주시길 바랍니다."

그러자 남자는 "우리가 이처럼 누구보다도 먼저 그대 앞에 있는 것은 그대의 신앙심을 알고 있기 때문입니다. 고맙습니다. 그대의 친절을 기쁘게 받아들이겠습니다. 우리가 어디에서 왔는가, 또 무엇 때문에 왔는가는 누구도 전혀 알지 못할 것입니다. 그것은 자연히 알게 될 것입니다"라고 대답하고 집으로 안내하도록 요청했다.

"여보게 이시스, 늦지 않도록 이 노인과 함께 가지"라고 오시리스가 말하자 이시스는 낮은 목소리로 "라의 축복이 노인에게 있기를"이라고 기원했다. 두 남녀는 손을 잡고 걸어갔다. 이렇게 해서 오시리스와 이시스가 이집트에 내려왔다.

오시리스의 힘

오시리스와 이시스는 신전이 건축되고 있는 언덕을 내려와 넓은 도로로 나오게 되었다. 이것은 후에 테베의 도시를 세계적으로 유명하게 만든 왕궁, 거대한 신전, 스핑크스 상이 양쪽으로 늘어서기 전의 일이다.

오시리스와 이시스가 거리를 지나가자 사람들은 일손을 멈추고 두 사람을 맞이했다. 이처럼 고귀하고 훌륭한 사람을 이제껏 본 적이 있던가. 또 이처럼 아름답고 우아하고 사람을 이끄는 매력적인 여인이 일찍이 있었던가.

국가의 왕과 왕비가 될 이 두 사람의 앞에 누구도 견줄 수 없었고, 이들을 존경하지 않는 사람이 없었다. 거리의 사람들은 신관의 집으로 가서 두 사람의 여행자를 맞이했다.

그러나 노인 신관은 어제의 약속 때문에 누구에게도 두 사람의 신분을 알리지 않았다. 신관의 가족들도 궁금해서 "그 사람들은 배를 타고 왔나요, 아니면 나귀를 타고 왔나요, 무엇 때문에 여기에 왔나요?"라고 물었지만 가르쳐주지 않았다.

신분을 포함한 두 사람의 비밀은 일반인들에게 오히려 경외심을 더해주었다. 해가 떠오르자 경외심은 더욱 깊어져 사람들은 두 사람을 숭배하기에 이르렀다. 오시리스와 이시스는 날마다 사람들 속에 뒤섞여서 문화를 가르치고 그들을 교화시키며, 어려운 일이 있으면 도와주고, 슬픈 일이 있을 때는 위로하였다.

어려운 일이 발생한 집에는 반드시 두 사람이 모습을 나타냈다. 심한 열병을 앓는 환자는 이시스의 손이 치료해주었다. 그녀의 손길이 닿은 환자들은 고통을 잊었고, 우는 아기를 어루만지면 울음을 그쳤다. 어느 날 한 여인이 부상당한 어린애를 안고 이시스에게 달려왔다. 어린애는 통나무 밑에 깔려서 다리가 부러졌다고 했다. 이를 본 이시스는 어린애를 안고 어루만졌다. 그녀는 마법을 사용하여 자신의 손끝으로 어린애의 얼굴에서부터 가슴까지 쓸어내렸다. 그러자 어린애는 원기를 되찾고 부러진 다리도 씻은듯이 나았다.

이처럼 불가사의한 일들은 마침내 왕의 귀에까지 들어가게 되었다. 어느 날 왕은 하인을 보내 오시리스를 왕궁으로 초대했다. 왕은 오시리스를 보고 무엇을 하는 사람인지 물었다.

"나는 여행자입니다. 그리고 이집트인의 얘기를 듣고자 하오니 부디 허락해주기 바랍니다. 나는 아알루Aalu(천국에 있는 오시리스왕국) 국가로부터 왔습니다. 그리고 귀국하기 전에 각지를 돌아다니려고 합니다."

"그런가, 그대의 나라는 어디에 있는가. 나의 군대가 세계 각국을 공격하여 많은 나라를 지배하고 있지만 그런 이름은 들어본 적이 없다. 네가 말하는 국가는 어디에 있는가?"라고 왕이 물었다.

"거기에는 안내자가 없어서 어떤 인간도 갈 수 없습니다"라고 오시리스가 말하자 왕은 "네가 거기에서 왔는데, 어째서 우리는 거기에 갈 수가 없다는 말이냐. 나도 거기에 가고 싶다"라고 다시 물었다.

"그렇게 생각해서는 안 됩니다"라고 오시리스가 대답했다.

"그러면 너는 고국으로 귀국할 생각이 있는가?"

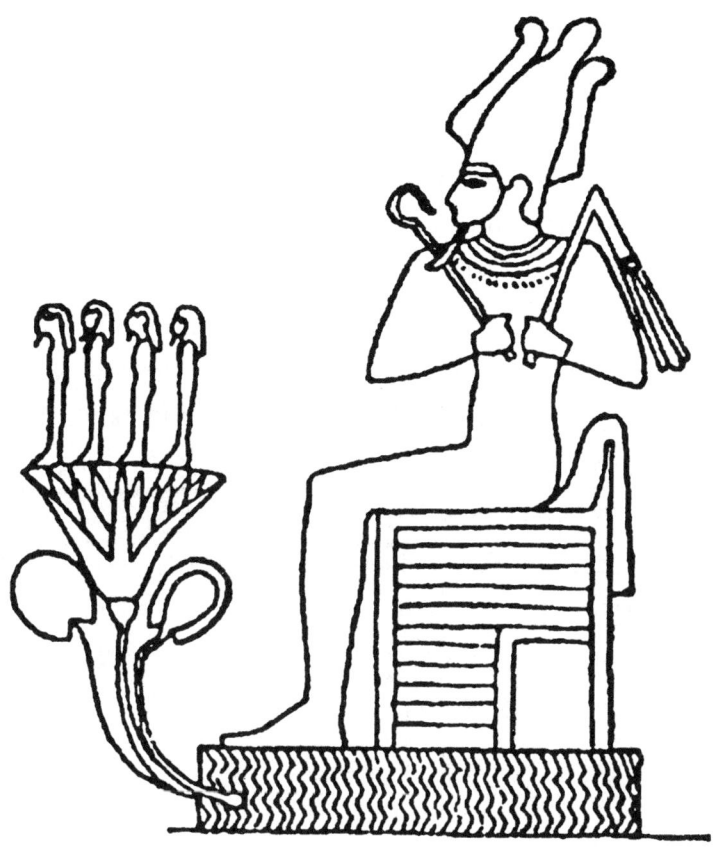

왕홀과 도리깨를 쥐고 있는 오시리스는 영원한 갱생을 구현하고 있다.
물에서 솟아난 로투스 꽃은 생성과 부흥을 상기시킨다.

　왕이 묻자 오시리스는 목숨이 붙어 있는 한 그렇다고 대답했다. 왕은 화제를 돌려 말을 계속했다.

　"내가 너를 이 왕궁에 초대한 것은 가신들로 하여금 너의 지식을 배우게 하고자 함이니 여기에 남도록 하라."

　그러나 오시리스가 가난한 사람에게 가르치는 일이 남아 있음을 왕에게 고하자, 왕은 매일 한 번씩 왕궁에 와서 사람을 가르치겠다는 약속을 받고서야 오시리스의 거주를 승낙했다.

그날부터 오시리스는 매일 왕궁으로 나와 궁중의 학자, 현인들과 문답을 하고 그 일이 끝나면 거리로 나와서 일반인들과 함께 기쁨을 맛보았다. 때로는 사람들 틈에 끼어 대화하고, 때로는 국가가 숭배하는 신전을 가보았다. 이때 오시리스는 한 사람에게 이렇게 말했다.

"너의 기도를 듣는 것은 신전에 있는 석상이 아니다. 이 세상에는 눈을 뜬 신이 있어서 사람들을 보호하고 도와준다. 이 지상에 열과 빛을 주고 있는 황금의 태양은 그 신의 현시이다. 또 이집트를 윤택하게 하고 곡식을 여물게 하는 나일강도 신이 하늘로부터 내려보낸 것이다. 그리고 이 세상에서 훌륭한 생활을 보낸 사람들은 내세에서는 신 옆에 초대되어 안락한 생활을 누릴 수 있다."

이런 식으로 오시리스는 이집트 사람들에게 눈에 보이지 않는 신을 숭배하도록 가르쳤다. 점차 사람들은 그를 믿고 따르면서 자신들과 달리 오시리스가 불가사의한 힘을 가진 것을 알게 되었고, 그를 눈에 보이지 않는 신으로 믿었다.

악의 신 세트

시간이 흘러 왕은 병이 들고 말았다. 그리고는 손쓸 겨를도 없이 세상을 떠났다. 통치자가 없는 동안 이집트는 규율이 무너지고 우두머리를 상실한 양떼와 마찬가지로 무질서했다.

왕에게는 자식이 없었기 때문에 국가의 통치자를 새로 선출하기 위해 귀족과 대신들이 모여 회의를 열었다. 회의 결과 오시리스를 왕으로 추대하기로 했다. 오시리스는 귀족들의 청원을 받아들여 왕위를 이어받고 국민들에게 생활의 도를 가르쳤다.

오시리스는 이집트뿐만 아니라 국경을 넘어 외국까지 가서 사람들을 교화시켰다. 별도의 무기도 없이 오직 자비로운 말과 농업, 평화로운 기술에 의해서 다른 나라 사람들을 가르쳤다. 이와 같이 오시리스는 인접국의 국민에 대한 교화를 위해 수개월씩 여행을 계속하였다. 왕이 외국에 머무는 동안에는 왕비 이시스가 통치를 대신했고, 그녀 또한 훌륭한 재능과 덕, 세심한 마음을 가지고 있었기 때문에 오시리스와 마찬가지로 존경을 받았다.

어느 날 테베의 왕궁 앞에 안내를 바라는 여행자 한 사람이 나타났다. 그리고 그 뒤에는 무장한 군사들이 뒤따르고 있었다. 그러나 얼른 보아도 인상이 험악해서 좋은 사람 같지는 않았다.

그 여행자는 왕궁 앞에 서서 여기가 오시리스의 집인지를 물었다. 문지기가 그렇다고 대답하자 여행자는 "동생 세트가 왔으니 알리라"고 했다. 그러나 문지기는 훌륭한 왕 밑에 이렇게 험상궂은 동생이 있을 리 없다고 대꾸했다.

순간 세트는 안색이 변해서 문지기를 향해 소리쳤다.

"그래, 내가 동생이다. 이 문을 빨리 열지 않으면 창으로 찔러 죽이겠다."

그리고는 털로 뒤덮인 팔을 뻗쳐 문을 움켜잡고 흔들어댔다.

그러자 문지기는 왕에게 알릴 테니 잠깐 기다리라 해놓고 동료를 시켜 그 사실을 왕에게 고하게 하였다. 그러나 뜻밖에도 왕은 그를 안내하도록 명령했다. 오시리스 왕은 왕궁의 입구까지 나와서 그를 맞이했다. 그로부터 세트는 왕궁에 거주하기 시작했다.

이때부터 오시리스왕국에는 무언지 알 수 없는 불안한 공기가 떠있게 되었다. 지금까지 행복하고 평화롭게 지내던 길거리의 사람들도 툭하면 분노하고 격렬하게 싸우기 시작했고, 사소한 일에 서로 으르렁대는 일이 잦아졌다.

세트는 궁중으로 매일 사람을 불러모아 주연을 베풀기 일쑤였고, 그렇지 않은 날에는 사냥하는 일로 세월을 보냈다. 그가 사냥 가서 몇

수트(Sut) 또는 수테크(Sutekh)로도 불리는 세트는 밤과 어둠, 악의 화신이며, 오시리스의 동생이자 네프티스의 남편이다. 그림은 람세스 2세의 대관식 장면으로 왼쪽이 세트, 오른쪽이 호루스다.

개월씩 돌아오지 않으면 길거리도 평화를 되찾았다. 그러다가도 그가 돌아오면 또다시 어떤 알 수 없는 불안감이 사람들을 지배하곤 했다. 궁중의 사람들은 세트를 사악하게 생각하고 누구에게 해를 가하지 않을까 염려했다.

이 사이에도 오시리스는 세계의 백성을 교화시키기 위해 오랜 여행을 계속했고, 여왕 이시스는 궁중에서 은연중 세트를 경계하고 있었다. 이 같은 경계가 계속된 채 수년이 지났다. 오시리스와 이시스는 여전히 사람들을 가르치느라 열심이었고, 세트는 남몰래 모종의 계략을 생각해내느라 고심하고 있었다.

세트의 오시리스 살해

오시리스가 오랫동안 외국에 나가 있다가 귀국하자 이집트인들은 왕궁 앞에 모여 왕의 무사 귀국을 축하했다. 이 축하연의 무리에 세트는 없었다. 왕은 신하를 불러 "세트는 어디 갔는가"라고 물었다.

신하 한 명이 "기분이 나쁜지 이삼 일간 보이지 않았습니다"라고 대답했다.

왕은 신하들에게 명령하여 자신의 귀국을 세트에게 알리도록 했다. 그러나 세트는 병이 있다는 핑계로 축하연에 나오지 않았다. 실제로 그는 자신의 방에 틀어박혀 하인들을 멀리한 채 식사도 거르고 생각에만 몰두하고 있었다. 그러다가 며칠이 지나 갑자기 "그렇지. 좋은 방법이 생각났다"고 중얼거리며 방 한구석에 놓여 있는 키다란 나무상자 쪽으로 갔다.

그는 그 상자를 열고 아름다운 직물 한 필을 꺼냈다. 그것은 이집트에서는 생산되지 않는 옷감이었다. 가느다란 실로 만든 아름다운 직물을 가지고 세트는 집을 나왔다.

그리고는 곧장 왕궁으로 가서, 정중하게 직물을 양팔로 받든 채 왕 앞으로 나아갔다.

"오, 동생. 병이 들어 앓았다고 들었는데 괜찮은가"라고 왕이 다정스럽게 물었다.

"겨우 나았습니다. 귀국 인사도 못 했던 터라 사죄의 뜻으로 보잘 것없는 물건을 하나 가져왔습니다. 받아주십시오"라며 세트는 가지고 온 직물을 왕에게 바쳤다.

"이 물건은 아주 훌륭한 것이다. 국내에서는 아직 보지 못한 것이다."라며 왕은 직물에서 눈을 떼지 못했다.

그러자 세트는 "왕께 바치는 물건으로는 손색이 없다고 생각합니다. 이것으로 몸에 꼭 맞는 훌륭한 옷을 만드시기 바랍니다"라고 말했다.

왕은 "이렇게 친절하게 하다니. 그대가 일부러 준비한 것이니, 옷을 만드는 것까지 수고시킬 수 없다. 왕실의 재단사에게 이를 맡기겠다"고 했다.

그러나 세트는 어떤 생각에서인지 "보통의 재단사는 멋지게 옷을 만들 수가 없습니다. 제가 유능한 재단사를 알고 있습니다. 그에게 명하시면 일반 재단사보다도 훨씬 좋은 옷을 만들어 드릴 것입니다. 부디 저에게 맡겨주십시오. 그러면 아주 훌륭한 옷을 만들어드리겠습니다"라고 얘기했다.

왕은 승낙했다. 그리고 세트가 말한 대로 신체의 치수를 재도록 했다. 세트는 옷감을 재단하기 위해서 왕의 머리에서부터 손끝까지 재면서 되물었다.

"머리 위까지 덮도록 만들까요?"

그러자 왕은 별 의심 없이 웃으면서 그렇게 하도록 했다. 세트는 의도적으로 왕의 기분을 맞추면서 이번에는 어깨에서부터 발끝까지 재서 옷감에 표시했다. 이런 식으로 왕의 전체 키를 잰 다음 옷감을 들고 나왔다.

세트는 왕의 집무실을 나와서 자신의 방으로 돌아온 다음, 궁정의 대신들을 불러 왕의 옷을 만들기 위해 함께 외출해야 한다는 사실을 알렸다. 그리고는 왕궁을 빠져나와 일흔두 명의 대신들과 함께 남쪽으로 향했다.

해가 뜰 무렵, 세트 일행은 호수 근처에 도달했다. 호수 근처에는 집이 한 채 있었다. 세트는 대신들을 밖에 대기시켜놓고 한 사람을 시켜 옷감을 들게 하고는 집으로 들어갔다. 그리고는 오랫동안 집안에 머물렀다. 대신들은 세트가 그 집에서 무엇을 하는지 알 수 없었다. 이윽고 세트가 집 밖으로 나왔지만 옷감은 그때까지 그대로 있었다.

일행은 세트와 함께 다시 남쪽으로 길을 걸어갔다. 이틀을 걸어서 도착해보니 거기에도 한 채의 집이 있었다. 여기서 세트는 가지고 온 옷감을 어떤 사람에게 건네고 훌륭한 옷을 만들도록 주문했다. 그리고 그 집을 나온 지 십칠 일째 되는 날 일행은 에티오피아에 도착했다.

왕궁에 들어선 세트는 여왕 아소Aso 앞으로 안내되었다. 세트는 여왕에게 인사를 한 다음, 허물없이 얘기했다.

"어떻게 지내고 있습니까. 일은 계획대로 잘되어가고 있나요?"

에티오피아 여왕이 물었다.

"아니오, 그렇지 않습니다. 그러나 이번에는 반드시 성공하리라고 생각합니다. 이를 위해서 당신의 힘을 빌려야 하는데, 약속대로 병사들을 내어주십시오."

세트가 여왕에게 청했다.

여왕이 이윽고 세트의 간청을 승인했다.

"잘 알겠습니다. 그러면 그렇게 하지요."

세트는 기쁨에 넘쳐 "그러면 내일 아침 출발하겠습니다. 이번에는 반드시 성공할 것입니다"라고 대답했다.

다음날 아침, 세트는 일흔두 명의 대신들 이외에 일단의 병사를 데리고 에티오피아를 떠났다. 일행은 밤을 새워 북쪽으로 거슬러올라가 드디어 재단사가 있는 조그만 집에 도착했다.

그리고는 밖에서 소리쳤다.

"옷을 만드는 일은 다 되었는가, 출발할 수 있는가?"

그러자 집 안에서 재단사는 완성되었다고 대답하며 얼굴을 내밀었다.

"그 옷을 보시겠습니까?"

재단사가 묻자, 세트는 "아니, 볼 필요는 없다"라고 얘기했다. 그리고는 호수 근처에 있는 집으로 가서 예전처럼 한 사람을 데리고 들어갔다. 잠시 후 그 집을 나온 다음 대신들에게 일렀다.

"여기서부터 강을 건너가야 한다. 호수 위에 배 한 척이 있는데 상자 하나를 배 위에 싣고 가도록 하라."

그리고는 집 안에 있는 상자 하나를 손으로 가리켰다. 그 상자는 마치 커다란 관처럼 생겼는데 파피루스로 만든 돗자리로 둘러싸여 있었다.

대신들은 세트의 명령에 따라 배를 집 앞으로 대고 상자를 실었다. 세트는 에티오피아에서 지원받은 병사들에게 이르기를 빨리 가 왕궁 앞에서 기다리라 하고, 자신은 일흔두 명의 대신들과 함께 배에 승선하여 강을 건넜다.

새벽이 밝아올 무렵, 배가 테베에 도착하자 불가사의한 상자는 곧장 왕궁으로 옮겨졌다. 아침이 되자 세트는 약속한 웃옷을 갖고 오시리스 앞으로 나아갔다. 그리고는 공손하게 두 손으로 옷을 바쳤다.

오시리스 왕이 동생이 준 웃옷을 입어보니 몸에 너무나 잘 맞았다. 그리고 부드러운 옷의 선이 어깨를 내려올 때에는 그 아름다움이 마치 무지개처럼 빛났다.

"이것은 아주 훌륭하다. 이 고마움을 어떻게 표시해야 좋을지 모르겠다."

왕이 만족감을 표시하자 세트는 웃으면서 말했다.

"저의 집으로 한번 와주십시오. 이전부터 한번 초대하려고 생각했었는데 이번에 와주신다면 저로서는 커다란 영광이 아닐 수 없습니다."

왕은 세트와 그 하인들의 무례함을 익히 알고는 있었지만 거절하는 것도 예의에 벗어나는 것이라 생각하였다. 세트가 돌아가자 오시리스 왕은 이시스 왕비를 불러 동생이 준 옷을 보여주며, 오늘 저녁에 초대받았다는 사실을 알렸다. 이시스는 불안한 눈으로 왕을 쳐다보면서 만류했다.

"당신이 거기에 꼭 가야만 합니까. 거기에 가지 않는 것이 좋을 것입니다."

왕은 그에게 무슨 꿍꿍이속이 있겠는가, 라고 반문했지만 이시스는 의심을 지우지 못한 채 약속을 취소토록 간청했다.

"그것이 그의 수법입니다. 무심코 가시면 무슨 일이 일어날지 모릅니다. 처음부터 악한 사람은 없습니다. 그러나 오늘 밤은 아무래도 기분이 좋지 않습니다."

그러자 왕은 "그렇게 염려할 필요는 없소. 그러나 염려스럽다니 일찍 돌아오도록 하겠소"라며 세트가 마련한 연회장으로 출발했다.

이시스 왕비는 오시리스가 떠나자 가슴이 떨려 좀체 안심할 수 없었다. 이시스가 방안을 서성거리며 고민하고 있을 때, 연회장에서는 많은 사람들이 웃고 말하는 소리가 떠들썩하게 들렸다.

연회석에는 왕이 동생을 향해 마주보고 앉아 있었다. 끝에서부터 음식 접시가 놓이고 시중드는 사람이 대신들 앞에 은으로 만든 잔에 술을 가득 부어 돌렸다. 이윽고 식사가 끝나자 세트가 건배를 제의했다.

"자 건배합시다."

"오시리스 왕을 위해 건배합시다."

왕을 위해 만세의 축배를 들자 기쁨에 넘친 목소리가 넓은 홀에 울려퍼졌다. 일행이 건배한 후 각자 의자에 앉자, 세트가 왕을 향해 이렇게 말했다.

"이집트의 가공 기술은 예전부터 정평이 나 있습니다. 이번 여행 중에 저는 우연하게도 신기한 상자를 하나 얻게 되었습니다. 그것은 아주 진기한 것이라고 생각됩니다. 이집트의 가공 기술자들도 그것이 어디에서 만든 것인지 모를 정도입니다. 이를 한번 보시고 비평해주십시오."

세트는 시종을 시켜 그 상자를 가져오도록 했다. 그리고는 왕 앞에 가져와서 뚜껑을 열어 펼쳐 보였다. 이를 본 대신들은 감탄사를 연발했다. 흑단나무로 만든 상자를 옆으로 돌려놓자 거기에는 연꽃무늬로 코끼리의 눈을 장식했고, 여기저기에 상형문자가 새겨져 있었다. 또 그 내부에는 상하 이집트의 이중 왕관이 그려져 있고, 여기저기에 보석으로 코끼리 눈이 장식되어 있었다.

일행이 가공 기술자의 솜씨를 칭찬하자, 오시리스 왕도 이토록 훌륭한 것이 이집트 어디에서 생산되는지 의아해했다. 이때, 세트는 대신들을 행해 이렇게 말했다.

"여러분 가운데 이 상자에 꼭 맞는 몸을 가지고 계신 분에게 이 상자를 드리겠습니다."

세트의 말이 떨어지기 무섭게 일행은 서로 다투어 상자에 들어가 몸에 맞는지를 확인했다. 그러나 상자에 맞는 키를 가진 대신들은 한 명도 없었다.

이윽고 세트는 왕을 향해 입을 열었다.

"폐하께서 한번 해보시지요. 아마 꼭 맞을 거라고 생각합니다."

왕은 처음에는 미소만 지을 뿐이었다. 대신들이 계속 권유하자 마지못해 자리에서 일어나 조용히 상자 속에 들어가 몸을 대보았다. 그러자 일행은 감탄의 목소리를 내었다. 마치 오시리스 왕을 위해 만든 것처럼 상자와 키가 일치했다.

이때 상자 옆에서 이를 지켜보던 세트가 돌연 팔을 뻗어 상자의 뚜껑을 덮어버렸다. 그리고는 상자에 못을 박고 공기가 통하지 않게 밀랍으로 칠한 다음 완전하게 밀폐시켰다.

"이쪽으로 가지고 와라. 그리고 강으로 운반하여 국경 너머로 띄워 보내라. 오늘부터 나는 이집트의 왕이다."

세트가 대신들의 얼굴을 쳐다보며 명령하자 일행은 상자를 왕궁 밖으로 운반하기 위해 조용히 계단을 내려와 강까지 가져간 후 강 속으로 내던졌다. 상자는 소용돌이치는 물살 속에 휩쓸려 중류까지 떠내려갔다. 세트는 강 언덕에 서서 그 광경을 바라보다가 일행과 함께 배를 타고 나일강을 거슬러올라갔다.

이시스의 한탄과 오시리스의 구출

이시스는 침대에서 하룻밤을 지냈다. 아침이 밝은 후 어제의 일을 보고받고는 아연실색했다. 그때부터 이시스 여왕은 방에 들어앉은 채 밤낮으로 울어댔다. 정식으로 장례를 치르지 못해 사자의 혼이 영원한 안식을 취할 수 없다고 생각하자 더욱 슬펐다.

이시스는 이윽고 마음을 가다듬고 일어나, 머리를 자르고 검은 상복을 입은 후 왕궁을 빠져나왔다. 나일강 부근에 도착하여 무작정 아래로 내려갔다. 이시스는 만나는 사람마다 상자에 대해 물었지만 아무도 그 상자를 보았다는 사람이 없었다. 그렇게 밤새 강가를 배회하고 나니 어느새 해가 떠오르기 시작했다. 이시스는 아무런 소득도 얻지 못한 채 언덕 위로 올라왔다.

어느 날 아침 한 노인이 강가에 물을 길러 가는 것을 보고, 급히 되돌아가 노인을 불렀다. 노인은 이시스의 피로에 지친 눈을 가만히 쳐다보았다.

이시스는 노인에게 이 주변에서 어떤 상자를 보지 못했는지를 물었다. 그러자 노인은 아무것도 보지 못했다고 대답했다. 그러나 그 노인은 어제 저녁 시종이 겪었던 일을 들려주었다.

"한 가지 이상한 일이 있습니다. 어제 아침 집에 있는 시종들이 밖으로 일하러 나가면서 도중에 어떤 남자를 만나 길을 같이 가게 되었답니다. 대화를 나누는 가운데 그 남자는 갑자기 멈추어 서서, '저기에 상자가 떠내려간다. 거기에는 왕이 들어 있다'라고 강 쪽을 가리키며 말했다고 합니다. 그러나 시종은 아무것도 보지 못했다고 했습니다. 시종은 집에 돌아와서 '왕은 테베에 계신 데 설마 그 상자에 왕이 들어 있지는 않을 거야'라고 말했답니다."

노파의 이야기를 듣고 난 이시스는 마음이 급해졌다. 이시스는 노파 쪽으로 다가가서 다시 확인했다.

"그 말씀이 참말이지요. 나는 그 상자를 찾으러 가야겠습니다."

이렇게 말을 마친 이시스는 물끄러미 보고 있는 노파를 뒤로 하고는 강물이 흐르는 곳으로 갔다.

그녀가 발걸음을 너무 세게 내디딘 나머지 한 번에 델타의 꼭대기까지 가게 되었다. 그녀가 발걸음을 멈추자 델타에는 두 갈래 길이 나 있었다. 어디로 갈까 망설이다 문득 강 쪽을 바라다보았다.

갑자기 아이들의 요란한 목소리가 들렸다. 한쪽 해안에서 아이들이 무엇인가에 대해 다투고 있었다.

자비로운 여왕 이시스는 그쪽으로 다가가서 아이들에게 무엇 때문에 소란스러운가를 물었다. 아이들은 무엇인지는 알 수 없지만 물건을 찾기 위해 강 전체를 돌아다니고 있었던 것이다.

"무엇을 찾고 있느냐."

한 아이가 대답했다.

"상자 하나를 찾고 있습니다."

어떤 상자인가를 여왕이 되물었다.

"빛나는 상자입니다. 어제는 내가 보았는데 오늘은 보이지 않습니다. 아마도 그 상자는 저쪽으로 떠내려간 것 같습니다."

아이들이 상자가 떠내려간 쪽을 손으로 가리켰다. 여왕은 고맙다는 말을 남기고 발걸음을 재촉했다.

강을 따라 계속 내려가던 중 이시스는 수많은 지류를 만났다. 거기서 이시스는 비블로스Byblos(현재의 레바논 지역)로 향하는 길로 접어들었다. 얼마를 가자 무화과나무가 자라고 있는 호수가 나타났다.

이시스는 호수의 여기저기를 유심히 살펴보았으나 상자는 보이지 않았다. 그녀는 피로에 지쳐 외진 곳에 있는 한 채의 집으로 들어갔다. 해는 이미 서산으로 기울고 있었다.

"이 조그만 집에서 쉬어야겠다. 그러나 내일은 반드시 찾아야겠다"라고 중얼거린 이시스는 집안으로 들어가서 누워버렸다. 누워서 생각에 생각을 거듭하던 이시스는 비몽사몽간에 두 사람이 말하는 목소리를 들었다.

"그대는 상자를 보았는가."

"거기에는 왕이 들어 있지. 그러나 상자를 바다 쪽으로 띄워 보내버렸지. 상자는 비블로스까지 떠내려가면서 파도에 휩쓸려 위성류나무에 걸치게 되었지. 그리고 그 나무는 줄기에 상자를 둘둘 만 채 무럭무럭 자랐다네."

"그런데 그 나무가 지금도 서 있을까."

"아닐세. 어느 날, 비블로스 왕이 지나가다가 훌륭한 나무가 자라고 있는 것을 보게 되었지. 왕은 하인들을 시켜 나무를 캐서 왕궁의 기둥으로 사용할 것을 지시했다네. 물론 그 기둥 속에 오시리스를 가둔 상자가 있다는 사실은 누구도 알지 못했다네."

두 사람이 말하고 대답하며 대화를 이어나갔다.

잠에서 깨어난 이시스는 꿈속에서 들었던 불가사의한 말을 곰곰이 되새겼다. 꿈에 신들이 나타난 것은 자신에게 길을 인도한 것이나 다름없다고 생각한 이시스는 땅에 엎드려 신에게 감사의 기도를 드렸다. 그리고 곧장 일어나 비블로스를 향해 출발했다.

비블로스의 왕궁

이시스는 여러 날을 항해한 끝에 마침내 비블로스의 왕궁에 도착하여 한 호수 옆에서 휴식을 취하고 있었다. 그때 두세 명의 궁녀가 양손에 물병을 들고 왕궁의 문을 나오고 있는 모습이 보였다. 그 소녀들은 호수 끝까지 와서 이시스를 보고 신기한 듯이 물었다.

"누구를 기다리고 있나요?"

이시스는 처음으로 고개를 돌려서 사람을 찾으러 왔다고 대답했다. 소녀가 다시 물었다.

"당신이 찾는 사람은 누구입니까?"

"왕이다. 세계의 군주이다."

이시스가 대답했다. 소녀는 자신의 주인을 찾는 것으로 생각하여 다시 물었다.

"지금 왕은 사냥 나가서 안 계십니다."

"아니 당신의 왕이 아니라 다른 왕을 찾고 있다."

이시스가 말했다. 소녀가 이상한 듯이 눈을 둥그렇게 뜨고 바라보자 이시스는 다정하게 말했다.

"내가 여기까지 왔으니 내 나라의 이야기를 들려주마."

그렇게 말하자 소녀는 물병을 내려놓고 여인에게 다가와서 앉았다. 이시스는 이야기를 들려주면서 소녀의 머리를 어루만지며 머릿단을 길게 땋아주었다. 그리고는 얼굴을 들게 하고 아름다운 숨결을 내쉬었다.

"당신은 어떤 것을 좋아하나요?"

소녀가 물었다.

"나는 사람에게 베푸는 것을 좋아한다."

소녀가 괴이하게 여겨 그러면 병든 사람에게 베푸는 것도 마다하지 않는지를 물었다. 이시스가 그렇다고 대답하자 소녀는 의아한 표정을 짓고 있다가 함께 온 궁녀들이 왕궁으로 되돌아가는 것을 보자 황급히 물병을 들고 호수 쪽으로 다가갔다.

궁녀가 물을 길어 돌아가던 중 정원에서 비블로스의 왕비를 만나게 되었다. 옆으로 비켜서 돌아가려 하자 왕비는 궁녀의 머리를 돌아보고는 불러 세우고 물었다.

"어디에서 그와 같이 머리를 손질했느냐. 네가 스스로 한 것 같지는 않은데, 누가 머리를 땋아준 것이냐?"

소녀는 왕비 앞에 다가가 이렇게 얘기했다.

"조금 전 호수 옆에서 어떤 여인이 쉬고 있었는데 제가 이것저것을 물어보면서 말을 하고 있는 사이에 예쁘게 매어준 것입니다."

"그러냐. 그런데 네 몸에서 나는 것은 참 좋은 냄새구나. 너에게 어떤 향수를 뿌려주더냐?"

왕비가 다시 물었다.

궁녀가 대답하길, "아닙니다. 그녀가 단지 입김을 불어주었을 뿐입니다"라고 했다.

왕비는 신기한 듯이 그 여인이 무엇 하는 사람인지 다시 물었다.

"무엇보다도 사람들에게 베풀기를 좋아한다고 했습니다."

궁녀가 다시 대답했다.

궁녀의 말을 듣고 왕비는 무엇인가를 생각하더니 궁녀를 향해 그 여인을 데려오도록 명령했다. 궁녀가 기쁜 마음으로 달려가 돌 위에 엉덩이를 걸친 채 쉬고 있던 여인에게 왕비의 말을 전했다.

"왕비가 만나자고 하는군요. 어떻게 하시렵니까?"

"간다고 전해라. 자 함께 가자."

이시스가 조용히 일어서며 얘기했다.

두 사람이 함께 왕비 앞에 가자, 왕비는 그 여인을 유심히 바라보며 입을 열었다.

"듣건대, 그대는 병든 사람에게 베푸는 것을 좋아한다는데, 내 아들 가운데 병든 애가 있소. 매우 병약한지라 힘을 불어넣어주었으면 좋겠는데 할 수 있겠는가?"

이시스가 말했다.

"좋습니다. 기꺼이 해드리지요. 그러나 그애가 치료되고 안 되고는 당신에게 달려 있습니다."

"그러면 이쪽으로 와주시오."

왕비가 이시스를 왕실의 한 방으로 안내했다. 걸어가면서 왕비는 이시스에게 어디에서 왔는지 물었다.

"나는 먼 곳에서 왔습니다. 여기서부터 아주 먼 남쪽입니다. 나는 오랫동안 남편과 함께 행복하게 살았지만 남편이 악인에게 살해되고 나도 그곳을 도망쳐 나왔습니다."

이시스가 대답했다.

"참 안됐군요. 슬픈 일이란 누구에게나 있답니다."

마치 왕비는 미리 생각해두었던 것처럼 이시스를 위로했다.

이런 얘기를 주고받는 가운데 이윽고 왕실의 방 한가운데 도달했다. 왕비가 방문을 열고 들어가자 이시스도 뒤따라 들어갔다. 방에는 예쁘게 꾸민 침대가 놓여 있고, 눈같이 흰 시트 위에 어린 왕자가 잠자고 있었다.

왕자를 보면서 왕비가 말했다.

"이 왕자가 마네로스입니다. 왕자의 상태가 어떻습니까? 이 세상의 의원이라면 누구에게나 다 치료를 맡겨보았지만 차도가 전연 없고 날이 갈수록 약해지고만 있습니다. 만일 왕자가 건강해진다면 왕께서는 당신이 어떤 것을 원한다 해도 다 들어주실 것입니다."

여인은 조용히 침대로 다가가서 어린 왕자를 들어올려 손끝을 이마에 대보았다. 그리고 얼굴을 응시하자, 어린 왕자는 갑자기 눈을 떠서 여인을 바라보았다. 여인은 소매를 걷고 왕자를 들어올리더니, 한 손으로 왕자의 몸을 어루만지고 다른 손끝을 왕자의 입에다 갖다댔다. 그러자 왕자는 여인의 손끝을 세게 빨기 시작하였다. 잠시 후 여인은 왕자를 원래의 침대에 데려다 눕히고 왕비를 향해 고개를 돌렸다. 그리고는 단호하게 말했다.

"이제 왕자는 건강이 아주 좋아질 것입니다."

그 이후부터 왕자는 몸을 회복하여 왕궁을 여기저기 뛰어다니게 되었다. 왕비는 기쁜 나머지 왕에게 알려 여인을 왕자의 유모로 삼도록 했다. 이 불가사의한 여인은 밤이건 낮이건 왕자 곁에 함께 있었다. 왕자가 울면 안아서 자신의 손끝을 입에 대어 빨도록 했을 뿐, 젖을 물리지는 않았다. 밤이 되면 여인은 문을 걸어 잠그고 다른 사람이 일절 들어오지 못하도록 한 채 왕자에게 젖을 주지 않고 손끝을 왕자의 입에 갖다대어 빨게 했다.

이렇게 되자 궁녀들 사이에 이상한 소문이 돌게 되었다. 왕자의 방에서는 '후드득 후드득' 하는 이상한 소리가 밤새 계속되었다. 어떤 때는 아름다운 소리로 노래하는 여인의 음성과 왕자의 웃음소리가 교차하기도 했다. 이러한 일들이 어제도 일어나고, 오늘도 일어나자 궁녀들은 그 여인이 마법을 사용한다고 믿고 그 사실을 왕비에게 알렸다. 왕비는 그 소문이 사실인지 확인하고 싶은 마음에 몰래 왕자의 방에 몸을 숨겼다.

그러나 밤이 되어도 이상한 일은 일어나지 않았다. 왕비는 형편없는 소문을 믿었던 자신의 잘못을 후회하고 있었다. 그런데 바로 그 순간 방안이 밝아오면서 방 가운데에 있는 난로의 불꽃이 활활 타오르기 시작했다. 그리고 유모가 무어라 형언할 수 없을 정도로 아름답고 이상한 노래를 부르자 왕자는 기쁜 듯이 깔깔 웃으며 얘기하기 시작했다. 이때 유모는 활활 타오르는 난로 불꽃 위에 왕자를 올려놓았다. 동시에 유모는 한 마리의 제비가 되어 방 가운데를 두세 번 선회하고는 밖으로 나가버렸다.

이를 보고 왕비는 놀라서 소리를 지르며 왕자의 방으로 뛰어들어 갔다. 그리고는 엉겁결에 불꽃 위에 놓여 있는 왕자를 안아서 침대 위에 눕혀놓았다. 그러자 제비로 변했던 여인은 다시 제 모습을 되찾고 왕비의 얼굴을 물끄러미 바라보았다.

"형편없는 인간이군. 쓸데없는 일로 아들을 망쳐놓았어. 나는 이 아들에게 불사의 생명을 주려고 했는데 당신이 빙해하여 나의 주술을 파괴시켰어. 당신의 아들은 이제 보통 인간으로 살아갈 수밖에 없게 되었어."

이시스가 노한 목소리로 말했다. 왕비는 여인의 몸에서 불가사의 한 빛이 발사되어 방을 비추는 모습을 보고 부들부들 떨면서 애원했다.

"당신은 어떤 신이십니까? 아들을 도와주신 은혜에 어떻게 감사해야 할지 모르겠습니다."

여인은 왕비의 모습을 보고는 금방 부드러운 소리로 이렇게 말했다.

"왕비여, 나는 이집트의 여왕 이시스다. 나는 단지 그대에게 단 한 가지의 바람이 있는데 들어주시겠는가?"

왕비가 대답했다.

"예. 할 수 있는 일이라면 어떤 일이라도 해드리겠습니다."

이시스는 이윽고 자신의 희망을 얘기했다.

"왕궁의 저 기둥에는 내 남편이 들어 있소. 왕에게 말해서 그 기둥을 빌려주지 않겠소?"

왕비는 곧 왕의 처소로 들어가 오늘 밤에 있었던 일을 털어놓고 이시스가 왕궁의 대들보를 원한다는 것까지 얘기했다. 왕은 왕비를 통해 이시스의 요구를 듣고 나서 쾌히 승낙했다.

"그런 일이라면 나의 왕궁을 통째로 달라 해도 주지 않을 수 없다. 날이 밝는 대로 대들보를 베어내어 이집트로 보내라."

다음날 아침 왕궁을 장식했던 대들보를 다른 나무로 교체하였다. 그리고 왕은 이시스를 맞이하여 이 신성한 기둥을 봉납하고 사람들에게 명하여 대들보를 이집트로 보내려고 하였다.

그러나 이때 이시스가 상황을 얘기했다.

"내가 원하는 것은 대들보 자체가 아니라 그 속에 들어 있는 내용물입니다. 그 속에는 남편의 신체가 들어 있습니다."

이시스가 대들보 앞으로 나가서 칼로 네 토막을 내자 나무 속에서 훌륭한 흑단나무 상자가 나왔다. 이시스가 상자를 열자 모여선 사람들은 일제히 탄성을 올렸다. 그러나 이시스는 눈물을 흘리면서 흰 아마포와 향유를 달라고 했다. 그리고는 네 개로 나누어진 나무를 꽁꽁 동여매고 그 위에 향유를 뿌리며 오시리스 왕의 시체를 향해 잠시 주문을 외웠다.

"이 신성한 유물을 소중히 보존해주시기 바랍니다. 신의 은혜가 있는 귀중한 물건을 어디까지라도 보호해주시기 바랍니다."

그리고는 오시리스의 유해가 담긴 상자를 항구로 운반하여 붉은색으로 단장된 작은 배에 옮겨 실었다. 이시스는 검은 상복에 몸을 감싼 채 상자 곁에 앉았다. 비블로스의 왕과 왕비는 궁중의 신하들과 함께 해안에 서서 이시스와 작별을 고했다.

이시스는 남편의 유해를 가지고 이집트로 향했다. 그후 비블로스 왕은 이시스를 위해 훌륭한 신전을 짓고 성대한 행렬을 이끌면서 그 기둥을 신전에 옮겨놓아 신의 유물로서 오랫동안 보존하도록 했다.

세트의 박해

오시리스의 유해를 실은 배는 비블로스 항구를 출발하여 나일강을 향했다. 비블로스의 육지로부터 점점 멀어져 보이지 않게 되자 이시스는 가슴속에 솟구치고 있는 비탄을 참지 못하고 마음껏 쏟아냈다. 그녀는 그리운 남편의 운구를 끌어안고 엉엉 울었다.

남편의 얼굴을 보고 싶은 심정도 더욱 강해졌다. 배가 망망대해로 들어서서 주위에 구름과 파도만이 남게 되자 이시스는 흑단나무 상자의 뚜껑을 열었다. 남편의 모습은 전혀 변하지 않았다. 마치 마지막 작별할 때의 모습 그대로였다. 그러나 이미 많은 사람들이 추앙했던 부드러운 목소리는 더이상 들을 수 없었다. 왕은 평화로운 모습으로 눈을 감은 채 누워 있었다. 그녀는 일어나서 남편의 차가운 얼굴에 입술을 갖다대었다.

이윽고 나일강에 이르자 이시스는 사공에게 명령하여 배를 연안에 대도록 한 후 왕의 운구를 끌어내려 깊은 숲속에 숨겨놓았다. 그리고는 왕의 운구 옆에서 왕의 부활을 기다렸다.

한편, 세트는 오시리스를 살해한 후 수일 만에 병사들을 이끌고 테베의 도시를 공격하고 전국을 평정하여 왕위에 올랐다. 그리고는 전국에 포고령을 내려 이시스의 소재를 찾도록 지시했다.

이 때문에 이시스는 세트의 눈을 피해 계속 장소를 바꿔가며 델타의 숲속을 배회했다. 태양신 라는 하늘에서 이시스의 모습을 지켜보고 있다가 마침내 그녀를 보호하기 위해 길 안내자인 아누비스를 파견하였다.

한편, 이렇게 도망다니는 중에 이시스는 유복자를 낳아 이름을 호루스라 짓고 사람들 눈에 띄지 않도록 키웠다. 그러나 이 사실을 알게 된 세트가 풀 속을 헤치고 수색의 손길을 확대하였기 때문에 이시스는 몸 둘 곳이 없게 되었다.

마침내 이시스와 호루스는 세트에 의해 어느 성에 유폐되었다. 이시스는 호루스를 보호하기 위해 수십 번이나 태양신 라를 불러 도움을 요청하면서 며칠 밤을 불안에 떨며 지냈다.

어느 날 저녁, 이시스가 불안에 지쳐 깜빡 졸고 있는 사이에 무섭게 생긴 낯선 남자가 앞에 나타났다. 이시스는 그가 세트의 부하일 것이라고 생각하여 호루스를 감춘 다음 그 남자의 얼굴을 주시하며 날카롭게 외쳤다.

"너는 누구냐 여기에는 무엇 하러 왔느냐?"

그러자 남자는 부드럽게 대답했다.

"이시스여, 놀라지 마라. 나는 라의 명령을 받고 너를 도와 여기서부

길 안내자의 임무를 맡고 있는 아누비스가 재칼의 머리를 가진 인간으로 형상화되어 있다. 그는 안푸(Anpu)로도 불리는데 오시리스와 이시스 사이에서 태어난 아들이다.

터 구해내고 오시리스를 부활시키기 위해 변장하여 내려온 토트다."

그가 지혜의 신 토트라는 것을 알게 된 이시스는 그에게 다가가 죽은 남편의 상태를 물어보았다.

그러자 토트가 대답했다.

"그대의 남편은 무어라 말할 수 없이 좋다. 그대가 비블로스에서 이집트로 되돌아올 무렵, 남편의 모습을 보고 있을 때 그는 이미 부활하여 지금보다도 더 큰 대국의 왕이 되었다."

토트의 말을 분명히 깨달은 이시스는 그 말에 용기를 얻어 달빛의 도움으로 호루스와 함께 유폐되었던 성을 간신히 빠져나왔다. 토트는 성을 나오자 발길을 멈춘 후 이시스를 보면서 말했다.

"나의 역할은 이제 끝났다. 여기서부터는 나의 신하들이 너의 지시를 받아 너를 안내해 줄 것이다. 자 그러면 잘 가거라."

이시스는 토트가 말한 대로 그의 신하들을 찾기 위해 풀 속에 서서 주위를 돌아보았지만 아무도 없었다. 이상하게 생각하고 있을 때, 뜻밖의 소리가 들렸다.

"여기서부터 저희들이 안내하겠습니다."

이시스가 소리 나는 곳을 찾아 여기저기를 둘러보았지만 아무도 없었다. 그러다 문득 밑을 쳐다보았을 때 풀 속에서 일곱 마리의 전갈이 머리를 내밀고 있었다.

"아. 너희들이었구나. 이제 오시리스의 몸을 숨겼던 곳으로 가자."

이시스가 말했다.

얼마 후 이시스와 전갈은 오시리스의 상자가 있는 곳으로 갔다. 그러나 남편의 시체는 이미 사라지고 없었다. 이시스는 슬픔에 잠겨 오랫동안 울었다. 그러나 곧 이시스는 토트의 말을 떠올리며 그가 남편을 찾아서 또다른 생명을 주었다고 생각했다. 그렇게 생각하자 안심이 된 이시스는 일곱 마리의 전갈을 불러 다음과 같이 지시했다.

"어디로 가는 것이 안전한지 너희들이 얼굴을 들어 확인하고 그곳으로 안내하라."

전갈과 함께 이시스가 곧 한 마을에 도착하자 날은 이미 저물어 있었다. 그녀는 커다란 집을 발견하고 하룻밤을 묵기 위해 주인을 불렀다. 여주인이 밖으로 나와 이시스 일행을 맞이했으나, 같이 있는 전갈을 보자 그녀는 경악하여 집안으로 들어가서는 문을 걸어잠갔다. 하는 수 없이 다른 집으로 가 하룻밤 묵을 것을 부탁하자 늙은 여자가 나와서 이시스 일행을 맞이했다. 늙은 노파는 이시스 일행의 지친 몰골을 보자 안으로 데리고 들어가 우유와 빵을 주고 후하게 대접했다.

그 후 이시스 일행은 당분간 그곳에서 지내게 되었다. 그러나 세트의 수색대가 그곳까지 이르자 이시스는 아누비스와 전갈의 안내로 다시 헬리오폴리스에 묵게 되었고 길 안내를 맡았던 일곱 마리의 전갈은 되돌려보냈다. 그리고는 델타 입구인 부토 지역으로 피신하여 남편의 시신을 계속 수소문하였다.

어느 날 남편의 시체를 찾으러 갔다가 돌아와보니 항상 문 앞에 서 있던 아들 호루스의 모습이 보이지 않았다. 이상하게 여겨 집안으로 들어가보니 호루스는 침대에 누운 채 몸이 식어 있었다. 세트가 보낸 전갈에 물려 죽은 것이었다. 호루스를 물어 죽인 전갈의 독은 세트가 보낸 마술사의 주술 때문에 이시스의 주문으로도 제거할 수 없었다. 이시스가 한탄하면서 통곡하자 이를 듣고 이시스의 동생 네프티스가 전갈의 여왕을 데리고 내려왔다.

"아아! 그대는 이 독을 제거할 수 있는가?"

네프티스가 전갈의 여왕을 향해 물었다.

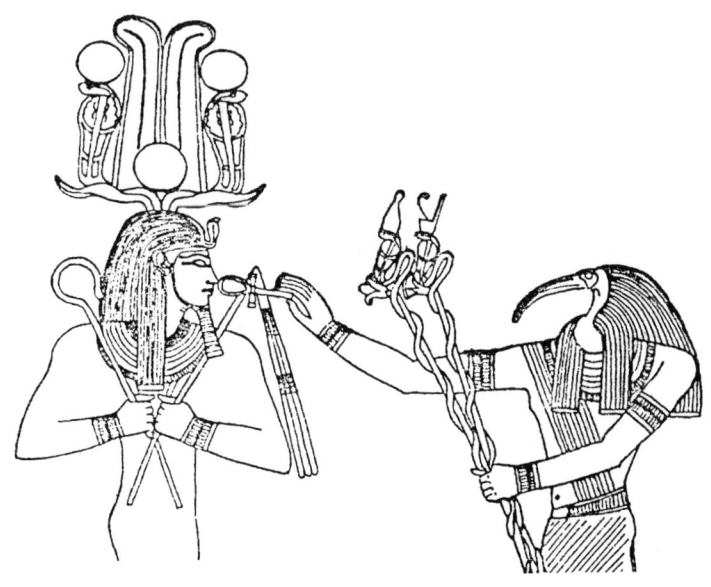

토트는 '검은 따오기'를 뜻하는 테크(Tekh)라는 말에서 파생되었다. 토트는 사자에게 일백만 년의 수명을 줄 수 있는 권능을 가진 '측정자(Measurer)'로 칭해지기도 한다. 그림은 토트 신 이 세티 1세에게 생명의 상징인 앙크를 부여하는 장면이다.

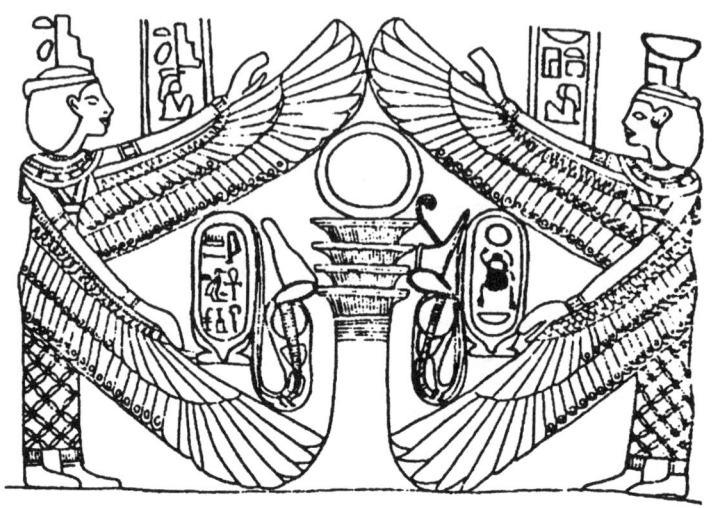

네프티스는 '왕국의 여자'를 뜻하는 상형문자를 머리에 이고 있는 모습으로 형상화되어 있다. 그녀는 오시리스가 세트에 의해 살해되었을 때 언니인 이시스를 도와서 시신을 찾아내고 부활시켰다. 그림의 가운데는 오시리스를 상징하는 척추 제드(Djed)가 있고 좌우로 이시스와 네프티스가 서서 날개로 생명을 불어넣고 있다.

"아니오. 나의 힘으로도 어떻게 할 수가 없습니다."

전갈의 여왕이 당혹스러운 얼굴을 하면서 대답했다.

"그렇다면 태양신 라에게 기원하는 수밖에는 별도리가 없습니다."

네프티스가 언니 이시스에게 말했다.

다음날 이시스는 라의 배가 떠오르는 동쪽 하늘에서 기다렸다가 라에게 호소한 끝에 승인을 얻어냈다. 이윽고 라의 지시를 받은 토트신이 지상으로 내려왔다.

"이시스여, 전능한 라는 너의 기도를 들었다. 내가 내려왔으니 안심해도 된다"라고 토트가 말했다. 토트가 호루스의 몸을 일으켜 세우고 주문을 외우자 굳었던 근육과 몸이 이완되면서 얼굴에 혈색이 감돌았다. 그러고 나서 네프티스는 호루스를 이시스에게 안겨주었다.

오시리스의 부활

이시스가 헬리오폴리스에 숨어 있는 동안 그녀는 남편을 위해 한 번 더 수색하기로 결심했다. 그러나 이번 수색은 이전보다도 더 많은 어려움이 따랐다. 나일강을 따라 여기저기를 찾아 돌아다닌 끝에 오시리스의 상자를 발견했지만 세트가 먼저 오시리스의 시체를 찾아내어 열네 토막으로 나누어 이집트 전국에 흩뿌린 뒤였다.

"자, 이제는 두 번 다시 부활할 수 없겠지."

세트는 중얼거리며 왕궁으로 돌아왔다. 이 소문은 이집트 전국에 퍼져 이시스의 귀에까지 들어갔다. 이시스는 왕의 시체를 찾는 것이 쉽지 않다는 것을 깨달았다.

'어쩌면 나일강의 악어가 삼켰을지도 몰라. 영원히 찾아낼 수 없을지도 모르는 일이야.'

이렇게 생각한 이시스는 결심이 약해지긴 했지만 토트의 말을 되새기며 꼭 찾아내겠다고 스스로 다짐했다. 그러나 출발에 앞서서 아들 호루스를 안전한 집으로 피신시키는 일부터 먼저 해야 했다. 이시스는 동생인 네프티스와 상의했다. 네프티스는 이렇게 말했다.

"방법은 부토 지방에 있는 뱀의 여왕 우아치트*에게 맡기는 수밖에 없을 거야. 나일강에는 떠다니는 섬이 있는데 그것을 알고 있는 사람은 우리 두 사람과 우아치트뿐이라서 아무리 사악한 세트라 해도 찾지는 못할 거야."

두 자매는 다음날 아침 호루스를 데리고 나일강을 내려갔다. 나일강 하류의 강줄기는 여러 개의 지류로 나뉘어져 바다로 흘러들고 있었는데, 부토에 다가가자 떠다니는 섬이 하나 나타났다. 떠다니는 섬

---

* Uachit, 하이집트의 왕권을 보호하는 여신. 파피루스 위에 붉은 관을 쓴 코브라의 모습을 하고 있다.

은 계속 이동하고 있기 때문에 위치를 알 수 없었으므로 많은 사람들은 그것을 '마법의 섬'으로 불렀다.

두 자매가 이윽고 섬에 도착하여 섬의 여신인 우아치트에게 아들을 인도하고 이시스는 이렇게 당부했다.

"내가 돌아올 때까지 내 아들을 맡아주기 바랍니다. 다치지 않도록 주의해주십시오."

섬의 여신이 말을 이어받았다.

"잘 알겠습니다. 벌레 한 마리도 얼씬거리지 못하도록 할 테니 안심하십시오."

이렇게 말하고 섬의 여신은 호루스를 데리고 성안으로 들어가버렸다. 두 자매는 호루스와 작별하고 왕의 유해를 찾기 위해 먼저 파피루스의 줄기로 배를 만든 다음 나일강의 하류를 따라나섰다.

그때 나일강에 서식하고 있던 여러 마리의 악어조차 여신들의 위세에 눌려 배 주변에 다가서지 못했다. 이집트에서 후세까지 파피루스를 신성시하고 이것으로 배를 만들면 악어를 물리칠 수 있다는 전설도 이때부터 생겨났다.

이시스는 나일강 하류에 도착하여 사람이 사는 마을을 발견할 때마다 왕의 유해를 수소문하였다. 그리고 왕의 팔 한쪽, 혹은 어떤 부분이라도 발견될 때마다 그곳에 사당을 세워 기념하고 형체가 있는 시신 조각은 아마포로 감싸서 배 위에 싣고 다음 마을로 향했다.

하지만 때로는 아무리 찾아도 단서조차 발견하지 못해 수개월, 수년을 절망 속에서 보내야 했다. 이와 같이 수년간 고통을 참으면서 보낸 이시스는 마침내 목적을 달성했다.

이집트의 전국에 흩어져 있는 왕의 유해를 모은 결과 모두 열세 조각이나 되었다. 처음에 걱정했던 것처럼 악어가 먹은 시신은 하나도 없고 완전하게 찾아냈다. 단 하나 발견하지 못한 부위는 왕의 음경으로 그것은 물고기가 먹은 것으로 전해진다.

필레섬의 이시스 신전

　이시스와 네프티스는 이렇게 수습한 유해를 파피루스로 만든 배에 실고 델타의 호수로 귀환했다. 그리고 사체를 감쌌던 아마포를 푼 다음 모래 위에 나란히 놓았다.

　하늘에서 이를 보고 있던 태양신 라는 곧 아누비스를 내려보내 오시리스의 유해를 하나로 접합시키고 유해를 단단히 묶은 다음, 그 위에 약을 주입하여 미라를 만들었다. 이때부터 이집트에서 미라를 만들기 시작했다고 전해진다.

　이때 이시스는 기쁜 나머지 새로 변하여 남편의 주위를 몇 번이나 선회하였다. 그리고 그 날개로 남편의 코에 바람을 불어넣자 오시리스는 다시 숨을 쉬기 시작하였다. 그러나 오시리스는 현세에 머물지 않고 내세의 세계로 들어가 현세보다도 더 강대한 오시리스왕국을 만들고 사死의 세계를 다스리는 왕이 되었다.

이시스가 오시리스의 유해를 수습하여 도착한 나일강 상류의 필레 섬에는 그 유명한 이시스의 신전이 지금도 남아 있다.

호루스의 복수

부토에 있는 섬의 여신에게 맡겨졌던 호루스는 그곳에서 무사히 성장하여 훌륭한 청년이 되었다. 아버지를 닮아 키가 크고 힘도 장사였다. 이시스는 떠다니는 섬을 방문하여 아들의 성장을 기뻐했다.

어느 날 밤, 호루스는 자신의 방에서 잠을 자고 있다가 베개 밑에서 들려오는 자신을 부르는 소리에 놀라 눈을 떴다

"호루스여, 너는 나를 알고 있는가?"

누군가가 물었지만 호루스는 그를 알지 못했다. 그러자 그는 호루스를 보면서 다시 말했다.

"나는 너의 아버지 오시리스다. 너에게 알려줄 것이 있어 내세의 세계에서 왔다. 이제 나의 이야기를 들어야 한다. 나는 이시스와 함께 현세에 내려와서 누구도 알지 못하는 국가를 세우고, 문명을 가르치고, 사람들이 요청해서 왕위에 올라 오랫동안 나라를 다스렸다. 그러나 나의 동생 세트의 음모로 생명과 국가마저 잃었다. 다행히 이시스의 도움을 얻어 부활하여 내세의 왕국을 다스리고 있다. 이제 복수의 시간이 왔다. 나는 너를 후계자로 인정하고 세트로부터 국가를 되찾는 임무를 주겠다. 이제 그를 토벌해야 한다. 나는 하계에서 세트와의 전쟁을 지켜볼 것이다. 내가 옆에서 도와 줄 수는 없지만 마지막 승리는 정의로운 자에게 돌아간다는 것을 알려준다. 굴하지 말고 열심히 싸워라. 나를 위하여, 그리고 어머니를 위하여 반드시 임무를 완수하기 바란다."

호루스는 분노에 불타서 전신에 피가 역류하는 것을 느꼈지만 꾹

칼을 쥔 호루스와 그의 네 아들이 오시리스와 세라피스 앞에 서 있다. 그 사이에 악의 신 세트가 가슴에 칼을 맞고 두 팔이 묶인 채 무릎 꿇고 있다.

참고 아버지의 말을 전부 경청했다. 호루스는 아버지의 말이 끝나자 숨을 몰아쉬며 이렇게 대답했다.

"안심하십시오. 반드시 해내겠습니다."

이렇게 대답하고 나서 아버지를 찾았지만 그는 이미 보이지 않았다. 호루스는 다음날부터 오로지 복수의 시기만을 기다렸다. 그는 부하 가운데서 쇠붙이를 잘 다루는 이를 골라 무기를 만들도록 지시했다.

한편, 세트는 자신의 적대자들을 무자비하게 숙청했다. 이집트 전체를 자신에게 복종시키기 위해 가공할 정도의 탄압을 가하고 호루스를 경계하였다.

드디어 호루스는 자신의 병사들과 함께 최신예 무기로 무장한 채 세트를 공격하였다. 이시스는 아들을 위하여 한 척의 배를 만들고 여기에 마술을 걸어서 어떤 위험에도 파괴당하거나 전복되지 않도록 보호 조치를 해놓았다.

호루스의 배가 나일강을 거슬러올라가 테베를 공격할 때 세트는 붉은색의 하마로 변해서 물속에서 기다리고 있다가 호루스를 공격했다. 그러나 이시스의 마법으로 무사히 통과할 수가 있었다.

이때 호루스는 거인으로 변해 배 위에서 커다란 작살을 손에 쥔 채 물밑을 주시하고 있다가 입을 벌리고 있는 하마를 내리찍었다. 하마는 비명을 지르며 모습을 감추었다.

호루스가 테베에 상륙하자 오시리스를 칭송하는 많은 사람들이 지원을 자처하여 호루스를 따르는 군사가 갑자기 늘어났다. 덕분에 호루스는 세트의 대군을 격파하고 동쪽으로 후퇴하는 세트를 추격하여 포로로 잡아서 참수시켰다. 마침내 호루스는 오시리스의 왕위를 되찾고 오랫동안 지배하였다.

또다른 신화에 의하면 세트는 호루스에 의해 사지를 절단당하는 치명상을 입었고 호루스는 세트군과의 전투에서 한쪽 눈을 상실했다고 한다. 이때 토트 신이 지상에 내려와 세트에게 빼앗긴 호루스의 눈을 찾아 치료해주고, 세트의 상처도 치료해준 다음 두 사람을 심판대에 세워 호루스가 정당한 왕위 계승자임을 선언했다. 그후 호루스는 이집트 국가를 오랫동안 통치하게 되었다.

이상이 오시리스의 부활을 담은 개벽신화의 내용이다.

제2부
영원과 천국의 세계

제11왕조 멘투호텝의 목관에 기록되어 있는 『사자의 서』의 일부분.

1. 영원을 향한 갈증

『사자의 서』는 각 장이 주문으로 되어 있기 때문에 곧바로 독본하기에는 상당히 부담스럽다. 따라서 그 전단계로 주제별 의식 절차부터 이해할 필요가 있다.

이집트인은 인간의 생이 현세에 국한되지 않고 사후세계에서도 현세 이상의 행복한 생활을 영위할 수 있다고 믿었다. 이러한 내세관은 이집트가 가진 건조한 사막의 풍토 속에서 잉태되었다. 사막의 열사 위에서 죽은 사람들의 몸이 건조한 기후로 인해 자연적으로 미라화되어 생전의 모습이 거의 그대로 남아 있는 것을 본 후손들은 사자가 현세와 동일한 신체를 가지고 사후생활을 한다는 믿음을 갖게 된 것이다. 현세에서의 생활은 잠시이며 내세에서 보다 영원한 생을 누릴 수 있다는 부활 사상이 싹트면서 신관들은 사자를 위한 의식과 주문을 발전시켰고 하나의 지침서로서 『사자의 서』가 출현하게 되었다.

육신과 영혼은 부활의 조건

부활을 얻기 위해서는 영혼과 육신이 결합해야만 한다. 마치 오시리스가 세트에 의해 살해된 후 이시스에 의해 부활했듯이 영원한 삶을 위해서는 육신은 물론 영혼이 파괴당하지 않아야 한다는 것이 고대 이집트인들이 믿었던 내세관이다. 이집트인들이 말하는 영혼은 카Ka와 쿠Khu로 이루어진다. 우리식 개념으로 보자면 카는 영靈에 해당하고, 쿠는 혼魂에 해당한다. 그리고 여기에 제3의 개념으로 영혼의 새인 바Ba가 있다.

이집트인들은 모든 인간에게는 그림자와 마찬가지로 영靈이 따라다닌다고 생각했는데, 이것을 '카'라고 불렀다. 카는 사람과 함께 태어나고 일생 동안 따라다니며, 사후에는 묘에 남아 있다. 카는 출생과 더불어 존재하며 불변하고 독립적인 성격을 갖는다는 점에서 바와는 다르다. 카는 인간뿐만 아니라 인간이 만든 옷, 무기, 토기, 식물에 이르기까지 모든 사물에 존재한다. 이런 의미에서 카는 영 또는 정령精靈으로 받아들일 수 있다.

사자의 묘 앞에 물과 음식, 생전에 사용했던 물건, 도구를 제공하는 것은 그들이 믿었던 카를 불편하게 해서는 안 된다는 신앙 때문이었다. 이러한 연유로 왕후의 경우에는 가신, 처첩, 종자를 순사시켜 후장하는 풍습이 생기기도 하였다. 이 같은 후장 풍습이 계속되면서 부패를 방지하고 야수와 곤충의 침입을 막기 위하여 사자를 현실玄室 또는 관에 보관하여 분묘를 건축하는 경향이 생겨났다. 여기서부터 값비싼 미라 제작도 성행하였다. 헤로도토스가 『역사』 제2권에서 이집트의 미라 제작 방법, 종류와 가격을 상세히 기록했듯이 미라 제작이 본격화된 것은 제4왕조부터 제5왕조 시기였다.

1924년 룩소르에서 시카고대학교 동양문화센터팀을 이끌고 현지 조사를 벌였던 미국의 이집트 학자 브레스테드*는 쿠프 왕이 대규모 피라미드를 설계하게 된 동기는 그의 어머니 무덤이 도굴꾼에 의해 약탈당하면서 받게 된 커다란 충격 때문이라고 기록했다. 왕묘의 도굴은 왕으로서는 중대한 문제였다. 도굴로 미라가 파괴된다면 내세에서 영생을 얻을 수 있는 카가 파괴된다. 이를 막기 위해 이집트의 파라오들은 거대한 피라미드를 건축했던 것이다.

카는 개인의 운명을 내세로 인도하고 내세에 거주한다. 즉 사자를 도와서 신 앞에서 그를 변호하거나 태양신 라 앞에 인도하며 사자에게 먹을 것을 제공하고 모든 악으로부터 보호한다.

카 사상은 고대 그리스 철학자 플라톤에게 많은 영향을 주었다. 기원전 399년 스승 소크라테스가 죽자 정신적 지주를 상실한 플라톤은 고독감을 견디지 못해 이집트로 여행을 떠난다. 여기서 그는 카 사상으로부터 지적 충격을 받고 이것을 '이데아'로 받아들여 「대화편」 등의 저작에서 발전시켰다. 그후 대영박물관의 이집트실 관리책임자였던 샤무엘 버시S. Birch가 1858년 『루브르 박물관의 이집트 연보』에 기고하면서 카 사상을 체계화했고, 이집트의 고대 유물 관리국장이었던 프랑스 출신 이집트 학자 가스통 마스페로G. Maspero가 소르본느 대학교에서 강의를 통해 대중들에게 전파시켰다.

반면, 우리의 관념상 혼에 해당하는 개념이 '쿠'이다. 쿠는 인간의 육체 내에 있지만 인간이 잠들어 있는 동안에는 체내를 빠져나와 여기저기를 오가며 사람들을 만나는 것으로 믿어졌다. 이때 사람들은 종종 불가사의한 꿈을 꾸게 되는데 죽은 지인을 만나거나 얘기를 나누거나 하는 것은 그 사람의 쿠가 죽은 지인의 쿠와 만났기 때문이라는 것이다.

이와 별도로 사람의 머리에 새의 모습을 하고 있는 것으로 '바'가

---

* James H. Breasted, 미국에서 이집트학의 체계를 세운 학자, 록펠러재단의 후원으로 1920년대 이집트에서 학술 조사를 실시했다.

사자의 주위를 배회하는 바

있다. 생전에는 육체에 있지만 사후에는 체외로 빠져나와 비상飛上하여 사자의 미라 주위를 선회하거나 미라 위에 앉아 있다가 다시 체내로 들어간다. 바는 묘지의 여신으로부터 식물과 음식을 부여받아 생존한다고 믿어졌다. 체내에서 빠져나간 바가 다시 사체와 결합하여 새로운 삶을 시작한다는 믿음은 사체를 보호하는 사상으로 발전했다. 바는 『사자의 서』 제89장과 제92장의 삽화에서 보는 바와 같이 새의 몸체에 인간의 머리를 가진 모습으로 형상화되어 있으며 발톱에는 영원과 생명의 상징인 '셴Shen'을 움켜쥐고 있다. 셴은 내세로 가기 위한 일종의 심벌이며, 신관들의 의식을 존중한다는 의미도 갖고 있다.

신관들이 장례일에 행하는 장의의 목적은 바가 갇히거나 파괴당해 내세로 못 가게 되지 않도록 기원하는 데 있다. 피라미드 텍스트에 의하면 "그대는 '바'를 성취하였고, 모든 신 가운데 '바'로 생존할 것이다."라는 기록이 있다. '바가 하늘을 비행하고 모든 신 가운데 생존한다'는 의미는 태양신 라의 속성과 결부되어 있다. 밤이 되면 태양신 라가 하늘의 여신 누트의 태내로 돌아오듯이 바 또한 지상으로 내려와 육체 즉 미라에게로 귀환하여 휴식을 취한다.

바는 황금의 독수리, 제비, 암흑 속에서 빛을 주는 신, 사타 뱀, 악

네프티스와 이시스가 지키는 사자의 미라 위를 바가 비행하는 장면. 발톱에 쥐고 있는 것이 둥근 태양 원반 모양의 셴이다.

어, 피닉스, 미려한 연꽃 등 모든 것으로 변화, 전생轉生하여 살아가는 속성을 가지고 있다. 때로는 프타 신으로 변하여 산 자들이 봉납하는 음식이나 맥주를 마신다. 또한 바는 어두운 묘에 갇혀 있지 않고 자유롭게 어디든지 돌아다니며 검은 먹과 펜을 부여받고 서기의 신 토트에게 다가가기도 한다.

　물론 이 전생은 우리가 생각하고 있는 인과응보적인 윤회 사상과는 다르다. 이집트인들은 생전에 악행과 악업을 저지른 사람이 오시리스의 법정에서 혼을 파괴당하면 그의 바는 전생하여 살아갈 수 없다고 믿었다. 때문에 동양적 사고에서 말하는 윤회와는 거리가 먼 개념이다.

　네브세니의 파피루스에 나오는 『사자의 서』 제92장은 사자의 묘위에 태양이 비치고 그 빛 속에 사람 머리를 한 바가 자신의 그림자위를 비행하는 그림이 묘사돼 있다. 여기서 사자 즉 네브세니가 기원하고 있는 내용은 지금까지 설명한 것을 압축해서 보여준다.

아아 바라옵건대 영혼이 사로잡히지 않게 하고, 아아 바라옵건대 영혼이 감금당하지 않게 하여, 걸어나와서 내 영혼을 위해 문을 열어주길 원합니다.

입을 여는 의식

분묘 앞에서 행해지는 '사자의 입을 여는 의식ceremonies of opening the mouth'은 매우 흥미롭다. 입을 여는 의식은 사자가 먹고 마시고 생각하고 말하며 움직일 수 있도록 셈sem의 신관*들이 힘을 부여하는 의식 절차다. 『사자의 서』 제21장과 제22장, 제23장은 모두 이 의식과 관련된 장이다.

입을 여는 의식은 일반적으로 사자 앞에 표범가죽을 입은 셈 신관이 서서 숫양의 머리를 하고 토트 신을 상징하는 우르헤카우**라는 도구를 오른손에 쥐고 미라의 입술, 코, 눈에다 대는 순서로 진행된다.

의식이 진행되기에 앞서 먼저 케르헤브Kherheb***라는 이름을 가진 신관이 탄산소다를 뿌리고 향을 피워 주위를 신성하게 만든 다음, 우르헤카우를 사용하여 미라의 입에다 가볍게 댄다. 우르헤카우는 '위대한 마법의 주문, 마법의 말'로 번역될 수 있는데 고대 이집트인들은 이 절차를 거쳐야만 붕대로 감싸진 사자의 미라가 먹을 수 있고, 걸어다닐 수 있다고 보았다.

인간이 사망하면 미라로 만들어지는데 주문을 외워서 사자의 생명을 재생시킨다 하더라도 아마포로 감싸진 붕대를 사자 스스로 풀 수

---

* 표범가죽을 입고 '입을 여는 의식'을 집전하는 보조 신관.
** 우르헤카의 복수형. 위대한 마법의 힘을 지닌 도구.
*** 최고의 마법사. '입을 여는 의식'을 집전하는 최고의 신관.

없기 때문에 이동하거나 먹을 수 있는 힘이 없다. 따라서 사자의 입을 여는 의식 절차가 필요하다. 이 의식이 아마포를 제거하는 효과를 갖는 것으로 간주되었기 때문이다.

삽화 위쪽 미라 뒤에는 먹을 것을 갖다바치는 테이블이 놓여 있고, 그 앞에는 투투라는 이름을 가진 사자의 부인이 죽음을 애도하고 있으며 표범의 가죽을 입은 신관이 우르헤카우를 사자의 입에다 대고 있다. 삽화 아래쪽에는 미라가 갈대로 만든 침대 위에 눕혀져 있고 연꽃 혹은 백합이 놓여 있다.

입을 여는 의식은 크게 두 단계로 나뉘어 진행된다.

첫째, 의식이 진행되면 셈의 신관 케르헤브는 황소를 잡도록 명령한다. 이윽고 황소가 도살되어 심장이 꺼내진다. 삽화에는 이시스로 형상화된 여인이 사자의 귀에 다가가서 이렇게 속삭인다.

> 보아라! 그대의 입이 그대를 위해 준비되었다.
> 그대의 입은 곧 열려질 것이다.

그 다음으로 영양과 오리가 도살되어 머리를 바친다. 이때 게르헤브 신관은 신을 향해 이렇게 낭송한다.

> 나는 그대를 위해 영양과 오리를 도살했습니다.
> 나는 그대의 적들을 그대에게 바칩니다.
> 나는 그대를 위해 이 짐승의 머리와 짐승을 선물합니다.
> 오 아툼 신이여! 사자의 적들이 신 앞에 대항하지 못하게 하소서.

그다음 순서로 오시리스 신 앞에 황소의 앞다리와 심장이 바쳐진다. 그리고 나서 신관은 미라에게 이렇게 얘기한다.

나는 군주에게 앞다리를 바칩니다. 그리고 심장을 바칩니다.

나는 영양의 머리와 오리의 머리를 군주에게 바칩니다.

이것으로서 봉헌 의식은 끝났습니다.

영양과 오리의 살해는 호루스가 자신의 아버지 오시리스를 살해한 적들을 파괴한 것과 마찬가지로 사자의 적들을 살해하는 전형적인 의식이다.

그리고 나서 셈의 신관들은 입을 열고 눈을 뜨게 하는 의식을 집행한다. 이 의식에서 신관은 사자를 향해 이렇게 말한다.

그대의 입은 닫혔습니다. 그러나 그대의 입과 그대의 이를 위해 내가 열어놓았습니다.

이제 그대의 두 눈을 뜨게 했습니다. 나는 우르헤카우를 사용하여 그대의 입을 열었습니다.

또 호루스가 입을 열게 했습니다. 오시리스의 입을 열었던 것과 같이 호루스가 당신의 입을 열었습니다.

사자는 걸어다니고 말할 수 있게 되었습니다. 그리고 사자의 육체는 태양의 집에서 위대한 신의 동료가 될 것입니다.

그리고 거기서 인간의 군주인 호루스로부터 왕관을 수여받을 것입니다.

셈 신관의 낭송이 끝나면 사자의 아들이 나서서 같은 내용의 주문을 외운다. 이런 방식으로 미라의 입과 눈을 열게 한 다음에는 신관들이 상자를 들고 나와 두번째 단계인 정화 의식purification을 거행한다. 정화 의식은 사메르프Samerf*라는 신관이 네 개의 상자를 들고 나와

---

* '사랑스러운 신의 아들'이라는 의미로서 의식을 집전하는 보조 신관.

미라의 앞에 서면, 케르헤브 신관이 다음과 같이 낭송하는 것으로 시작된다.

오! 사메르프 신관이 정화하기 위한 네 개의 상자를 가지고 와서 당신의 입과 두 눈을 네 번 만졌습니다.
이제 당신의 입과 두 눈은 완벽해지고 원래처럼 원상회복되었습니다.
나는 당신의 입을 만져서 당신의 입을 열었고, 당신의 두 눈을 네 번 정화시켜 눈을 뜨게 했습니다.

입과 두 눈의 정화 의식이 끝나면 턱과 깃털을 다시 가져오고 동물들을 살해하여 다시 한번 의식이 반복된다. 그리고 마지막에는 병에 든 향유를 미라의 입과 얼굴, 눈에 바른다. 이것은 미라의 두 눈, 입을 완벽하게 보존시키고 좋은 향기가 나게 하여 하계에서 승리를 얻어 신이 되도록 하기 위한 데 그 목적이 있다.

두 번의 죽음과 전생

영혼이 파괴되어 완전히 죽는 것을 두번째 죽음 즉 재사再死라 하는데, 고대 이집트인들은 이 사상을 가지고 있었다.
인간이 생전에 의로운 일을 하면 오시리스 법정에서 심판을 받고 부활하여 사후에도 현세로 복귀할 수 있지만 여기엔 여러 가지 조건이 필요하다. 무엇보다도 육체가 미라로 만들어져 보관되어야 한다. 미라가 벌레의 침식을 당하거나 부패하면 영혼 즉 바가 귀환할 수 있는 장소를 잃어버리거나 손상을 입기 때문에 미라는 온전히 보관되어야 한다. 또한 영혼의 그림자인 카가 묘실에서 정기적으로 공납을 받지 않으면 고통과 갈증으로 죽어간다. 카가 기아에 허덕이면 사막을 배회하고 부패하거나 썩은 물을 먹어 죽게 된다.

따라서 부활하는 데 필요한 공기와 물을 제공하거나 방해가 되는 해충, 벌레를 방지하는 것에 많은 관심을 기울이지 않을 수 없었다. 『사자의 서』 제31~32장의 악어 격퇴, 제33~34장과 제39장의 뱀 격퇴, 제35~37장의 벌레·괴물 격퇴, 재사를 방지하기 위한 제44장, 부패를 방지하기 위한 제45장 등은 신체를 보호하기 위한 장이며 이를 위해 보호하는 주문을 외워야 한다.

제45장은 사자가 아누비스에게 자신의 미라가 부패하지 않고 온전히 보존될 수 있도록 염원하는 내용을 담고 있다. 아누비스는 오시리스의 유해를 수습하여 미라를 만들었던 신이다. 그는 길 안내자이면서 동시에 미라를 만드는 기술과 지식을 갖고 있으며 향유를 바르고 연고를 사용하여 미라의 붕대를 감는 전문가이다. 아누비스라는 말도 원래 '미라를 만드는 곳의 주인'이란 뜻이다.

또 사자의 혼을 위해 척추와 목을 온전히 보존하는 여러 가지 부적도 만들었다. 제155~160장에 나타나듯 자수정의 오시리스 척추, 황금의 깃, 이시스의 심벌, 베개 등을 만들어 사자와 함께 넣은 것도 영혼과 육체를 보존하여 온전히 부활하기 위해서였다.

고대 이집트에서는 파라오가 즉위한 후 삼십 년째가 되면 제1회의 축제가 열리는데 이것이 '세트의 축제'다. 세트의 축제는 오시리스의 척추 즉 제드의 기둥 건립이 핵심을 이룬다. 세트 축제는 말하자면 왕위를 새롭게 한다는 '왕위 경신 축제'이다. 이때에 등장하는 것이 오시리스의 부활을 상징하는 제드의 건립이다. 오시리스의 척추 위에 신의 머리를 올려놓는 것으로 의식이 종료되는데, 이것은 일종의 부활을 재현하는 의식이다. 『사자의 서』에는 '혼을 척추 위에 올려놓는다'는 구절이 자주 등장하는데, 이것은 바로 사자의 부활과 연결되어 있다.

또 사자와 사자의 영혼이 필요로 하는 물과 공기를 얻기 위한 주문들이 제51~65장, 제189장 등에서 볼 수 있다. 이것은 분묘의 좁은 공간에 갇혀서 밀폐될 경우에는 영혼이 사멸할 수 있기 때문에 물과 공기를 충분히 얻어야 하고, 또다른 동물과 식물로 변하여 영양분을 넉넉히 흡수해야 한다고 믿었기 때문이다.

제77~88장까지는 사자가 악어, 황금의 매, 프타 신, 백합, 피닉스, 왜가리, 아툼 신, 악어의 신 등으로 변하려는 전생의 장이다.

황금의 매는 태양신 호루스의 화신이며 적들을 물리치는 데 신속한 공격력을 지니고 있고, 피닉스는 불사조로서 오시리스가 신성시하는 동물이며 그 화신으로 간주되고 있다. 또 연꽃은 이시스가 위험에 처하게 되면 다른 신들에게 요청하여 극복할 수 있는 이시스의 메신저다. 뿐만 아니라 천국의 호수에서 아름다운 태양을 받아 향기를 발산하는 식물로 오시리스 법정에도 놓여 있다.

백합은 멤피스의 태양신 네페르아툼Nefer atum의 상징인데, 네페르아툼은 프타와 그 배우자인 세크메트의 아들이다. 『사자의 서』 제82장에 사자가 멤피스의 프타 신으로 변하기 위한 주문이 나오는 것도 프타 신과 동일시되어 과자와 맥주를 마시고 자유롭게 돌아디니기 위한 염원을 반영한 것이다.

악어의 신으로 변하기 위한 제88장의 주문은 나일강 운하를 자유롭게 통과하듯이 내세에서 자유로운 활동을 염원하는 것이다. 악어는 파이윰과 콤옴보에서 세베크 신으로 숭배되었는데 내세에서 악어와 같은 힘을 갖고자 하는 염원의 반영이다.

2. 피안에서의 생활

사자가 천국으로 가기 위해서는 태양선을 타야만 하고, 오시리스의 심판을 받기 위해서는 여러 개의 관문을 지나야 하며, 법정에서 오늘날의 배심원격인 신 앞에서 판결을 받아야만 한다. 이 과정은 몇 단계로 나뉘어진다.

독자의 이해를 돕기 위해 먼저 이집트인들이 매일 아침 라의 태양선이 여행하는 동쪽을 바쿠Bakhu라 부르고, 태양선의 종점이며 태양이 지하세계로 떨어지는 서쪽 산을 마누Manu라고 한다는 점을 다시 강조하고자 한다. 그리고 일출시에 떠오르는 낮의 태양선은 '만체트, 마테트, 또는 아테트 보트'라 부르고, 일몰시에 운행하는 밤의 태양선은 '셈크테트, 세크테트, 또는 안체트 보트'라고 불렀다. 또한 일출과 일몰 지점을 '두 수평선의 호루스'라고 불렀다.

서쪽으로 떨어져 마누의 지하세계로 들어간 태양이 다시 바쿠의 정상에 나타날 때까지의 사이에는 긴 암흑의 여로가 계속된다. 이 곳을 '두아트Duat 또는 Tuat'라 하며 이때 운행되는 태양선을 안체트 보트라 한다. 이집트인들이 천국의 세계, 즉 낙원은 세켓 아알루Secket Aalu 또는 세켓 헤테벳으로 불렀다는 것도 다시 언급해둔다.

사자의 손에 의해 운반된 인간의 혼이 공포의 계곡을 통과하지 못하면 천국에 들어갈 수 없다. 두아트의 계곡은 아멘테트Amentet라는 반원형의 깊은 계곡이다. 양쪽의 해안에는 커다란 바위가 놓여 있고, 지하세계를 흐르는 물이 급류를 타고 계곡으로 흘러내리고 있다. 여기에는 '영겁의 집'이 있고 수면 위에 독가스와 독사가 도사리고 있어 어떤 강인한 사람도 무사히 통과할 수 없는 곳이다.

두아트는 각각의 성채에 견고한 석벽과 높은 문이 있고 독사가 그 문을 지키고 있다. 또 절벽 위에도 머리만 내민 채 그 밑을 지나가는 사람을 한 입에 삼킬 태세로 노려보고 있는 독사가 있다.

이집트인들은 이 출입구를 아리트Arit라고 불렀는데 이 말은 방, 홀 또는 관문, 성채라는 뜻이다. 이러한 관문은 파피루스에 따라서 7개, 10개, 15개 또는 21개 등 다양하게 나타난다. 하계를 이렇게 몇 개의 구역으로 구분한 것은 사후세계 또한 현세의 연장으로 생각했기 때문이다. 즉 내세도 현세와 비슷한 지역으로 구성 되었으리라고 믿었던 것이다. 이 관문은 오시리스의 법정으로 통하는 곳이며, 문을 지키고 있는 안내인, 문지기, 전령의 이름을 불러야만 통과할 수 있는 곳이다.

아니의 파피루스는 열 개의 관문을 표현하고 있고 나비유*가 편찬한 튜린 파피루스에는 열다섯 개의 관문이 있다. 여기서는 일반적으로 나오는 일곱 개의 관문 사례와 아니의 파피루스에 나오는 열 개의 관문 사례 등 두 가지를 소개한다.

---

* Edouard Naville(1844~1926), 독일인 렙시우스와 함께 『사자의 서』를 연구하는 데 몰두했던 스위스 주네브 출신의 이집트 학자. 하트셉수트 여왕의 장제전 발굴로 유명해졌다.

(사례 1)

첫째 관문

제1관문에는 삶과 안정과 권력을 상징하는 부적이 붙어 있고, 토끼의 머리를 한 신, 뱀의 머리를 한 신, 악어의 머리를 한 신 등 세 명의 신이 나란히 앉아 있다. 토끼의 머리를 한 신은 동물의 꼬리로 만든 깃털을 갖고 있고, 나머지 신들은 칼을 들고 있다.

둘째 관문

제2관문에는 사자상獅子像의 신, 인간의 모양을 한 신, 개의 머리를 한 신 등 세 명의 신이 칼을 쥔 채 앉아 있다. 여기에서 사자 아니는 다음과 같은 주문을 낭송해야 한다.

자기 창생의 위대한 신, 모든 신의 아버지인 누여.
여기 자기 창생으로 태어나고 다른 아홉 명의 신을 창조한 위대한 신으로 일컬어지는 또다른 신인 라가 있습니다.
라 신은 자신의 이름을 신의 동료에게 알리고 그들이 추종하는 신입니다.

셋째 관문

제3관문에는 재칼의 머리를 한 신, 개의 머리를 한 신, 뱀의 머리를 한 신 등 세 명의 신이 앉아 있다. 재칼의 신은 깃털을 들고 있고 나머지 신들은 칼을 들고 있다. 여기에서 아니는 다음과 같이 안내인, 문지기 전령의 이름을 불러야 한다.

안내인의 이름은 우넴하우우엔투페휘
문지기의 이름은 세레셔

전령은 아아

넷째 관문

제4관문에는 인간의 머리를 한 신, 매의 머리를 한 신, 사자獅子의 머리를 한 신 등 세 명의 신이 앉아 있다. 이때 아니는 다음과 같이 세 명의 문지기와 안내인 전령을 불러야 한다.

안내인의 이름은 케세페라시트케루
문지기의 이름은 세레스테푸
전령의 이름은 케세파트

다섯째 관문

제5관문에는 깃털을 든 채 매의 머리를 한 신, 인간의 머리를 한 신과 뱀의 머리를 한 신이 앉아 있다. 뒤의 두 신은 칼을 들고 있다. 이때 아니는 다음과 같이 말해야 한다.

안내인의 이름은 앙크헴헨트
문지기의 이름은 사부
전령의 이름은 텝헤르케하케푸트

사자는 세 사람의 이름을 부르면서 "나는 당신들 동료와 함께 그대를 위해 오시리스의 턱뼈를 가져왔습니다. 나는 그대를 위해 아니의 척추를 가져왔습니다"라고 말한다.

여기서 턱뼈는 좌우의 아래턱을 말하며, 육체를 재봉합하여 사용하는 데 없어서는 안 되는 것으로 소중하게 보관해야 한다고 믿었다.

여섯째 관문

제6관문에는 재칼의 머리를 한 신, 악어의 머리를 한 신, 개의 머리를 한 신이 앉아 있다. 첫번째 신은 깃털을, 나머지 두 신은 칼을 들고 있는데 사자는 다음과 같이 낭송해야 한다.

안내인의 이름은 아테크타우케하케루
문지기의 이름은 안헤르
전령의 이름은 아테세르

일곱째 관문

제7관문에는 토끼의 머리를 한 신, 사자獅子의 머리를 한 신, 인간의 머리를 한 신이 앉아 있다. 첫번째 신과 두번째 신은 칼을 들고 있고 마지막 신은 깃털을 들고 있다. 이때 아니는 다음과 같이 세 사람의 이름을 불러야 한다.

안내인의 이름은 세케메투세넨
문지기의 이름은 아아마아케루
전령의 이름은 케세프케미

『사자의 서』 제146장은 일곱 개의 관문을 다루고 있는데 삽화에는 일곱 개의 문과 세 명의 안내인, 문지기, 전령의 이름이 새겨져 있다. 수호신은 어떤 때는 사람으로 어떤 때는 동물의 머리로 형상화되어 있다. 제167장 또한 각각의 관문이 그려져 있다.

(사례 2)

아니의 파피루스에는 사자 아니와 그의 부인 투투가 열 개의 관문을 통과하는 것이 그려져 있고, 나머지 열한번째부터 스물한번째의 관문은 생략되어 있다. 아니는 각각의 관문에 도착할 때마다 관문과 수호신의 이름을 불러야만 한다.

그가 제1관문에 도착하면 "나는 길을 만들어 걸어왔습니다. 나는 당신을 알고 있습니다. 나는 당신의 이름을 알고 있습니다. 나는 당신의 문지기 이름을 알고 있습니다. 내가 알고 있는 당신의 이름은 'BEBT-SETAU-QAT-SEBT-HERT-NEBT-KHEBKHEB-SERT-METU-KHESFET-NEBSHNI-NEHMET-UAI-EN-I'입니다"라고 말해야 한다. 이 이름은 '높은 성벽에 둘러싸여 있는 공포의 군주 파괴의 여인이자 두목, 길을 가는데 사자를 파괴로부터 보호하고 폭풍을 몰아내는 마법의 결정권자'라는 뜻이다.

첫째 관문

이 관문에는 독수리 형상을 하고 머리에 둥근 원반을 이고 있는 신이 앉아 있다. 관문 위에는 성벽을 보호하기 위한 네 개의 창이 꽂혀 있다.

『사자의 서』 제146장에는 여신과 네루이트라는 이름을 가진 관문의 문지기에게 인사하는 내용이 있다.

둘째 관문

이 관문에는 사자獅子의 머리를 한 신이 깃털을 가지고 앉아 있으며, 괴물 뱀이 앉아 있다. 여기서 사자는 여신과 메스프타라는 문지기에게 낭송한다.

셋째 관문

이 관문에는 인간의 머리를 한 신이 깃털을 든 채 앉아 있으며 그 위에는 영원과 물, 그리고 태양과 달을 상징하는 그림이 있다. 이때 사자는 관문의 신과 세바크라는 문지기의 이름을 불러야 한다.

넷째 관문
이 관문에는 뿔 없는 소의 머리를 한 여신이 앉아 있으며 머리 위에는 태양 원반을 한 장식이 그려져 있다.

다섯째 관문
이 관문은 하마의 여신이 지키고 있는데, 앞발을 신체기관을 상징하는 심벌 위에 올려놓고 있다. '열, 젊음의 정열, 다산'을 상징하는 그림이 그려져 있다.

여섯째 관문
이 관문은 오른손에 깃털을, 왼손에 커다란 칼을 들고 웅크린 모습을 한 난쟁이가 지키고 있고, 관문 위에는 괴물 뱀이 도사리고 있다. 이 뱀은 크기를 알 수 없을 만큼 거대한데 오시리스가 탄생할 무렵 태어났다고 전해진다. 사자는 신과 관문을 지키는 세마티라는 문지기의 이름을 불러야 한다.

일곱째 관문
이 관문에는 숫양의 머리를 한 신이 앉아 있고 천장에는 네 개의 뾰족한 창이 놓여 있다. 사자는 신과 사크티프라는 문지기의 이름을 불러야 한다.

여덟째 관문
이 관문은 남쪽과 북쪽의 이중 왕관을 쓰고 있는 호루스 신이 지키고 있다. 관문 위에는 인간의 머리가 두 개인 매가 앉아 있다. 사자는 신과 관문의 문지기인 쿠체테프의 이름을 불러야 한다.

아홉째 관문

이 관문에는 머리에 둥근 원반을 한 사자상獅子像의 신이 앉아 있다. 사자는 신과 관문의 문지기인 아리수체세프의 이름을 불러야 한다.

열째 관문

이 관문에는 왕관을 쓴 숫양의 신이 앉아 있다.

이처럼 무서운 하계에서 인간의 혼은 신의 도움 없이는 무사히 통과할 수가 없다. 따라서 아멘테트의 입구에는 매일 저녁 라의 태양선이 도착하기를 기다리는 영혼들로 꽉 차 있게 된다.

태양선이 도착하면 사자들이 배 위에 승선하게 되지만 배가 작아 충분히 여행하지 못하고 중간에 탈락하는 사자도 발생한다. 중도에 탈락하는 사자들은 물론 독사나 악어의 먹이가 된다.

다행히 라의 배에 남아 있는 사자들은 라의 보호를 받지만 그것도 안심할 수 없다. 수많은 적들이 절벽과 수면 밑에서 노리고 있으며 배를 갉아먹는 괴물들과도 전투를 벌이지 않으면 안 된다. 여기까지는 라의 도움으로 난국을 돌파할 수 있다. 어떤 바람이나 괴물이 공격해도 라의 배에 승선한 영혼들은 라의 도움으로 곤경을 벗어날 수 있다.

이윽고 한밤이 되면 다음의 관문 또는 성채에 도착하는데 이곳이 오시리스 법정이며 여기에서는 라의 어떤 도움도 받지 못한다. 오시리스 법정에서 사자는 한 사람 한 사람 불려나가 황금의 옥좌에 앉아 있는 오시리스 앞에 서게 되고, 지상에서 행해왔던 행위를 심판받게 된다.

고대인의 고해성사, 부정고백否定告白

오시리스 법정에 도착하면 사자는 먼저 부정고백negative confession 을 해야만 한다. 부정고백을 하는 곳에는 상하 이집트의 42개 주州*의 지방 신이 자리잡고 있으며 사자가 신들 앞에 나가 생전에 행했던 자신의 죄과를 모두 실토해야만 한다.

『사자의 서』제124장과 제125장이 부정을 고백하는 장이다. 부정 고백은 네브세니나 아니의 파피루스 등 여러 곳에서 나오는데, 여기서는 아니의 것을 다루고자 한다.

사자가 자기 고백을 행하는 법정의 양측에는 마흔두 명의 신들이 상아와 황금으로 만든 상자를 들고 있다. 인간의 영혼이 아홉 계단을 올라서 오시리스 앞에 서게 되면 그 밑에는 알 수 없는 지옥의 문이 열려 있어 누구든지 움츠려들지 않을 수 없다. 그 순간 인간의 영혼은 마흔두 명의 신 앞에서 생전에 자신이 행했던 일들에 대해 다음과 같이 부정고백을 하지 않으면 안 된다.

1. 오, 신에게 영광이! 헬리오폴리스에서 온 우세크넴(긴 다리의 신)이여, 나는 죄를 범하지 않았습니다.

2. 오, 신에게 영광이! 케르 아하에서 온 헤프트쉐트(불꽃의 신) 여, 나는 폭력을 행사하지도 강도질을 하지도 않았습니다.

3. 오, 신에게 영광이! 헤르모폴리스에서 온 휀티(코의 신)여, 나는 물건을 훔친 적이 없습니다.

4. 오, 신에게 영광이! 게르에서 온 암카이비트(그림자를 먹는 신)

---

* 고대 그리스가 폴리스라는 정치 공동체로 이루어졌듯이 고대 이집트는 42개의 종교 정치 공동체로 구성되었다. 그리스인들이 '운하'라는 의미로 '노모스'라 부른 이 공동체는 상이집트 22개, 하이집트 20개 등 42개로 이루어졌고, 평균 거리는 33~44킬로미터나 되었다.

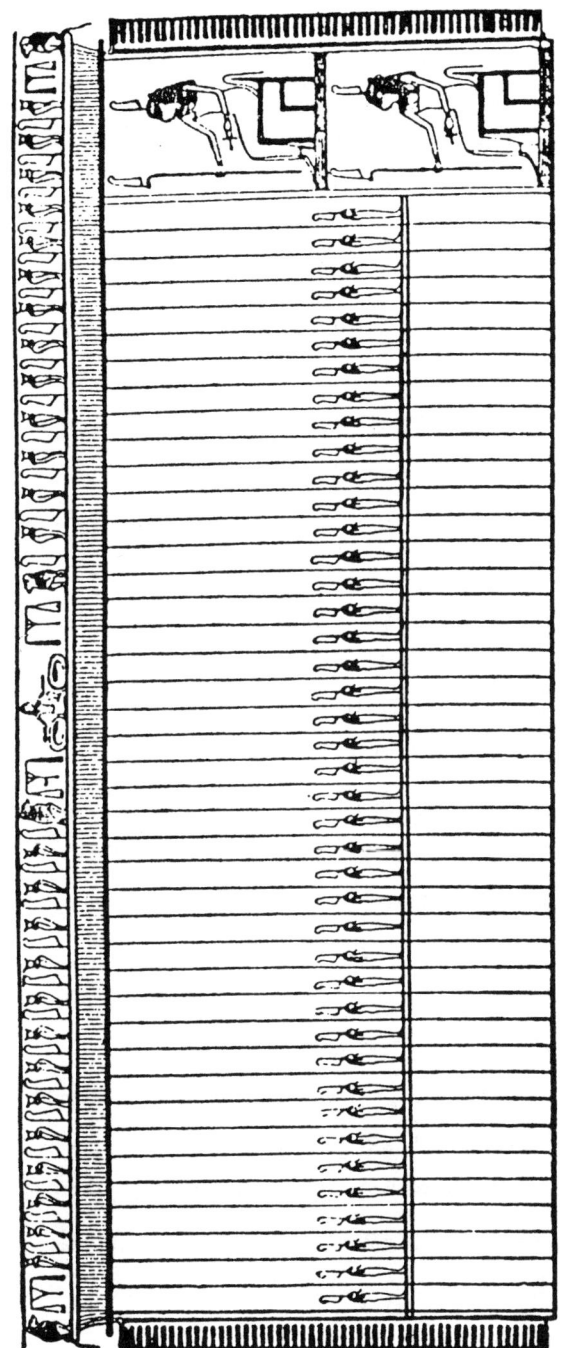

상하 이집트의 마흔두 명의 신 앞에서 부정고백을 하는 장면
(네브세니의 파피루스)

여, 나는 남자와 여자를 살해한 적이 없습니다.

5. 오, 신에게 영광이! 라스타에서 온 네하헤르(얼굴에서 악취를 풍기는 신)여, 나는 곡식을 훔친 적이 없습니다.

6. 오, 신에게 영광이! 하늘에 계신 루루티(어제와 오늘을 지배하는 신)여, 나는 신전에 바쳐진 물건을 훔친 적이 없습니다.

7. 오, 신에게 영광이! 아슈트에서 온 아르피엠케트여, 나는 신의 물건을 훔친 적이 없습니다.

8. 오, 신에게 영광이! 왕래의 신 네바(불의 신)여, 나는 거짓말을 하지 않았습니다.

9. 오, 신에게 영광이! 헤라클레오폴리스에서 온 쉐트게수(뼈를 으스러뜨리는 신)여, 나는 음식을 훔치지 않았습니다.

10. 오, 신에게 영광이! 멤피스에서 온 우트네세르트(강력한 불꽃의 신)여, 나는 신을 저주한 적이 없습니다.

11. 오, 신에게 영광이! 오시리스 왕궁에서 온 게르티(나일의 신)여, 나는 간음하거나 사악한 말을 하지 않았습니다.

12. 오, 신에게 영광이! 태양선에서 온 헤르프하프(얼굴이 머리 뒤에 있는 신)여, 나는 눈물을 흘린 적이 없습니다.

13. 오, 신에게 영광이! 부바스티에서 온 바스티여, 나는 슬프거나 화가 나서 나의 심장을 훼손한 적이 없습니다.

14. 오, 신에게 영광이! 밤을 지배하는 타레티우(빠른 발의 신)여, 나는 여러 사람을 공격하지 않았습니다.

15. 오, 신에게 영광이! 심판의 신인 우넴스네프(피를 먹는 신)여, 나는 사람을 속이지 않았습니다.

16. 오, 신에게 영광이! 밤의 신인 우넴베세크(내장을 먹는 신)여, 나는 경작한 밭에서 남의 곡식을 훔친 적이 없습니다.

17. 오, 신에게 영광이! 내세에서 온 마아트의 두 신이여, 나는 남의 대화를 엿들은 적이 없습니다.

18. 오, 신에게 영광이! 부바스티에서 온 테네미(은둔자의 신)여, 나는 남을 비방한 적이 없습니다.

19. 오, 신에게 영광이! 헬리오폴리스에서 온 세르티우여. 나는 이유 없이는 화를 내지 않았습니다.

20. 오, 신에게 영광이! 부시리스에서 온 투투여, 나는 유부녀를 유혹하지 않았습니다.

21. 오, 신에게 영광이! 심판의 신인 우아넴티여. 나는 유부녀를 타락시킨 적이 없습니다.

22. 오, 신에게 영광이! 파나폴리스에서 온 마아안투프여, 나는 나 자신을 타락시킨 적이 없습니다.

23. 오, 신에게 영광이! 네하투에서 온 헤리우루여, 나는 인간에게 테러를 가한 적이 없습니다.

24. 오, 신에게 영광이! 카우이에서 온 케미우(전복자의 신)여, 나는 법을 어긴 적이 없습니다.

25. 오, 신에게 영광이! 카우리에서 온 쉐트게수(뼈를 으스러뜨리는 신)여, 나는 사람들을 화나게 한 적이 없습니다.

26. 오, 신에게 영광이! 헤가트에서 온 네케누(죽음의 신)여, 나는 진리의 말 이외에는 들으려 하지 않았습니다.

27. 오, 신에게 영광이! 켄메트에서 온 켄메티여, 나는 신을 모독한 적이 없습니다.

28. 오, 신에게 영광이! 사이스에서 온 안헤테프여, 나는 누구에게도 폭력을 가한 적이 없습니다.

29. 오, 신에게 영광이! 우나세트에서 온 세라케루여, 나는 평화를 방해한 적이 없습니다.

30. 오, 신에게 영광이! 네치페트에서 온 네브헤루(얼굴의 군주)여, 나는 성급하게 판단하거나 경솔하게 행동한 적이 없습니다.

31. 오, 신에게 영광이! 우텐에서 온 세크리우여, 나는 남의 얘기

를 엿들은 적이 없습니다.

32. 오, 신에게 영광이! 사우티에서 온 네브아부여, 나는 과장하여 말한 적이 없습니다.

33. 오, 신에게 영광이! 멤피스에서 온 네페르 툼(떠오르는 태양신)이여, 나는 기만적이고 부도덕한 행위를 한 적이 없습니다.

34. 오, 신에게 영광이! 부시리스에서 온 아툼쉐프여, 나는 신을 화나게 하는 행동을 한 적이 없습니다.

35. 오, 신에게 영광이! 테부에서 온 아리엠아프여, 나는 나일강 물의 흐름을 방해한 적이 없습니다.

36. 오, 신에게 영광이! 누우에서 온 아히여, 나는 결코 시끄러운 소리로 얘기한 적이 없습니다.

37. 오, 신에게 영광이! 사이스에서 온 우아치레키트여, 나는 신을 경멸한 적이 없습니다.

38. 오, 신에게 영광이! 태양선에서 온 네헤브카(사자의 영혼을 먹고 사는 신)여, 나는 월권을 행사한 적이 결코 없습니다.

39. 오, 신에게 영광이! 태양선에서 온 네헤브네페르트여, 나는 신에게 바쳐진 빵을 훔친 적이 없습니다.

40. 오, 신에게 영광이! 신전에서 온 체세르텝이여, 나는 사자의 영혼이 먹는 빵을 훔친 적이 없습니다.

41. 오, 신에게 영광이! 오시리스 법정의 안아프(긴 팔의 신)여, 나는 어린이의 빵을 빼앗거나 지방신을 모독한 적이 없습니다.

42. 오, 신에게 영광이! 파이윰에서 온 헤차브후(하얀 이를 가진 신)여, 나는 신의 소를 살해한 적이 없습니다.

마흔두 명의 신들은 각기 다른 얼굴과 머리를 갖고 있다. 루루티 신은 사자獅子, 쉐트게수 신은 악어, 우아넴티 신과 38번에서 40번의 신은 뱀, 네케누 신은 매, 아리엠아프는 하마의 머리를 하고 있으며 나머지 신은 모두 인간의 머리를 하고 있다. 반면, 네브세니의 파피루스에는 마흔두 명의 신 모두가 머리에 깃털을 장식한 미라 형태로 묘사되어 있을 뿐 다른 설명이 없다.

이와 같이 사자는 마흔두 명의 신들 앞에서 심판을 받기 전에 자기 자신의 부정을 고백하게 된다. 여기서 신들의 심판을 통과하게 되면 영혼의 지배자인 호루스 신이 앞으로 나와 사자의 손을 잡고 오시리스의 옥좌 앞으로 데리고 간다.

부활을 위한 심장 달기

부활하기 위해서는 사후세계를 다스리는 오시리스왕국의 법정에서 심장으로 심판을 받아야 한다. 영혼만큼 중요한 것이 양을 상징하는 심장 즉 '아브(Ab, 혹은 Ib로도 표기한다)'이다. 아브는 단순하게 신체의 한 기관으로서의 심장만을 의미하는 것이 아니다. 인간생활에 있어서 선악의 근원, 도덕적 차원에서 우리가 흔히 말하는 '양심'과 같은 개념이다.

오시리스 신화에 의하면 개인의 덕과 패덕, 선행과 악행을 판단할 수 있는 유일한 대상이 심장이다. 이때 사자는 영원을 얻기 위한 심판의 장면에서 자신의 육체에서 심장을 떼어내어 저울에 올려놓고 계량당하게 된다.

따라서 심장의 보존은 무엇보다도 중요하다. 사자는 심장을 도굴당해 없어지는 것을 방지해야 하고, 오시리스 법정에서 심판을 받을 때까지 심장을 완전하게 보관해야만 한다. 주술에 의해서 심장이 약탈당하면 육체도 사멸한다고 보았기 때문에 도굴에 대한 대책은 아주 중요해진다.

『사자의 서』 제27장부터 제30장까지의 주문은 심장의 보존을 위한 목적으로 쓰인 것이다. 제27장은 생전에 서기였던 아니의 파피루스에서 채집된 것인데, '사자 아니'가 네 명의 신 앞에 자신의 심장을 올려놓고 예배하는 삽화와 함께 다음과 같이 씌어 있다.

　　원하옵건대 이 '오시리스 아니'의 심장을 당신들의 손에 탈취당하지 않기를, 그리고 당신들이 악한 말로 이 심장을 훼손하지 말기를 바랍니다.

　　죄의 경중, 유죄 여부를 가리는 곳이 현세에서는 법원이라 한다면, 이집트인들이 가졌던 내세에서는 오시리스 법정이다. 오시리스 법정에 대한 기록은 쿠프 왕, 멘카우라 왕 등이 건설한 거대한 피라미드의 시대가 끝난 제5왕조 시대인 기원전 2300년에서 2400년경의 고왕국 때부터 등장한다. 사자가 오시리스 법정에 들어서면 그곳에는 손에 왕홀을 들고 머리에는 상하 이집트의 왕관을 쓴 오시리스가 의연하게 앉아 있고, 양심을 상징하는 심장과 법과 진리를 상징하는 타조의 깃털이 놓여 있다. 오시리스 법정은 '마아트의 홀Hall of Maat'이라 한다. 마아트는 라의 딸로서 정의와 진리를 상징하는 법의 신이다.
　　사자 아니와 그의 부인 투투가 법정에 들어가면 과일과 꽃이 바쳐진 테이블 옆에 왕관을 쓴 이시스, 네프티스, 호루스, 하토르 등 다음과 같은 열두 명의 신이 기다리고 있다.

1. 태양신 하르마키스
2. 아누 신의 아버지인 아툼
3. 빛과 공기의 신 슈
4. 천국의 부인 테프누트
5. 지상의 신 게브
6. 하늘의 여신 누트

7. 오시리스의 부인 이시스
8. 오시리스의 동생 네프티스
9. 오시리스의 아들 호루스
10. 아멘테트의 여신 하토르
11. 맛의 신 후
12. 감각의 신 사

이들 열두 명의 신들이 지켜보는 가운데 법정의 중앙에는 양심을 계량하는 저울이 놓여 있다. 천문학과 문자와 수학을 발명한 토트 신의 보조자인 원숭이와 재칼 형상의 아누비스 신이 혀로 저울추를 검사하고 진리를 상징하는 타조의 깃털을 저울의 한쪽에, 사자의 심장을 다른 쪽에 올려놓는다.

그 옆에는 아니의 행운과 운명을 보호하는 수호천사 샤이Shai가 서 있다. 저울의 오른쪽에는 아누비스와 토트 신이 서 있고, 그 뒤에는 아무것이나 먹어치우는 괴물 암무트Ammut가 사자의 심장을 노려보고 있다. 암무트는 앞발은 악어, 몸체는 사자獅子, 뒷몸은 하마의 형상을 한 괴물로 그에게는 지하세계에서 행실이 나쁜 사자의 심장을 먹어치우는 임무가 부여되어 있다.

사자 아니가 법정에서 자신의 심장이 계량되는 것을 목격하면 그는 자신의 심장에 대해 낭송하고 오시리스를 찬양해야 한다. 『사자의 서』 제30장은 오시리스 법정 앞에서 행하는 심장에 대한 기원을 나타내는 주문이다. 이 주문은 사자의 심장이 주술과 폭력에 의해 탈취당하지 않고 오시리스 법정에서 죄의 경중을 가리는 때에 이루어진다.

나의 어머니가 준 나의 심장, 나의 어머니가 준 나의 심장, 나를 의지하고 존재하도록 한 나의 심장이여.
원하옵건대 무엇보다도 심판의 시기에 일어나서 나에게 반대하지

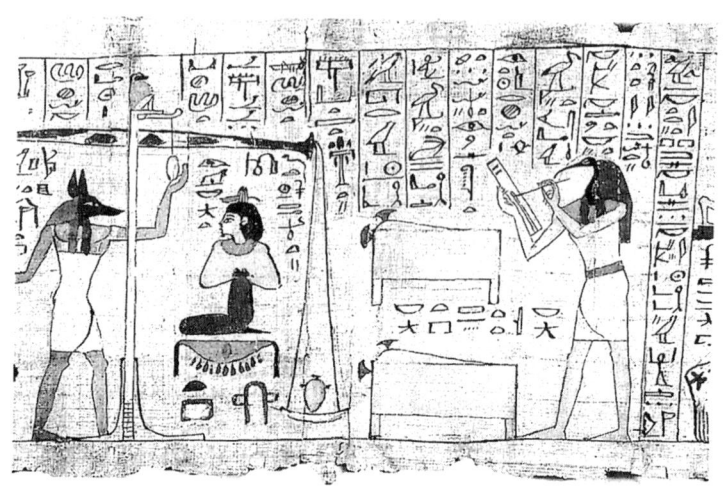

아누비스가 저울추를 검사하고 토트 신이 기록하고 있는 장면

않기를 바라며,

원하옵건대 주인인 신 앞에서 나에게 어떠한 반대도 하지 않기를 바랍니다.

원하옵건대 저울을 지키는 '차차우Tchatchau 신' 앞에서 결코 당신이 나와 멀리 떨어져 있지 않고,

당신은 나의 힘이 되었고 나의 신체에 살고 있으며, 당신은 나의 크눔 신이며 나의 육체를 더욱 강하게 하였습니다.

원하옵건대 내가 살고 있는 행복한 땅에 출현할 수 있게 해주십시오.

여기서 차차우 신이란 심판석에 앉아 있는 주신主神 오시리스를 가리킨다. 또 크눔은 원래 숫양의 머리를 한 제1폭포 지방의 신이었으나 후기에 가서는 만물을 창조한 신으로 지칭되었다.

한편, 아니의 심장이 저울에 놓이게 되면 아누비스와 토트의 원숭이가 그 중심을 조사하여 수평을 이루면 공평하다는 것을 토트 신에게 보고한다. 토트 신은 오시리스의 법에서 요구하는 것처럼 타조의 깃털에 비해 가볍지도, 무겁지도 않다는 것을 확인하고 동료 신들에게 알린다. 그러면 호루스는 사자 아니가 무죄이며, 웅크리고 앉아 있는 괴물 암무트에게 주어서는 안 된다는 판결을 내리게 된다.

만일 심장을 계량한 결과 사자의 심장이 정의의 여신 마아트의 타조 깃털과 수평을 이루지 않고 가볍거나 무거우면 아누비스의 뒤에 앉아 있는 탐식스러운 괴물 암무트에 의해 잡아먹히거나 깊이를 알 수 없는 동굴 속으로 떨어지게 된다.

오시리스의 알현

신의 판결 절차는 네 단계로 이루어진다. 첫째, 토트 신은 사자가 오시리스의 법에 합당하다는 진실을 선포한다. 둘째, 사자가 말이나 행동으로 다른 사람들을 해치지 않는다는 사실을 선포한다. 셋째, 신과 인간의 재물에 정직하게 대한다는 것을 선포한다. 넷째, 신에 대한 불경죄를 범하지 않는다는 것을 선포한다. 이 선포 절차가 끝나면 사자 아니는 오시리스 앞으로 나아갈 수 있다.

이시스의 아들로 매의 형상을 한 호루스가 사자를 데리고 남과 북의 왕관을 쓰고 있는 '영원의 군주' 오시리스 앞으로 나아간다. 이때 오시리스는 깃털로 만든 왕관을 쓰고 손에는 주권과 지배를 상징하는 도리깨와 왕홀을 들고 있다. 그의 몸은 여러 색으로 장식되어 있고 문신이 수놓아져 있다. 오시리스의 뒤편 오른쪽에는 네프티스가, 왼쪽에는 이시스가 서 있고, 오시리스를 마주보면서 연꽃 위에 호루스의 네 아들이 서 있다.

연꽃 속에는 목이 잘린 암소의 다리가 숨겨져 있다. 암소의 살해는 세트의 살해를 상징한다. 개벽신화에서 세트에 의해 살해된 오시리스의 사체를 이시스와 호루스가 재접합할 때, 육체를 완전하게 재생하기 위해 황소 또는 암소의 가죽으로 신체를 감쌌다. 이렇게 해서 오시리스가 소생하여 새로운 생명을 얻게 되었듯이 연꽃은 복수와 재생의 의미를 내포하고 있다.

이윽고 호루스가 오시리스 앞으로 나아가 사자의 심장을 계량한 결과 무죄로 밝혀졌고, 사자 아니가 신과 여신들에게 어떤 죄도 범하지 않겠다고 맹세했음을 보고하면 오시리스는 사자 아니에게 케이크와 음료를 마시게 하고 자신의 옆에 있도록 허락한다.

이때 아니는 오시리스를 찬양하는 주문을 다음과 같이 외워야 한다.

오 아멘테트의 군주여, 나는 당신의 곁에 섰습니다.
나에게는 어떤 죄도 없습니다.
나는 거짓말을 하지 않았습니다.
나는 허위의 심장을 갖지 않았습니다.

이처럼 사자 아니는 진실만을 말하고 진실한 행동을 할 것을 오시리스에게 약속한다. 이러한 절차를 거치면 사자 아니는 태양신 라와 함께 내세의 천국에서 살 수 있는 자격을 갖게 되는데, 사자는 오시리스의 이름 뒤에 자신의 이름을 붙여 '오시리스 아니'가 된다.

오시리스의 허락을 얻은 행복한 영혼은 오시리스 법정에서 나와 일곱번째 국가로 가기 위해 라의 배에 승선한다. 여기서부터 공포는 사라지고 즐거운 여행이 시작된다.

영혼은 자신이 선인善人이라는 자부심으로 적과 마주쳐서도 용기를 갖고 두려워하지 않는다. 이렇게 해서 하계의 마지막 관문인 열두번째의 국가에 들어서면 최후의 적과 대면하게 된다. 지금까지 보지 못했던 커다란 뱀이 계곡의 한가운데에 버티고 서 있다. 이때 라의 배는 그 양측으로 통과하든가 아니면 그 위로 비행하여 배가 먹히는 것을 모면한다. 그러나 계곡의 주위는 더욱 깊은 어둠에 포위되어 항해의 위험은 클라이맥스에 도달한다. 다행히 라의 보호로 한 걸음 한 걸음 나아가 이 난국을 헤쳐나오면 눈부신 빛이 앞에 펼쳐진다.

빛이 점점 더 증가하여 마침내 하계의 마지막 영토에서 빠져나오면 천국의 노래를 듣게 된다. 동시에 라의 배는 빛의 세계로 들어간다. 이처럼 라의 배가 다시 바쿠의 정상에 나타날 때 구원받은 영혼은 평화의 밭을 보면서 천국의 주민과 함께 찬미의 노래를 부르게 된다.

여기에는 불멸의 태양이 빛나고 있고, 호수를 건너가면 커다란 무화과나무가 있는 밭이 나온다. 물로 둘러싸인 평야에는 등심초가 무성하고 피닉스가 물가를 유유히 유희하고 있다. 사람들은 평화롭게 소를 이용해서 밭을 경작하고, 싸우지도 아프지도 않는 무사無事의 날을 보낸다. 사자의 영혼은 여기서 매일 케이크와 맥주, 각종 빵, 야채, 소와 양고기, 우유를 공물로 받게 된다. 이곳이 라 신이 지배하는 천국이다.

천국의 풍경

네브세니와 아니의 파피루스에 나타나는 천국은 다음과 같이 설명할 수 있다.

우선 네브세니의 파피루스에서 천국은 다음과 같은 모습으로 묘사된다.

'평화의 밭'으로 불리는 곳이 천국 또는 낙원이라고 할 수 있는데, 주위로 맑은 물이 흐르는 곳이다. 여기에는 프타 신의 서기였고 화가였던 네브세니가 낙원에 들어가는 모습이 묘사되어 있다. 다음으로 네브세니가 신들에게 향을 올리고 그 오른쪽에는 배를 젓는 모습이 보인다.

그림 중간에는 사자가 어떤 식물을 심고 있으며, 그 옆으로 연못에서 유희하는 피닉스가 있고, 세 개의 영혼, 세 개의 정령이 있다. 옆으로는 의자에 앉은 네브세니가 향기를 맡고 있으며, 그 앞에는 신에게 바치는 공물대가 놓여 있다.

맨 아래에는 네브세니가 소를 이용해 밭을 경작하고 있으며 그 밑의 계단 옆에는 네 명의 수호신들이 앉아 있다. 그리고 좌우로 네 개의 노가 달린 태양선이 정박해 있다. 이 배는 계단을 통해 나일강에 띄워지게 된다.

아니의 파피루스에 나오는 천국은 네 단계로 나뉘어진다.

제1단계는 토끼 형상의 신, 뱀 형상의 신, 소 형상의 신에게 공물을 바치는 장면이 있고, 배를 띄우는 장면이 있다.

다음으로 탑문 뒤에 호루스를 향해 낭송하는 장면이 나온다. 호루스의 뒤에 있는 타원형은 연못을 상징한다. 그 밑에는 아니가 곡물을 수확하고 탈곡하며 밀과 보리를 쌓아둔 옆에서 세 개의 영혼, 세 개의 연못에 앉아 있는데 밀과 보리는 바로 영혼의 양식을 상징한다.

세번째 단계는 맑은 물로 밭을 갈고 있다.

마지막에는 신과 새가 그려져 있는데 두 척의 배가 놓여 있다. 이와 같이 낙원을 묘사한 그림에는 나일강 델타의 비옥한 대지가 그대로 반영되어 있다. 고대 이집트인들은 나일강 부근에 배를 정박시켜 놓음으로써 어디든지 갈 수 있고 언제든지 부모와 생전의 사람들을 만날 수 있다는 낙천적 사고를 지니고 있었던 것처럼 보인다. 상상 속의 낙원은 바로 나일 델타를 그려놓은 것에 지나지 않는다고 볼 수 있는 것이다.

천국의 풍경(제19왕조의 파라오 세네젬의 분묘)

제3부
부활의 염원이 깃든 파피루스

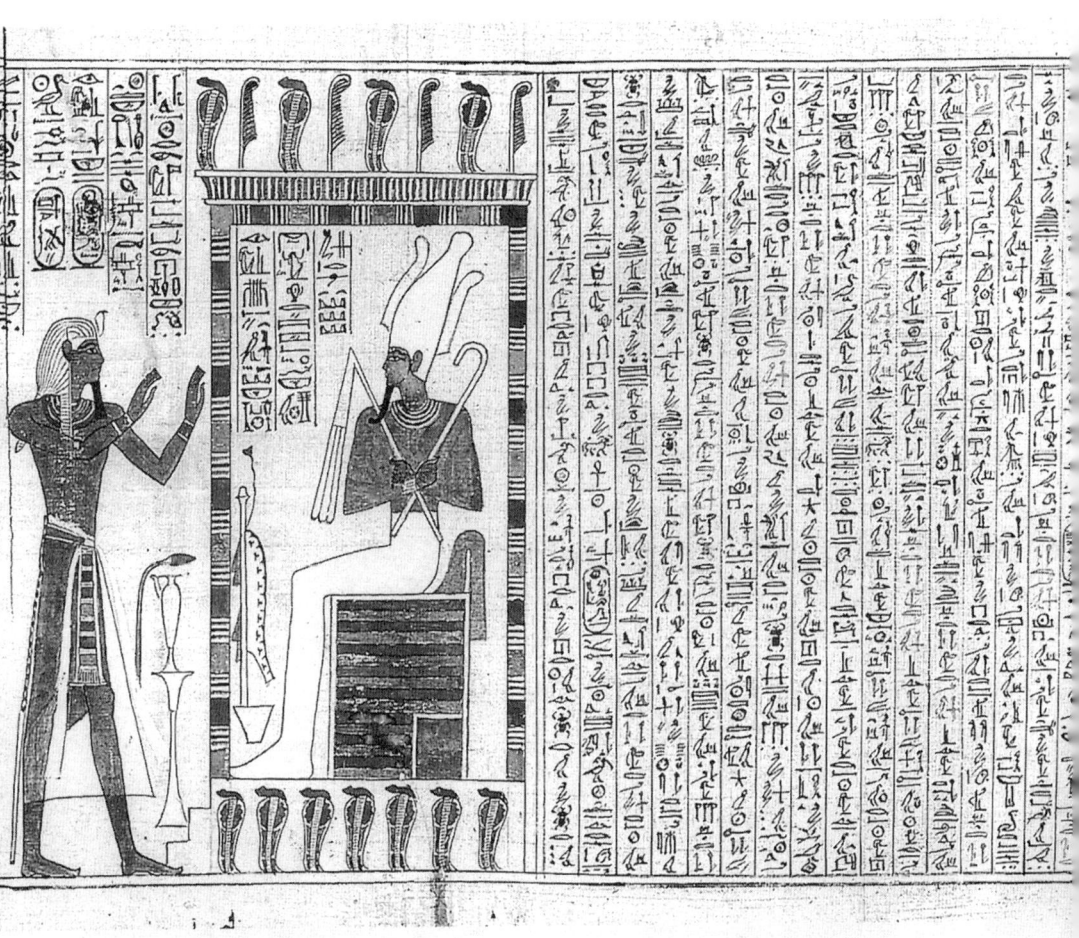

기원전 1000년경 테베의 최고 사제였던 피네젬 1세의 파피루스.
신관 피네젬이 오시리스를 찬양하고 있는 장면이다.

1. 반드시 지녀야 하는 책, 키탑 알 마이이트

1828년 샹폴리옹*이 이집트를 방문했을 때, 왕묘의 도굴꾼들은 『사자의 서』를 '죽은 자가 반드시 몸에 지녀야 하는 책'이란 뜻으로 '키탑 알 마이이트Kitab al Mayyit'라고 불렀다. 그러나 당시 그는 이 말뜻을 이해하지 못했다. 그후 독일의 이집트 학자로 샹폴리옹과 같은 시기에 이집트학을 연구했던 리하르트 렙시우스R. Lepsius가 파피루스를 연구하던 중 원주민들이 부르는 키탑 알 마이이트가 '사자의 서'라는 것을 이해하게 되었고 곧 『사자의 서』를 편찬하기에 이르렀다.

물론 그 이전에도 프랑스의 카데**에 의해 『사자의 서』가 발간된 적

---

* Jean Francois Champollion(1790~1832), 로제타 스톤에 새겨진 상형문자를 기초로 최초로 상형문자를 해독한 프랑스 학자.
** Jean Marcel Cadet, 19세기 초반에 활약했던 프랑스의 이집트 학자. 1805년에 『테베의 파피루스에 대한 해석』을 발간하였다.

이 있었다. 카데는 나폴레옹의 이집트 원정시 로제타 스톤*을 발굴했던 공병장교 부샤르가 파피루스 한 묶음을 발견하여 이를 독일인에게 팔아버린 것을 매집하여 1805년에 '장의의 서Rituel Funéraire'라는 제목으로 편찬하였다. 부샤르가 발견한 파피루스는 페타·아몬·네브·네스트·타우이Peta·amon·neb·nest·taui의 파피루스로서 길이가 30피트에 달하는 미려한 것이었다. 그러나 프랑스 학자 카데는 그 내용을 이해하지 못한 채 그림만 보고 '장의의 서'로 명명했던 것이다.

그후 약 삼십 년이 지난 1842년 렙시우스는 그 파피루스의 내용을 편찬하고 '사자의 서Das Totenbuchs der Aegypter nach dem Hieroglyph ischen Papyrus in Turin'(이하 '토텐부흐'라 한다)라는 이름으로 책을 출판했다. 렙시우스는 당시 프러시아의 왕 프리드리히 윌리엄 4세의 후원으로 이집트 학술조사단을 편성, 그 단장으로서 이집트, 수단, 카르툼, 시리아까지 답사하여 람세스 2세의 왕묘를 발견하고, 금석문 연구에 지대한 공헌을 한 언어학자였다. 이 학술조사의 결과물은 1859년에 『이집트와 누비아의 기념물』 12권으로 발간되었다. 그는 샹폴리옹 사망 후의 이집트 학자 중에서 독보적인 존재였다.

『토텐부흐』를 처음 발간했던 렙시우스는 게팅겐대학교에서 고대 언어 연구에 몰두했고, 알렉산더 훔볼트의 원조를 받아 상형문자 해독에 전념했다. 1842년에 나온 『사자의 서』는 그 노력의 소산이었다.

렙시우스가 발간한 『사자의 서』는 원래 상형문자를 해독했던 프랑스인 샹폴리옹이 토리노 박물관을 뒤지다가 구석에서 잠자고 있던 '마네토의 왕명표'와 함께 발견한 것이다. 기원전 3세기경 신관이었

---

* Rosetta Stone. 1799년 보나파르트 나폴레옹 군대의 공병대 장교인 부샤르(Bouchard)가 성 줄리앙 요새에서 발견한 비석. 가로 75cm, 세로 114cm, 두께 28cm의 이 비석에는 상형문자 14행, 민중문자 32행, 그리스 문자 54행이 새겨져 있다. 기원전 196년 3월 27일 프톨레미 5세 에피파네스의 덕을 기리는 송덕비로 세워진 것이며 현재 대영박물관에 보관되어 있다.

던 마네토가 역대 왕조를 기록한 마네토의 왕명표와 함께 아우팡크의 『사자의 서』를 발견한 샹폴리옹은 각 장마다 번호를 붙이고 해석을 시도하였지만 출판하지는 못했다.

렙시우스는 자신이 『사자의 서』를 편찬하면서 미발간된 샹폴리옹의 연구를 참고로 하여 각 장을 분류했다고 밝히고 있다. 그는 『사자의 서』가 신과 인간, 동물의 관계 신들 사이의 위치를 보여주고 있을 뿐만 아니라 사후의 생활과 정신세계를 보여주는 것으로 평가했다. 또 삽화에서 나타난 것처럼 신과 악마 생활세계와 관련된 신화, 동식물과 일상생활 등 다양한 내용이 기록되어 있지만 서로 상충되는 내용을 담고 있다고 평가했다.

렙시우스가 편찬한 『사자의 서』는 대부분 제26왕조 시대의 것으로서, 파피루스를 각 장과 절로 나누어 일련번호를 매기고 전체를 165장으로 구성하여 발간했다. 당시 『사자의 서』는 세간에 커다란 반향을 일으켰지만 일부 내용이 중복되고 설명도 충실하지 못했다. 이 때문에 렙시우스는 보완의 필요성을 인식했고, 결국 1874년 런던에서 개최된 동양학대회에서 『사자의 서』를 각 시대별로 재편찬할 것을 제안했으며 이집트를 연구하는 학사들도 이에 동조했다.

그러나 당시 그는 64세의 고령이었기 때문에 재편찬 작업에 전념할 수 없는 한계를 갖고 있었다. 자연히 그 임무가 30세에 불과했던 나비유에게 맡겨졌다.

하트셉수트 여왕의 장제전을 발굴하기도 했던 나비유는 세계 각국의 박물관이 소장하고 있는 자료뿐만 아니라 개인이 소장한 자료들까지 파악하고 모으는 작업에 착수했고 마침내 알찬 결실을 얻어냈다. 그는 수집된 파피루스를 바탕으로 시대 범위를 제18왕조에서 제20왕조로 국한시켜 세 권의 책으로 발간하였다. 그와 같은 십이 년간의 작업이 마침내 결실을 본 때가 바로 1886년이다.

그 이후로 1886년 대영박물관의 이집트 책임자였던 사유엘 버시,

1894년에는 벗지에 의해서 『사자의 서』가 연이어 발간되었다. 벗지는 케임브리지대학교에서 아시리아학과 헤브리어를 공부하고 1894년부터 1924년까지 대영박물관의 이집트·아시리아실 실장으로 재직하면서 고대 이집트 언어에 관한 저서를 내기도 하였다. 그는 1886년 이집트에 첫발을 내디딘 이후부터 수시로 박물관에 전시할 이집트 유물들을 매집하기 시작했다. 그의 수집 방법은 이집트 유물관리국의 가스통 마스페로와 같은 인물로부터 반발을 사기도 했으나 점차 그는 카이로와 테베에서 수집가로서의 명성을 얻게 되었다. 그는 이집트 주재 영국 대사를 통해 그 유명한 왕가의 계곡에서 람세스 2세, 세티 1세, 투트모스 3세의 미라를 발견한 도굴꾼 라슈르 형제와 친해지게 되어 그 부장품을 수집, 영국으로 운반해갈 수 있었다.

그후 그는 『부적과 미신』『투탕카멘과 아몬 신앙, 아텐 신앙 이집트인의 유일신앙』『미라』『로제타 스톤』『고대 이집트의 신화와 전설』『초보자를 위한 고대 이집트어 사전』『오시리스와 이집트인의 부활』등 열거할 수 없을 정도로 많은 저서를 정열적으로 발간하여 이집트학에 많은 업적을 남겼다.

2. 태양의 부활, 레우 누 페르 엠 후루

도굴꾼들이 키탑 알 마이이트로 명명했던 『사자의 서』의 원래 이름은 '레우 누 페르 엠 후루Reu nu pert em hru'이다. 이 말은 '낮에 출현하는 장章'을 의미한다. 이것은 곧 '사자가 오시리스왕국의 심판을 받은 후 아침에 뜨는 낮의 태양과 함께 현세로 나오는 것 즉 부활, 그리고 이를 실현시키는 주문집呪文輯'을 복합적으로 상정하는 말이다. 따라서 『사자의 서』는 곧 '부활의 서'로 이해하는 것이 타당하다. 영어권의 학자들이 'book of the dead, chapter coming forth by day'로 표현한 것도 이 때문이다.

물론 이 말을 곧바로 이해하기는 쉽지 않다. 이집트학 연구자들도 그 해석을 둘러싸고 논쟁을 벌였다. 도대체 낮에 드러난다는 것이 어떤 의미인가.

'페르 엠 후루'에 대해 학자들 간의 해석은 다소 차이가 있다. 나비유는 '태양으로부터 나오는 것sortir du jour'으로 간주했다. 부르크슈*는 '낮에 태양과 함께 나오는 출구Ausgang bei Tage'로, 대영박물관의 이집트실 관리책임자였던 버시는 '태양으로부터 출발하는 것the depature from the day'으로 해석했다. 또 벗지는 '낮에 출발하는 것coming forth by day'으로, 피에레**는 '낮에 출발하는 일sortie de la jour'로 비슷하게 해석하였다. 브레스테드는 '태양에 의해 승천한다'는 태양 숭배적인 해석을 내놓았다.

이들의 견해를 종합하면 태양이란 인간이 평범하게 살아가는 일상생활 즉 현세를 의미하고, '출발하는 일'은 사자가 하계로부터 태양을 타고 내세의 천국을 향해 출발하고, 다시 현세로 나온다는 의미로 해석된다.

『사자의 서』(레우 누 페르 엠 후르)를 처음으로 명명했던 렙시우스의 해석을 보자. 그에 의하면 레우 누 페르 엠 후루는 낮에 부활하는 장으로 해석되는데, 제17장이 그가 편찬한 『사자의 서』의 진수를 보여주는 장이다. '레우'는 '장', '누'는 '~에 관한', '페르'는 '부활', '엠'은 '~의', '후루'는 '낮, 날, 태양, 또는 수많은 날들의 낮'을 의미한다. 따라서 이 문장을 조합하면 '(태양과 함께) 낮에 부활하는 장'이 된다. 그러나 이 해석도 불완전하다. 앞에서 여러 학자들의 해석을 예시했지만 이집트인들이 이 단어 속에 품고자 했던 의미는 우리가 번역한 글 이상으로 많았다. 태양이 진 후 다음날 다시 떠오르는 것과 같이 일몰과 죽음을 등치시키고 일출과 부활을 등치시키며 태양이 매일 떠오르는 것과 마찬가지로 사후에 부활하려는 영생의 염원이 이 단어 속에 깃들어 있다.

어쨌든 이 장을 이해한다면 왜 '사자의 서'라고 이름 붙였는지 짐

---

* Brugsch(1842~1930), 렙시우스와 동시대에 활동했던 독일의 이집트 학자.

** Pierret, 프랑스 출신의 이집트 학자.

작할 수 있다. 렙시우스는 기원전 2010년경 중왕국 초기인 제11왕조의 파라오였던 멘투호텝의 관구문을 해석하면서 이 장의 이름을 '내세로부터 무수히 많은 날들의 낮에 출현하는 장' 즉 부활의 장이라 명명했고 아우팡크의 주문 또한 '사자가 내세로부터 창조되어 현세로 인도되는 부활의 장'으로 명명했다.

다음은 멘투호텝의 주문을 해석한 것이다.

1. 내세로부터 낮에 출현하는 부활의 장. 태양신 라에게 항상 만족하는 자, 궁중의 지배자 멘투호텝이 낭송합니다. 말씀이

2. 창조되었습니다. 나는 아툼이며, 나는 사물을 이루는 본질입니다. 나는 최초의 지배자 라입니다.

3. 나는 스스로 존재하는 위대한 신이며, 위대한 창조자가 그 이름이며, 신 가운데 아무도 넘볼 수 없는 신의 지배자입니다. 나는 과거에도 존재했고, 나는

4. 내일을 알고 있는 오시리스입니다. 내가 말했을 때 서쪽의 세계는 이미 신들의 싸움터로 변했습니다. 나는 스스로 존재하는 위대한 신의 이름을

5. 알고 있습니다. 위대한 라가 그 이름입니다. 나는 피닉스입니다. 나는

6. 헬리오폴리스에서 존경받고 있습니다. 불사조 피닉스는 존재하는 실체 그것입니다. 그것은 무엇입니까. 바로 오시리스입니다. 그것은 영원하고

7. 불멸하는 것입니다. 나는 그의 모습으로 나타난 켐 신이며, 그는 나에게 두 개의

8. 깃털을 달아주었습니다. 그것은 무엇입니까. 두 개의 깃털은 바로 그의 아버지를 수호하는 호루스의 날개입니다. 그가 가진 두 개의 깃털은 아버지 아툼의 이마에 있는 우레우스입니다. 나는 나의

왕국에 있습니다. 나는 내가 사는 거처로 돌아왔습니다. 그것은 무엇입니까.

9. 아버지 아툼의 지평선이 그것입니다.

다음은 삽화에 나오는 아우팡크의 파피루스를 해석한 것이다.

사자가 내세로부터 창조되어 현세로 인도되는 부활의 장.

정의롭고 매일 부활하는 아우팡크는 오시리스의 동반자로서 신전의 공물로부터 활력을 되찾았습니다. 오시리스 아우팡크는 자신이 창생했던 모든 존재에서 살고 있으며, 살아 있는 영혼으로 신전에서 살고 있으며, 또 왕래하면서 힘을 얻고 있는 진실한 세켐의 아들입니다. 아우팡크는 서쪽 세계의 모든 위대한 신으로부터 만족하는 자 아래에 있습니다. 이것은 장례식 날, 그리고 지상에서 화려한 장례식을 거행할 때, 인간의 이야기를 창조했습니다.

1. 진실한 오시리스 아우팡크(삽화에는 빈 공간 부분으로 생략되어 있다)가 낭송합니다. 나는 스스로 태어난 존재인 아툼 신입니다. 나는 태초부터 지배자인 라입니다. 그것은 무엇입니까.

2. 그것은 태초부터 이끌었던 지배자 라이며, 그는 스스로를 만들었던 본질로서 수텐헤넨(상이집트의 스무번째 노모스, 「이사야 서」에는 하네스로 나온다)을 지배한 라입니다. 그것은 태초의 물 누로 암세세누(오시리스의 지시를 받아 영혼을 살해하는 집행인)의 정상에 있습니다.

3. 누는 암세세누의 정상에서 반역자의 자손들을 몰살시켰습니다. 나는 스스로 태어난 고귀한 신입니다. 태초의 물이 내 이름이며, 누가 내 이름이며, 신의 아버지가 내 이름입니다. 그것은 무엇입니까. 라는 신의 아버지, 또한

4. 신이 된 그의 동료와 함께 있는 창조자가 바로 그 이름입니다. 라는 아무도 넘볼 수 없는 지배자입니다. 나는 신을 모독하지 않았습니다. 그것은 무엇입니까. 그것은

5. 둥근 태양 원반을 한 아툼입니다. 또한 그것은 동쪽 하늘의 지평선에서 비추고 있는 자신의 태양 속에 있습니다. 나는 어제에 있었고, 내일을 알고 있습니다. 그것은 무엇입니까. 그것은 어제의

6. 오시리스입니다. 그것은 내일의 라입니다. 매일, 내세의 주인공인 오시리스의 적대자를 없애버린 날, 그리고 그의 아들 호루스가 아버지를 복수하여 정의를 입증받은 날입니다. 또한 그날은

7. 자기의 아버지 라에 의해서 처러진 오시리스의 장례날입니다. 내세의 서방세계에서는 그 지배자인 오시리스의 명령으로 신들의 전쟁이 시작되었습니다. 내세의 서방세계는

8. 오시리스가 신들의 영혼에게 명령하여 창조되었습니다. 내세의 서방세계는 라와 신들이 갖는 최종 목표입니다. 나는

9. 내세에서 살고 있는 위대한 신들을 알고 있습니다. 그들은 누구입니까. 그것은 오시리스입니다. 또한 라의 영광이 그 이름입니다. 라의 영혼이 그 이름입니다. 라의 정신에서 스스로 창조된 것입니다. 나는 헬리오폴리스에서 살고 있는

10. 위대한 피닉스입니다. 나는 존재하는 모든 것을 창조했습니다. 그것은 무엇입니까. 헬리오폴리스에 살고 있는 오시리스입니다. 모든 것을 있게 한 것은

11. 그의 육체입니다. 또한 그것은 언제나 존재하며 영원불멸합니다. 그것은 낮에 있으며, 밤에는 영원합니다. 나는 법이며,

12. 머리 위에 놓인 두 개의 깃털을 가진 켐입니다. 켐은 무엇입니까. 그것은 아버지를 수호한 호루스 신입니다. 머리에 놓여 있는 두 개의 깃털은 자매인 이시스와

13. 네프티스입니다. 호루스의 뒤에는 쌍둥이 자매인 그들의 모습

이 보입니다. 그것은 아버지 아툼의 이마에 있는 두 개의 높은 우레우스입니다.

14. 또한 그것은 두 눈입니다. 두 눈은 그의 몸에 있는 두 개의 깃털입니다. 나는 내 왕국에 있습니다. 나는 내 거처에 도착했습니다. 그것은 무엇입니까. 아버지 아툼이 있는 태양의 언덕입니다.

이 주문 가운데 '그것은 무엇입니까. 또한, 그것은 ～입니다' 등 세 가지의 주문은 후대에 가서 추가된 것이며, 아우팡크의 주문은 모든 것이 빨간색으로 쓰였다.

이 사상은 하계에 있는 사자가 주문을 통해 어두운 묘지를 벗어나 다시 태양과 함께 나온다는 고왕국 시대의 '부활 사상'을 배경으로 하고 있다. 고왕국 시대의 민간신앙에 의하면 태양신 라는 낮에는 배를 타고 하늘을 비행하지만 저녁에는 서쪽 하늘로 내려온다. 이것은 태양의 죽음을 뜻하는 것이지만 고대 이집트인들은 태양 즉 오시리스가 하계의 무수한 적들을 물리치고 사자의 영혼을 태운 채 뱀 모양의 썰매를 타고 여행한 끝에 그 다음날 동쪽 하늘에 다시 출현하는 것이라고 믿었다. 이는 부활을 의미하고 사자도 태양이 뜰 때 함께 출현한다는 것을 뜻한다.

『사자의 서』는 파피루스에 써서 관 속에 넣거나 또는 사체를 붕대에 감아 미라화할 때 종아리나 대퇴부 사이에 끼워넣었다. 또 『사자의 서』는 관 또는 파피루스 이외에 다른 곳에도 기록했다. 예를 들면 제30장의 하트 스카라브Heart Scarab와 제6장의 우샤브티우*는 다른 파피루스에서 발견하여 수록한 경우다.

'하트 스카라브'는 고대 이집트인이 신성시했던 풍뎅이였으며 터

---

* Ushabtiu, 내세에서 사자가 일을 시키기 위해 '부르면 달려와서 대답하는 것'이란 뜻으로, 미라로 만들어져 움직일 수 없는 사자를 대신하여 일을 한다.

신성시된 풍뎅이, 하트 스카라브

키석이나 흑석, 편무암 등에 금을 입혀 사체를 미라화할 때 심장의 대용물로 사용했던 조각이다. 카르낙 신전의 성지聖池 옆에 풍뎅이 비석이 있는데 여행할 때 눈여겨보기 바란다.

풍뎅이의 이면에는 신관문자로 『사자의 서』 제3장의 '우리는 어머니의 심장입니다. 우리는 여러 형태의 심장입니다'라는 주문이 각인되어 있는데, 바로 이것이 풍뎅이가 심장의 대용으로 사용되었음을 나타내는 소위 '심장의 장章'이다.

풍뎅이가 신성시된 것은 우리가 초등학교 시절 교과서에서 배웠던 말똥구리가 앞발로 자신의 몸보다 몇십 배나 큰 가축의 똥을 굴려가는 모습을 회상하면 쉽게 이해될 것이다. 풍뎅이가 동물의 배설물을 공처럼 동그랗게 앞발로 굴려 자신의 몸집보다도 더 크게 만들어가는 형태가 마치 태양신 라를 숭배하기 위해 두 팔을 벌리는 인간의 모습과 동일하다고 여겼던 것이다.

한편 우샤브티우는 사자가 내세에 살아가는 데 필요한 가신, 종자, 심부름꾼 등을 목제나 점토, 돌, 금속을 이용하여 미라형의 인형으로 만들어 함께 매장한 것이었다. 이것은 『사자의 서』 제6장에 기록되어 있다.

그리고 『사자의 서』 제63장에는 제18왕조 시대의 것인 두 종류의 원문이 있는데 하나는 사자가 내세에 도달할 때 신체가 불에 타는 것을 막기 위한 주문이며, 다른 하나는 신체가 끓는 물에 들어가는 것을 피하기 위한 주문이다. 이 주문은 우리 현대인들에게 다소 기이하게 여겨지겠지만 선사시대의 장례법에 신체의 일부를 태우거나 끓이는 관습이 있었음을 상기하면 이해가 될 것이다.

『사자의 서』의 주문은 옛부터 전해져내려오는 오래된 것으로 주장되고 있는데 어떤 부분은 제1왕조 시대의 문헌에도 존재한다. 현재 『사자의 서』 가운데 최고의 것으로 일컬어지고 있는 것은 인쇄감독원 아몬호텝의 아들인 '누우'를 위해서 기록한 것이다. 또한 짧은 것은 세무티 왕 시대에 오시리스 신이 거주하는 신궁神宮이 위치한 헨누에서 발견되었고, 긴 것은 멘카우라 왕 시대에 토트 신의 도시로 일컬어지는 헤르모폴리스에서 발견된 것이다. 세무티는 고왕국 시대 제1왕조의 네번째 왕이며, 멘카우라는 제4왕조의 피라미드를 건설한 왕이다. 한편 이것에는 '낮에 출현하는 제장諸章'으로 일컬어지는 것이 있는데, 이것은 『사자의 서』 제64장과 연결되어 있다.

3. 세 갈래로 편집된 부활의 텍스트

『사자의 서』는 처음에 주문으로부터 시작되어 입에서 입으로 구전되어오던 것으로 그 내용은 부활을 위한 수문, 기도, 라에 대한 경배, 마법의 말, 주술 공식 등을 포함하고 있었다. 그러다가 고왕국 시대에 들어서면서 주로 왕들의 피라미드나 분묘, 관 등에 사자가 내세에서 천국에 도달할 수 있도록 그러한 주문을 기록하기 시작했다. 이러한 기록들을 모아서 하나의 책자로 만든 것이 『사자의 서』이다.

『사자의 서』는 크게 세 종류로 나뉘어진다.

기원전 3100년경의 고왕국 시대에는 주로 피라미드 현실玄室에 기록을 새겨놓았는데, 여기에서 발견된 주문을 모아놓은 것을 '피라미드 텍스트'라고 부른다.

제11왕조가 시작된 기원전 2233년경의 중왕국 시대에는 일반 민중들도 『사자의 서』를 기록하는 경향이 나타나기 시작했다. 이 일반 민중들의 미라가 있던 관에서 발견된 문구를 모아놓은 것이 '코핀 텍스트'이다. 코핀 텍스트는 굳이 설명하자면 미라를 보존하는 관에서 나온 것이라는 의미에서 관구문棺柩文으로 번역된다.

마지막으로 제18왕조가 시작된 기원전 1567년경 신왕국 시대부터 프톨레미 왕조에 이르는 '사자의 서'가 있다.

그러나 이보다는 왕조별로 부르는 것이 더 일반적이다. 고대 이집트는 대체로 왕조가 바뀔 때마다 수도를 이동하였기 때문에 『사자의 서』는 발견된 지역에 따라 왕조의 시대적 특징을 반영하고 있다. 그래서 왕조별로 『사자의 서』를 대별하는 것이 널리 수용되고 있다.

파라오, 귀족, 신관 일반 민중의 관과 분묘에서 채집된 『사자의 서』는 대별하여 세 종류의 책으로 편찬되었다.

첫째는 '헬리오폴리스 텍스트'이다. 이것은 기원전 2494년에서 2181년경인 제5왕조와 제6왕조 시대에 사용된 것으로 사카라의 피라미드의 벽과 무덤의 현실 내에서 상형문자 형태로 기록된 것이다.

두번째 '테베 텍스트'는 기원전 1568년부터 1085년경인 제18왕조로부터 제20왕조까지 관과 파피루스에 기록된 것을 모은 것이다.

세번째 '사이테 텍스트'는 기원전 664년 제26왕조 이후 상형문자, 신성문자, 민중문자로 파피루스나 관, 기타 상징물에 기록된 것을 집대성한 것으로 프톨레미 시대의 것이 가장 많다.

헬리오폴리스 텍스트

먼저 헬리오폴리스 텍스트는 기원전 330년경 제2차 페르시아 지배 시대 헬리오폴리스('온'이라고도 한다)의 신관들에 의해 집성된 것이다. 이 가운데 가장 오래된 것은 마스페로가 1881년 사카라에 있는 제5, 6왕조의 피라미드 내에서 발견한 조각문이다.

벗지에 의하면 헬리오폴리스 텍스트에도 다섯 종류가 현존하고 있지만 이것이 헬리오폴리스 텍스트의 전부는 아니다. 온의 신관들이 그 이전부터 전해져내려오던 원본에 어떠한 내용을 보강, 개정, 수정했는지는 알 수 없지만 적어도 두세 종류의 원본에 기초하여 개정을 한 것으로 짐작하고 있다.

온의 원본이 오래되었다고 믿는 것은 선왕조 시대의 종교 사상이 들어 있기 때문으로 추측하고 있을 뿐이다.

온의 텍스트에 들어 있는 제11왕조, 12왕조의 것은 코핀 텍스트로 불리는 관구문이다. 이 시대는 거대한 피라미드 건설은 없어지고 왕릉이 연와분煉瓦墳 형태로 변화된 시기이다. 이는 고왕국에서 볼 수 있었던 강력한 왕권이 점차 쇠퇴해졌기 때문이었다. 당연히 피라미드 내부도 넓은 장실葬實을 만들 수 없어서 석관, 목관이 장실을 대신하게 되었다. 관의 내부 사면에는 검은 묵墨으로 주문을 기록했다. 그러나 이것은 이미 헬리오폴리스 텍스트의 원본으로부터 발췌한 것이며 길이의 차이는 있지만 그 내용은 피라미드 텍스트와 거의 차이가 없다.

이런 형태로 현존하고 있는 대표적인 사례로는 제11왕조 시대의 아아맘 관, 멘투호텝 왕의 목관 등이 있다. 멘투호텝 왕의 목관에는 『사자의 서』 제17장이 기록되어 있고, 아아맘의 석관에는 먹물로 『사자의 서』 본문 수백 행이 기록되어 있다. 또한 그 내부에는 장실로 사용된 문과 거울의 그림이 새겨져 있으며 수많은 공물을 바치는 내용도 들어 있어 가장 화려하다.

먼저 피라미드 텍스트는 제5왕조(기원전 2494년~2345년)와 제6왕조(기원전 2345년~2181년)에 속하는 아홉 개의 피라미드 현실과 벽에 기록된 주문이다. 이를 발견한 사람은 프랑스의 고고학자 가스통 마스페로이다. 그는 '콜레주 드 프랑세스'의 이집트학 교수였고, 이집트 고대 유물 관리국장으로서 여러 번의 피라미드 발굴 작업을 시도하였다.

우나스 왕의 피라미드에서 출토된 『사자의 서』 중 일부

　　마스페로는 페피 1세의 묘를 발굴하고 뒤이어 여러 명의 파라오 왕
묘를 발굴하였다. 제5왕조의 우나스 왕의 왕묘는 1881년 2월 28일
에, 제6왕조의 페피 2세의 왕묘는 4월 13일에, 티티 왕의 왕묘는 5월
29일에 발굴하였으며 여기에서 명문銘文을 발견하였다.

　　피라미드 텍스트라고 이름 붙인 이유도 피라미드에서 발견되었기
때문이다. 그후 계속적인 발굴을 진행하여 아홉 개의 피라미드에서
칠백 종류가 넘는 주문을 발견하였다. 이 가운데 228편은 우나스 왕
의 명복을 비는 주문으로 밝혀졌다.

　　피라미드 텍스트는 죽은 왕을 위하여 옷, 집, 심부름하는 시종 등

을 위해 행해졌던 일, 뱀과 벌레 등 악령으로부터 신체를 보호하는 일 등을 기록해놓아, 죽은 자가 내세에서 행복하기를 기원하는 내용임을 보여준다.

한편 코핀 텍스트는 관을 준비할 수 있는 재력을 가진 자라면 신분의 고하를 막론하고 누구나 관 위에 파라오들이 피라미드의 벽에 새겼던 주문과 유사한 내용들을 기록했음을 보여준다. 중왕국이 시작되기 전인 고왕국 말기가 되면 오시리스 신앙이 민간신앙으로 자리잡기 시작하여 일반서민의 사자도 오시리스가 될 수 있다고 믿게 되었다. 다시 말해서 일반인도 내세에서는 오시리스 신이 될 수 있다는 평등한 사상이 폭넓게 번져갔다. 중왕국 시대에 민중의 지위가 향상되고 이들의 인격이 인정되기 시작한 것은 그와 반대로 파라오의 권력이 약해져서 민중이 왕의 관리를 상대로 비리를 고발하고 이의를 제기할 만큼의 변화가 있었음을 반영한 것이다. 그리하여 농민과 상공업자도 관리로 등용되기 시작했다. 쿠프 왕이나 카프라 왕이 건설했던 거대한 피라미드의 시대가 지나고 왕묘가 돌로 쌓아올린 연와분의 형태로 바뀐 것도 파라오의 권력이 약해졌음을 의미하는 것이다.

중왕국 시대의 전성기였던 제12왕조는 가장 민주적인 시대였다. 민중은 빈부와 출생을 불문하고 정치 사회 종교적으로 동등한 권리를 가졌다. 이 당시 이집트인들은 일반서민도 사후세계에서 왕후 귀족과 마찬가지로 오시리스에 의해 평등한 삶을 즐길 수 있다는 사고를 갖고 있었다.

피라미드 텍스트가 왕을 위한 주문이라면, 코핀 텍스트는 일반서민의 인과응보 사상의 반영이다. 내세의 행복은 생전의 선행에 의해 보답받는 것이며, 지위고하나 신분과 상관없이 사자는 누구나 천국의 문으로 들어가기에 앞서 태양신 라가 주재하는 신들의 심판을 받아야만 한다. 이때 진실성을 판단하기 위해 심장을 저울에 계량하게 된다. 이를 통과하면 신이 되어 행복을 구가하게 되는 것이다. 코핀 텍스트의 사례를 들어보면 이러한 평등관이 확연히 나타나게 된다.

　천지의 창조주인 우리는 지평선의 문이 열리는 새벽에 네 가지의 선행을 하여야 한다. 사람이 살아가는 동안 각자가 동료와 동등하게 호흡하기 위해 네 개의 바람을 만들어야 한다. 이것이 선행이다. 우리가 대홍수를 일으키기에는 빈약하지만 홍수가 일어나는 가운데 고귀하게 될 수 있으며 이것이 또 하나의 권리를 다하는 것이다. 우리 인간은 각자 동격자로서 다른 사람들이 사악한 일을 강요하더라도 옳은 일을 하는 것이 심정에 맞고 선행을 하는 것이다.

테베 텍스트

　테베 텍스트는 제18왕조부터 제22왕조까지의 분묘가 있는 지금의 룩소르 지방의 테베의 분묘로부터 『사자의 서』를 발췌하여 기록한 파피루스다. 테베 파피루스는 헬리오폴리스의 원본을 베낀 것에 불과하다고 알려져 있다.

　테베는 이미 알려진 바와 같이 카르낙 신전이 있는 곳이고 신의 왕인 아몬라 숭배의 발상지이다. 테베는 중왕국의 수도였다. 때문에 당시의 왕조는 테베의 수호신 아몬라를 숭배하는 신앙을 통해 국내의 통일을 이룰 수 있었다. 또 그들은 『사자의 서』를 개정하여 국민 통합을 강화해나갔다. 『사자의 서』 제83장에 있는 아몬 라 신앙은 그러한 표현의 하나이다.

　테베 텍스트는 파피루스 위에 상형문자로 씌어진 것이며 각 편編은 장으로 나누어져 있고 각 장에는 표제가 붙어 있으며 삽화를 그려넣는 관습이 있었다.

　테베 텍스트의 원본은 181장으로 나뉘어져 있으며 이를 모두 수록한 파피루스는 현존하지 않는다. 테베 텍스트의 단편 가운데 완벽에 가까운 것이 네브세니, 아니, 누우, 후네페르, 무트 호텝 등의 파피루스이며 각기 그 특징을 달리하고 있다.

먼저 제18왕조의 것을 오래된 연대별로 나열해보면 누우의 파피루스, 네브세니의 파피루스, 메스 엔 네텔의 파피루스, 아몬 호텝 2세 묘의 파피루스, 아몬 엠 헤트 묘실의 파피루스, 네브겟의 파피루스가 있다.

또 제18왕조부터 제19왕조 사이의 것으로 추정되는 아니의 파피루스, 네페르 우엔 푸의 파피루스, 구에나의 파피루스, 우아아의 파피루스가 있다.

제19왕조의 것으로는 후네페르의 파피루스, 프타 메스의 파피루스, 네크트 아몬의 파피루스, 더블린대학교의 파피루스, 테베에서 출토된 무명의 파피루스가 있다.

제20왕조의 것으로는 람세스 4세의 묘비명이 있으며, 제20왕조나 제21왕조의 시대로 추정되는 파피루스로는 무트 헤테베트의 파피루스가 있다.

이 가운데 아니의 파피루스는 색채가 뛰어나고 가장 아름다우며 다른 파피루스에는 없는 것도 많이 기록되어 있다. 후네페르의 파피루스는 제19왕조의 파라오 세티 1세 치세하에 고관이었던 자가 기록한 것으로 전해지는데 아름다운 삽화를 가지고 있는 것이 특징이다. 아름다운 삽화가 많다는 것은 원본을 생략하면서 삽화를 많이 기록했다는 의미이다.

아니의 파피루스는 제17장을 거의 생략하다시피 했는데, 이것은 서기가 원본의 의미를 이해하지 못하고 긴 원본을 많은 사람들이 분담하여 기록함으로써 그 내용을 삭제했기 때문에 일어난 결과라 할 수 있다. 이에 비해 무트 호텝의 파피루스는 원본에 따라 정확히 기록했다는 의미에서 가치가 있다.

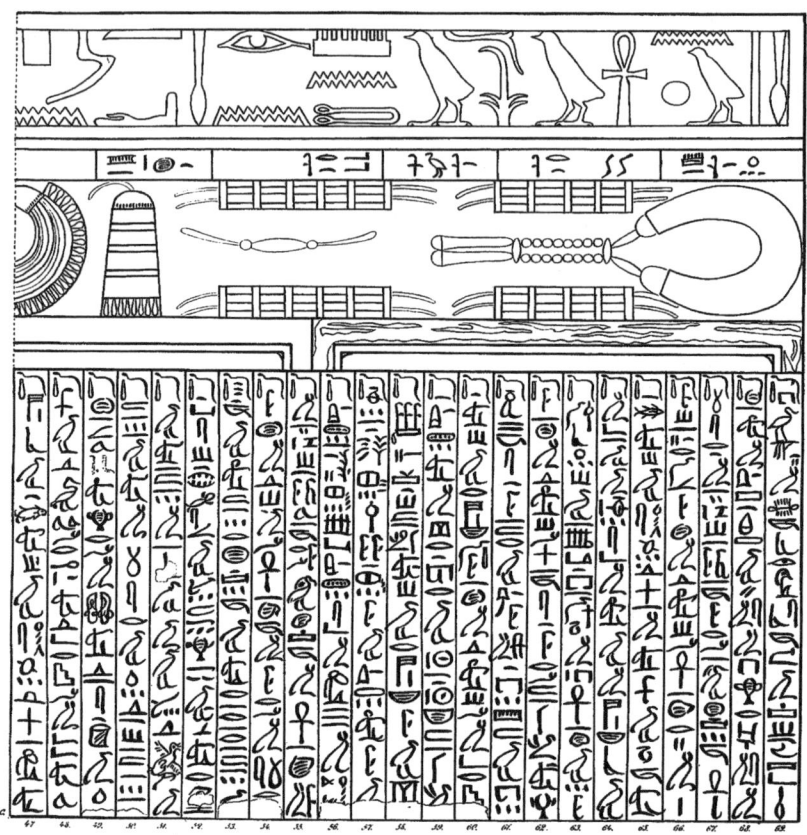

제12왕조 세베크 아아의 코핀 텍스트

그러나 신왕국 시대에 들어서면 일반 서민의 평등관이 사라지고 다시 관리들의 우위 시대로 접어들게 된다. 신왕국 시대는 카메스 왕이 이민족인 힉소스의 지배로부터 벗어나 왕조를 다시 세우면서 사상 최대의 영토를 구축한 시대였다.

투트모스 3세에 이르러서는 북으로 유프라테스강, 남으로는 제4폭포 지역을 정복하고, 크레타, 미타니왕국, 아시리아를 정벌하여 조공을 받게 되면서 중앙집권적 지배를 강화해나갔다. 아몬헤텝 3세 치세

때는 지금도 남아 있는 멤논 거상, 카르낙, 룩소르의 대신전 등이 보여주듯 이집트가 미증유의 번영을 구가하는 시기였다. 따라서 신관과 직업군인이 신진 중간 지배층으로 등장하면서 민주적인 사회구조는 사라지게 되었다.

사자의 미라를 보관하는 목관이나 석관은 왕후나 신관, 직업군인에 한정되었고, 일반인은 이를 사용하지 못해 파피루스에다 주문을 쓰는 상황이 되었다. 우리가 『사자의 서』라고 부르는 것은 주로 이 시대의 것이다.

사이테 텍스트

기원전 664년의 제26왕조 시대부터 기원전 30년 프톨레미 시대의 파피루스인 사이테 텍스트는 이집트의 영광이 사라져가는 시기의 것이다. 프사메티쿠스 1세가 아시리아의 세력을 축출하고 이집트를 통일하여 사이테에 수도를 정한 이래 델타 지방에는 고왕국을 동경하는 풍조가 형성되었다.

사이테 텍스트는 이전의 『사자의 서』를 전면적으로 개정하여 각 장을 순서대로 편집하고 새로운 장을 삽입하였다. 본문은 상형문자와 신관들이 사용하는 신관문자로 기록하고 삽화를 그려넣었다.

사이테 텍스트는 외견상 단조롭고, 회화와 상형문자도 테베 텍스트와 비교하면 아주 생소하다. 그러나 그 이전의 텍스트에는 없던 제4장이 추가되었다. 제4장에는 이집트에서는 전혀 사용하지 않았던 수많은 외국어로 기술된 새로운 종교 사상이 포함되어 있다. 당시 어떤 이유로 『사자의 서』에 새로운 종교 사상이 기록되었는지는 분명치 않다.

사이테 텍스트 중에서 신관문자를 사용한 '페르 엠 헤브의 파피루스'와 상형문자로 쓰인 '네시켄수의 파피루스'가 가치를 지니고 있다.

프톨레미 시대에 사용된 것도 사이테 텍스트였는데 이전에 비해 훨씬 간소해졌다. 이는 당시 신관들이 사자를 구원하기 위해 반드시 필요하다고 생각하는 부분만을 발췌하여 기록했기 때문이었다.

제4부
『사자의 서』

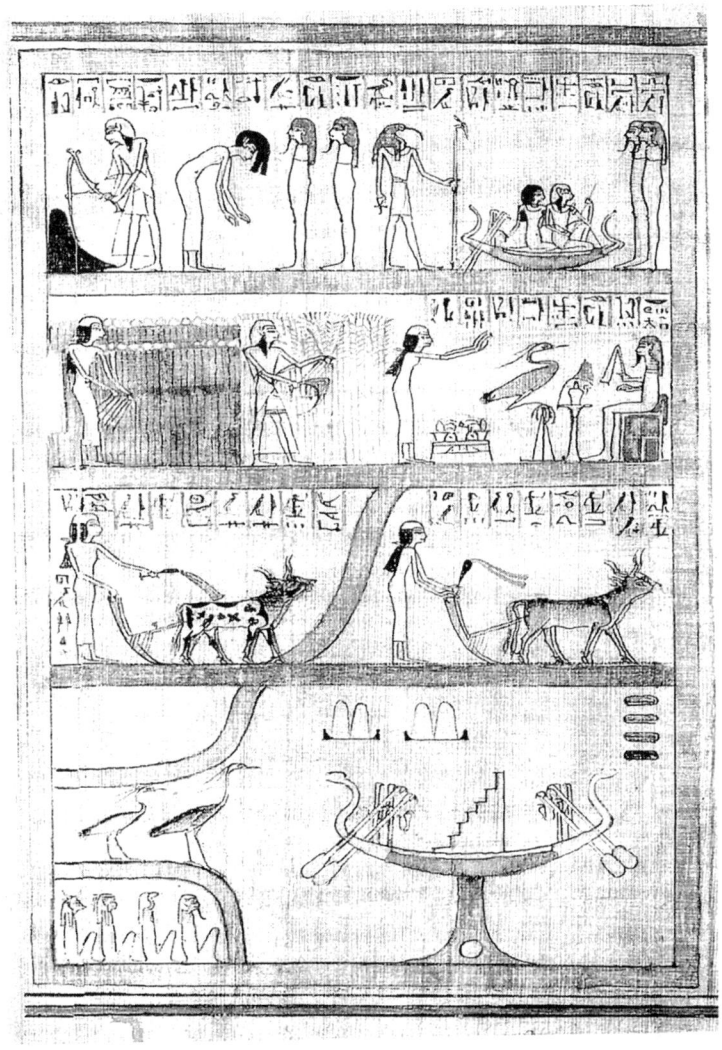

안하이의 파피루스 110장.
사자가 배를 타고 낙원에 도착하여 신에게 공물을 제공하는 장면.

1. 파피루스의 주인공들

『사자의 서』에 나오는 주인공들은 중왕국 이후 왕국의 수도였고, 신왕국의 제18, 19왕조 시대에 가장 번영을 누렸던 테베의 인물들이다. 테베는 오시리스 신화의 중심무대일 뿐만 아니라 하트셉수트 여왕, 투탕카멘과 람세스의 정치적 중심지였으며, 카르낙 신전과 콘수 신전, 왕가의 계곡이 자리잡고 있는 지역이다.

필자가 논의하게 될 『사자의 서』는 주로 월리스 벗지와 포크너의 책을 참고로 했으며 나비유와 렙시우스의 것을 보조 자료로 활용했다. 벗지에 의해 편찬된 『사자의 서』는 전부 190장으로 구성되어 있다. 이것은 테베에서 출토된 아니와 네브세니의 파피루스에서 채록한 것이다. 한편 포크너의 것은 189장으로 되어 있다.

필자는 원저자의 의도를 살려 중복되는 장까지도 여과 없이 그대로 실어서 독자들이 전체를 이해하는 데 도움이 되도록 했다. 다만

『사자의 서』 전체 190장 가운데 중요한 주문에 대해서는 완역을 시도했고, 나머지 짧은 주문은 원전이 단문이거나 아주 난해하여 전체 또는 일부를 생략한 것이다. 그러나 전체의 의미를 훼손하지 않으려고 노력했다.

필자가 설명하려는 파피루스는 제18왕조 이후에 기록된 것이 대부분이며 아니, 네브세니, 구에나의 파피루스를 중심으로 삼고, 경우에 따라서 누우, 네브세니, 아우팡크, 후네페르의 파피루스를 인용하였다.

아니의 파피루스는 전체 길이가 78피트인데 각각 5피트에서 26피트에 달하는 여섯 개의 파피루스로 구성되어 있다. 1888년 테베에서 발견되었고 현재는 대영박물관에 소장되어 있다. 이것은 여러 파피루스 중에서도 가장 아름다우며 『사자의 서』의 전형으로 평가되고 있다. 특히 오시리스 법정에서 일어나는 부정고백과 심판의 장면은 어떤 파피루스보다도 아니의 것이 제일 우수한 것으로 인정되고 있다.

아니는 제18왕조의 투트모스 3세 시대인 기원전 1450년에서 1400년경에 살았던 인물로 테베와 아비도스에서 신전에 공납하는 곡물과 가축을 관리하는 궁정의 서기였다. 또 주문과 삽화에 등장하는 그의 부인 투투는 아몬 신전의 신악神樂을 연주하는 시스트럼sistrum을 들고 있는 것으로 보아 악단 멤버였던 것으로 추측된다.

후네페르는 제19왕조 세티 1세(기원전 1370년경) 시대 왕가의 시종이었고 왕가의 계곡을 다스리는 서쪽 테베의 관리였으며, 그의 부인은 아몬 신전의 여사제로 손에 시스트럼을 들고 있는 것으로 보아 그녀 또한 신악 연주자였던 것으로 추측된다. 그의 파피루스는 1851년 대영박물관이 매입하여 지금까지 보관해오고 있다.

네브세니는 프타 신전의 서기였으며 설계사였고, 그의 파피루스는 77.5피트에 달한다.

부유한 상인이었던 구에나의 파피루스는 제19왕조 시대의 것이라고 하나, 제18왕조 시대의 것이라고 주장하는 학자도 있어 연대가 불분명하다. 현재는 네덜란드의 라이덴박물관에 소장되어 있으며 그 길이는 50피트에 달한다. 그는 경제적으로는 부유했지만 일개 서민에 지나지 않았으며 그의 파피루스도 문체가 평이하고 친밀감은 있으나 장사하는 사람답게 허풍이 많이 들어가 있는 편이다.

누우의 파피루스는 테베의 룩소르에서 발견된 것으로 1891년 대영박물관이 매집하여 소장하고 있다. 그 길이는 65.3피트, 폭은 1피트에 달하며 전체가 135장으로 구성되어 있고 이 가운데 열다섯 개의 장만 삽화가 들어 있다.

렙시우스의 『토텐부흐』에 수록된 아우팡크의 파피루스는 이탈리아의 토리노박물관에 소장되어 있는데 아우팡크는 프톨레미 시대의 부유한 상인이었다.

2. 『사자의 서』의 내용

『사자의 서』에 수록된 각 장은 사실상 전체가 주문으로 되어 있다. 주문은 영어로 spell을 의미하는데, 이것은 단어나 말을 외워서 그것에 마법의 효력을 갖게 함으로써 사자의 영혼을 파괴시키는 악령이나 파괴의 신으로부터 보호를 받아 오시리스왕국에 무사히 도달하기 위한 수단으로 사용되었다.

『사자의 서』를 이해하는 열쇠는 "주문을 낭송하기 위해서는 라 앞에서 손을 씻고, 정화하고, 향을 피우고, 빵과 맥주를 바쳐야 한다. 그러면 영혼이 파괴당하지 않고 백만 년의 수명이 주어질 것이다." "이 주문을 아는 자는 내세에서 영원을 얻을 것이다."라는 유의 주문에 있다. 대부분의 장에서 이러한 주문이 본문이 끝나는 말미에 부가되어 있다. 이것이 부활의 조건이 된다.

주문의 궁극적인 목적은 사자의 영혼이 부활하여 영원을 얻는 데 있다. 따라서 사자가 먹고, 마시고, 돌아다니고, 기억을 회복하고, 자유롭게 내세를 왕복하고, 신과 같이 동격이 되기 위해서는 주문이 필요해지는 것이다. 또 이를 달성하기 위해서는 전지전능한 신들의 도움을 받아야만 한다. 모든 장들은 이 목적을 실현하기 위한 수단이 된다. 이 점을 상기하면서 읽어 내려간다면 난해한 부분도 어느 정도는 이해할 수 있을 것이다.

우선 제1장부터 제17장까지는 '레우 누 페르 엠 후르' 즉 낮에 태양과 함께 출현하는 장들로 이 부분만 떼어서 본다면 일종의 '부활의 서'로 부를 수 있다.

제1장은 사자가 내세로 들어갈 수 있도록 의식을 치르는 장이다. 제2장부터 제4장까지는 사자가 다시 현세를 방문하고 신들과 만나고 하늘을 여행하는 힘을 부여받기 위한 장이다.

제5장과 제6장은 내세에서 농사일을 하지 않기 위해 우샤브티우를 만들고 주문을 외는 장이다.

제7장부터 제11장까지는 호루스, 라, 오시리스에 대적하는 괴물을 무찌르고 사자가 내세에 안전하게 도달할 수 있기를 바라며, 도중에 만나는 적들을 항복시키기 위한 주문이다.

제12장부터 제14장까지는 오시리스왕국에서 자유로운 활동을 보장받고, 신이 자신을 불쾌하게 생각하지 않도록 기원하는 주문이다.

제15장은 라에 드리는 찬가다.

제18장과 제19장, 제20장은 사자가 헬리오폴리스의 신 라, 부시리스의 신 오시리스, 레토폴리스의 신 세켐, 멘데스의 신, 아비도스의 신 앞에 사자의 죄를 고백하는 장이다.

제21장부터 제23장까지는 사자가 호흡하기 위한 주문이며, 제24장은 사자가 마법의 언어를 부여받기 위한 장이다.

제26장부터 제30장까지는 심장의 힘을 부여받고 이를 보존하기

위한 주문이다.

제31장부터 제41장까지는 사자가 악어, 뱀, 벌레 등 모든 괴물들로부터 보호받기 위해 낭송하는 주문이다.

제42장부터 제46장까지는 신체를 유지하고 두번째의 죽음을 면하며 미라의 부패를 방지하기 위해 낭송하는 주문이다.

제51장부터 제53장까지는 신이 먹는 물과 음식을 사자가 같이 먹기를 기원하는 내용이다.

제54장부터 제62장까지는 천국에서 빛과 대기의 신 슈와 동격이 되어 지상을 자유롭게 다닐 수 있도록 하는 주문이다.

제66장과 제67장은 태양선에 승선할 수 있도록 라에게 기도하는 장면이다.

제68장부터 제75장까지는 사자가 천국과 현세에서 자유로이 행동할 수 있기를 기원하는 주문이다.

제76장부터 제88장까지는 '전생의 장'으로 매, 불사조, 백합, 연꽃, 프타 신, 황금의 매, 악어 제비 등으로 변하기 위한 주문이다. 제비는 이시스, 황금의 매는 호루스, 불사조는 오시리스의 화신이다.

제94장에서 제97장까지는 사자가 토트 신에게 기도하여 신의 능력을 부여받고, 토트 신의 보호를 받기 위한 주문이다.

제98장부터 제102장까지는 불가사의한 배의 조종 기술을 배우고, 태양선에 승선하기 위한 주문이다. 사자는 배의 각 부분에 붙여진 신비스러운 이름을 알고 있어야만 하토르 여신이 동승한 라의 배에 승선할 수 있다.

제107장부터 제109장까지는 사자에게 호의를 지닌 영靈과 신들을 대면하여 자신을 소개하기 위한 주문이다.

제112장은 호루스 신이 검은 돼지의 모습으로 나타난 세트를 보았기 때문에 시력을 상실했다는 전설을 기록한 주문이다.

제113장, 제114장은 사자가 지혜의 신 토트와 동일시되기 위한 주

문이다.

제115장부터 제122장까지는 사자가 멤피스, 헬리오폴리스의 군주를 달래고 공물을 바치기 위한 주문이다.

제124장 및 제125장은 오시리스 법정의 장면이다.

제128장은 오시리스에게 드리는 찬가이다.

제130장과 제131장은 완전한 영혼을 만들고 라의 태양선으로 변하기 위한 주문이다.

제132장은 사자가 다시 현세로 귀환하여 자신이 살던 집을 방문하기 위한 주문이다.

제134장은 라에 대한 찬가이다.

제138장은 오시리스 신을 부활시키기 위한 의식이다.

제140장부터 제142장까지는 무수한 신들에게 낭송하는 주문이며 제143장은 제142장의 삽화다.

제144장부터 제147장까지와 제149장 및 제150장은 오시리스왕국의 영토를 통과하기 위한 주문이다.

제151장 제152장은 분묘에 관한 것으로 자신이 기거할 집을 갖기 위한 주문이다.

제155장부터 제160장까지는 각종 부적 위에 주문이 쓰여 있고, 이 주문을 통해 라, 오시리스, 호루스 신의 가호를 받을 수 있다는 내용이 주류를 이루고 있다.

그 이후의 장은 『사자의 서』를 보충적으로 설명하는 내용들로 중복되어 있다.

아울러 각 장의 주문에 대한 이해를 돕기 위해 주문의 형식을 소개한다.

각 장에 나오는 주문은 공식이 있다. 정확하게 통일된 것은 아니지만 대체로 파피루스에 기록된 주문의 첫 구절은 '○○에 관한 장'이 나오고 그 다음 구절은 '진실만을 말하는 사자 아니(또는 아우팡크) 가 영원의 군주, 내세의 지배자 오시리스를(에게) 찬양(낭송)합니다' 라는 형식이 일반적이다.

예를 들면 본문 가운데 제일 빈번하게 사용된 아니의 파피루스를 우리말로 재구성해 살펴보자. '진실을 말하는(1), 왕궁의 서기(2), 아니(3)가, 영원의 군주 오시리스(4)를(에게) 찬양(낭송)(5) 합니다'의 상형문자는 다음과 같다.

(1) 〔상형문자〕
(2) 〔상형문자〕
(3) 〔상형문자〕
(4) 〔상형문자〕
(5) 〔상형문자〕

상형문자를 해독하는 순서는 달, 피닉스, 사람을 나타내는 방향이 오른쪽으로 향해 있는지 아니면 왼쪽으로 향해 있는지, 또 위에서 아래로 씌어 있는지에 따라서 결정된다. 예를 들면 프톨레미 왕조의 11대 여손女孫이었던 파라오 클레오파트라의 상형문자는 〔상형문자〕로 표기된다. 이 표기는 왼쪽을 향해 씌어 있기 때문에 읽는 순서는 〔상형문자〕과 같이 왼쪽부터 시작된다. 물론 상형문자가 오른쪽을 향해 있다면 순서는 오른쪽부터 시작된다.

아울러 본문에 나오는 각 장의 번호는 렙시우스가 해석을 위해 처음 부여한 것으로, 그후 나비유나 벗지가 렙시우스의 분류를 기준 삼아 다시 부여한 것이다. 따라서 본문에 나오는 번호는 이집트 학자들이 해석상의 편의를 위해 부여한 것으로 보면 된다.

다음은 프톨레미 5세 에피파네스가 대관식을 한 다음해인 기원전 196년 3월 27일 멤피스의 신관들이 모여서 파라오의 송덕을 기리기 위해 세운 송덕비인 로제타 스톤을 예로 들어 설명해보자.

아래의 것은 로제타 스톤에 기록된 상형문자의 14행 가운데 일부인데, 이를 해석하면 이 포고령은 신의 언어(즉 상형문자)로, 책(즉 민중문자)으로, 그리고 그리스 말로 현무암에 기록한다. 그리고 그것을 남과 북의 파라오, 영원하고 프타 신의 사랑을 받는 인자한 군주인 프톨레미의 상像이 있는 성소에 각각 첫번째, 두번째, 세번째 순서로 기록하여 세운다는 내용이다.

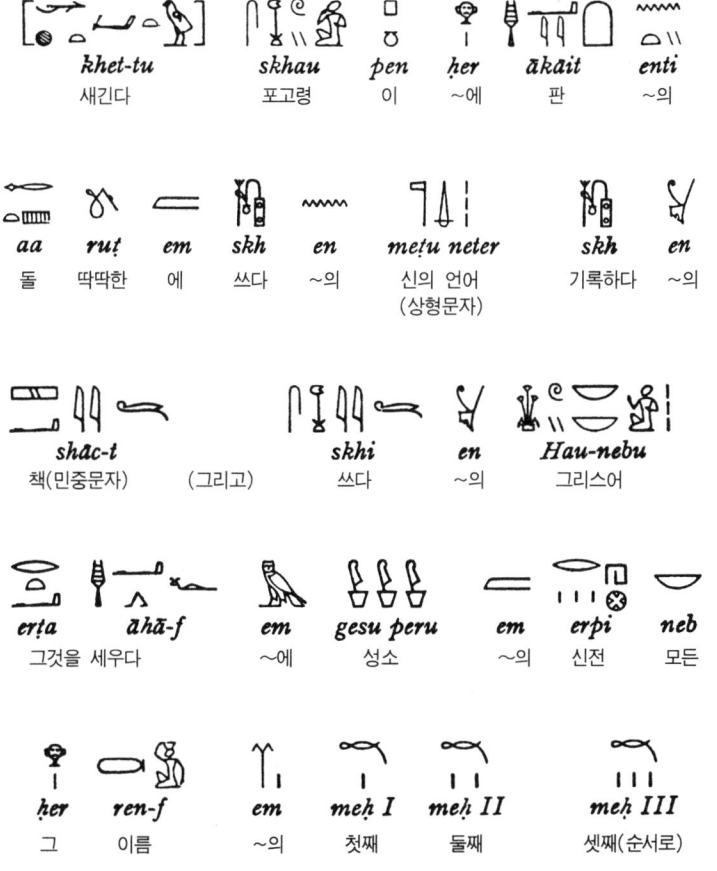

khet-tu	skhau	pen	her	ăkait	enti
새긴다	포고령	이	~에	판	~의

aa	ruṭ	em	skh	en	meṭu neter	skh	en
돌	딱딱한	에	쓰다	~의	신의 언어 (상형문자)	기록하다	~의

shăc-t		skhi	en	Hau-nebu
책(민중문자)	(그리고)	쓰다	~의	그리스어

erṭa	ăhă-f	em	gesu peru	em	erpi	neb
그것을 세우다		~에	성소	~의	신전	모든

her	ren-f	em	meḥ I	meḥ II	meḥ III
그	이름	~의	첫째	둘째	셋째(순서로)

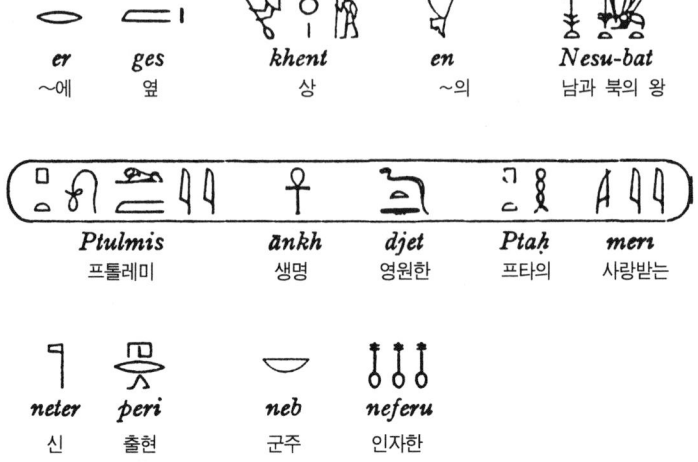

er	*ges*	*khent*	*en*	*Nesu-bat*
~에	옆	상	~의	남과 북의 왕

Ptulmis	*ănkh*	*djet*	*Ptaḥ*	*meri*
프톨레미	생명	영원한	프타의	사랑받는

neter	*peri*	*neb*	*neferu*
신	출현	군주	인자한

3. 라의 찬가, 오시리스 찬가

쿠프, 카프라 멘카우라로 대표되는 제4왕조의 피라미드 시대 이후에 기록된 대부분의『사자의 서』는 태양신 라에 대한 찬가로부터 시작되는 것이 일반적인 경향이었다. 라 신앙은 태양력을 발명한 제5왕조에서 파라오 자신이 '라의 아들'임을 밝히는 글자를 공문서와 기념비에 새겨넣으면서 확고한 위치를 갖게 되었다.

그러나 제18왕조 이후 제22왕조에서 라의 찬가는 오시리스 찬가로 그 비중이 옮아갔다. 『사자의 서』제15장에 나오는 라의 찬가는 지금까지 아니의 파피루스에서 1편, 구에나의 파피루스에서 2편, 후네페르의 것에서 1편, 네크트의 것에서 1편 등 모두 5편이 발견된 상태다. 구에나의 파피루스에는 아침저녁으로 드리는 라의 찬가가 있으며 어제와 오늘을 상징하는 두 마리의 사자상獅子像이 삽화로 그려져 있다. 라는 아침에는 케페라, 낮에는 라, 석양에는 하르마키스, 저녁에는 아툼으로 신격화되어 있다.

반면 오시리스의 찬가는 렙시우스가 편찬한 후네페르의 파피루스 제128장과 제183장에 각각 1편씩, 그리고 아니의 파피루스에 1편 등 3편이 전해지고 있다.

이미 앞장에서 지적한 것처럼 사가 찬양하는 주신主神은 라와 오시리스다. 사자가 오시리스왕국에 도달하기 위해서는 라가 거주하는 태양선을 타고 라의 도움으로 적들을 물리쳐야만 한다. 또 오시리스는 내세에서 사자를 심판하는 법정을 지배하고, 영혼의 파괴와 부활을 심판하는 신이기 때문에 사자가 반드시 기도해야 하는 신이다. 이러한 이유에서 라의 찬가와 오시리스 찬가를 『사자의 서』에 앞서 먼저 소개한다.

라의 찬가

오 영광스러운 신이여!
당신을 찬양합니다. 당신은 모든 주권을 부여받았습니다.
오 하르마키스여!
당신이 동쪽 하늘에 떠오를 때, 모든 신들이 합창합니다.
오 아름다운 신이여!
당신은 당신의 어머니 하토르의 보호 속에서 둥근 원반을 가지고 새롭게 태어났습니다.
당신이 떠오를 때면 모든 대지, 모든 심장이 언제나 기쁨으로 넘치고 있습니다.
남쪽과 북쪽의 대지는 당신을 추종하러 왔으며, 당신은 언제나 밝은 빛으로 상하 이집트를 비추고 있습니다.
오 당신은 신성한 하르마키스, 부활의 상속자, 자기 스스로 태어나는 신, 지상의 왕, 내세의 왕자, 헬리오폴리스의 군주입니다.

당신은 물의 신입니다. 당신은 당신을 보호하는 하늘의 신 누트로부터 태어났습니다.

오 당신은 삶의 신, 사랑의 군주입니다.

당신이 세상을 비추는 한, 사람들은 생명을 유지할 것입니다.

당신은 왕관을 쓴 모든 신들의 왕입니다.

누트 여신이 당신을 포옹하고, 무트 여신(아몬라 신의 아내)이 당신을 감싸 안을 것입니다.

당신을 따르는 모든 사람들이 당신을 찬양하고, 지상에 떠오를 때면 머리 숙여 인사드립니다.

당신이 동쪽 하늘에 떠오를 때, 천국의 군주, 지상의 군주, 진리의 왕, 부활의 군주, 영원의 왕자, 모든 신의 지배자, 삶의 신, 영원의 창조자, 하늘의 창조자, 당신을 찬양합니다.

당신이 지상을 비출 때, 지상은 환희에 차 있습니다.

사자들은 당신의 아름다움을 받아 매일 찬양을 드립니다.

당신은 매일 하늘과 지상을 왕래하며, 당신의 어머니 누트에 의해 매일 강해집니다.

당신의 심장은 기쁨으로 넘치고, 위대한 오아시스에는 물이 가득합니다.

적들은 무너지고 팔다리가 잘렸습니다.

마트에 의해 살아가는 아름다운 라여!

항구에는 밤의 태양선이 운행합니다.

동서남북이 당신을 찬양합니다.

오 당신은 제일의, 위대한 신입니다.

이시스와 네프티스는 태양선이 떠오를 때, 당신을 찬양하는 기쁨의 노래를 부르며 두 팔을 벌려 환영합니다.

동쪽의 영혼이 당신을 따르고, 서쪽의 영혼이 당신을 찬미합니다.

당신은 모든 신의 지배자입니다.

당신은 파괴자 나크 뱀*이 신전에서 불의 심판을 받는 것을 기뻐하고, 당신의 심장은 영원히 즐거워합니다.

당신의 어머니 누트도 당신의 아버지 누가 존경하고 있습니다.

오시리스 찬가

1. 아비도스의 위대한 신, 부활의 왕, 영원한 군주. 수백만 년을 여행하는 오시리스 운 네페르에 대한 찬가.

2. 당신은 누트의 자궁에서 태어난 첫째 아들입니다. 당신은 아버지 게브, 에르파트(원래는 종족의 추장을 뜻하나 여기서는 오시리스의 위대한 조상을 말한다)에 의해 태어났습니다.

당신은 왕관을 쓴 군주입니다. 당신은 고귀한 백관을 쓰고 있습니다. 당신은 신과 인간의 왕입니다.

3. 당신은 지배를 상징하는 왕홀과 도리깨를 갖고 있으며, 당신의 신성한 아버지가 갖고 있는 위엄을 이어받았습니다.

오! 기쁨으로 충만해 있는 그대는 사자의 왕국(흔히 아몬테트, 서쪽, 숨겨진 대지 등으로 불린다)에 거주합니다.

당신의 아들 호루스는 당신의 왕관을 확고하게 승계했습니다.

4. 당신은 부시리스의 군주로서 왕위에 올랐습니다. 그리고 지배자로서 아비도스에 거주하고 있습니다. 당신은 두 국가(상하 이집트를 말한다)를 번영시켰습니다.

5. 사실대로 말하자면, 당신은 우주의 군주입니다. 당신은 태초부터 우주를 지배했습니다.

6. '우주를 지배하는 사람'이라는 이름이 생기기도 전에 말입니다.

---

* 태양선이 저녁에 항해할 때 라 또는 오시리스를 위협하는 적들로는 괴물 뱀의 일종인 나크 뱀, 제7장에 등장하는 아아펩, 제33장의 테렉 뱀, 제36장에 등장하는 풍뎅이 아프샤이 등이 있다.

당신은 세케르(멤피스의 지방 신으로 죽음을 지배한다)의 이름으로 두 국가를 지배하고 있습니다. 당신의 힘은 사방에 뻗쳐 있고

7. 당신은 우사르(권력자라는 뜻) 또는 아사르(오시리스의 별명)라는 이름을 갖고 있습니다. 당신은 '운 네페르'란 이름으로 2헨티(120년, 1헨티는 60년) 동안 지배했습니다.

8. 왕 중의 왕, 군주 가운데 군주, 왕자 가운데 왕자 당신을 찬양합니다. 당신은 누트 여신의 자궁에서 태어나 두 국가를 지배했습니다. 당신은 내세를 지배했습니다.

9. 당신의 팔다리는 은으로 되어 있으며, 머리는 유리, 왕관은 터키색으로 만들어져 있습니다.

당신은 수백만 년의 생명을 가진 해와 달입니다.

10. 당신의 육체는 '세계'입니다. 오 신성한 대지에 있는 아름다운 얼굴이여!

내가 신성한 내세에서 영광을, 대지에서 힘을 얻도록 해주십시오. 원하옵건대 강을 건너

11. 살아 있는 영혼으로 부시리스까지 항해하고,

12. 강을 건너

13. 피닉스의 모습으로 아비도스까지 항해하여

14. 파괴되지 않고

15. 내세의 군주가 있는 성문까지 완전하게 통과할 수 있는 힘을 나에게 주십시오.

16. 그리고, 내세에서는 신성한 집(오시리스 왕궁)에 있는 빵을 주십시오.

17. 또한 케이크와 맥주, 헬리오폴리스의 신전에 바치는 공물과

18. 영원한 낙원에 있는

19. 밀과 보리를

20. 서기 오시리스 아니에게 주십시오.

4. 『사자의 서』 제1장~제190장

제1장 낮에 태양과 함께 출현하고 내세로 들어가고 나오기 위한 찬가

사자가 내세로부터 '태양 아래 출현'하고, 장례일에 오시리스를 찬양하며 하계로 들어가기 위한 장이 시작된다. 즉 사자가 오시리스를 찬양하고 내세로부터 태양신 라와 함께 태양선을 타고 태양 아래 모습을 드러내는 장이다. 삽화에는 사자의 집에서 묘로 이동하는 장례 과정이 묘사되어 있다.

제1장은 장례일에 사자의 영혼과 육체가 내세로 갈 수 있기를 기원하는 주문이다. 나비유가 편찬한 이우아우의 파피루스에는 사체를 손상시키는 아홉 마리의 벌레로부터 보호하기 위한 주문이 포함되어 있다. 이우아우는 아몬헤텝 3세의 장인이다. 삽화에는 사자의 미라가 누워 있는 관 앞에 서 있는 늑대 모양의 아누비스가 그려져 있다.

'태양 아래 출현하는 장'의 의미에 대해서는 앞에서 언급한 바 있다. 이것이 의미하는 것은 사자가 '태양이 밝게 빛나는 낮'에 현세로 다시 돌아온다는 내세의 부활 사상이다. 『사자의 서』에 기록되어 있는 부활의 절차는 모두 하계에서 일어나고 있다.

사자가 갈망하는 것은 자신이 원한다면 언제든지 어둠이 지배하는 하계를 떠나서 '태양이 밝게 비치는 낮'에 현세로 다시 돌아오는 것이다. 이집트인들은 오직 하나의 신만이 의지대로 하계를 떠날 수 있다고 믿었고, 그 신과 자신을 일치시키려고 노력했으며 이를 위해 현세로 되돌아올 수 있는 모든 수단을 갈구했다.

오시리스에 대한 찬양은 낭송을 직업으로 삼고 있는 케르헤브라는 신관이 다음과 같이 낭송하면서 시작된다. 케르헤브는 수단에 서는 '마법사', 이집트에서는 '경전을 들고 있는 사람'을 뜻하는 말로 곧 장의를 집전하는 최고의 사제다.

사자는 태양신이며, 토트 신이며, 오시리스와 호루스의 친척이며 오시리스의 척추이며, 셈의 사제입니다.

사자는 오시리스가 부활하는 의식을 행하는 데 커다란 역할을 했습니다.

오시리스가 적을 물리치고, 토트 신이 오시리스의 말을 진리로 전파했듯이, 사자 아니도 적을 물리치고 진리를 입증받았습니다.

케르헤브 신관의 의식 선포가 끝나면 '사자 아니'가 나서서 주장을 하게 된다.

나는 셈의 신관과 프타의 신관 역할을 충실하게 완수했습니다.
그리고 헬라클레오폴리스의 대지를 열심히 경작했습니다. 또한 호루스가 아버지 오시리스를 위해 적들을 살육했듯이 나는 적들을 용감하게 물리쳤습니다.

사자 아니가 오시리스에게 보내는 찬가는 다음과 같다.

1. 오시리스 아니, 서기 오시리스 아니가 기도합니다.
오시리스, 영원한 왕 토트 신이 나와 함께 하기를 기원합니다. 나는 태양선에 나란히 앉아 있는 위대한 신입니다.
2. 나는 진리의 말을 측정하는 날 군주의 적들 앞에서 나의 말을 입증받은 한 신으로서 군주를 위해 싸웠습니다.
3. 나는 오시리스 신의 친척입니다. 나는 오시리스의 적을 물리친 여신 누트의 아들 가운데 한 사람입니다.

한편, 나비유가 편찬한 제1장의 기도문은 다음과 같이 끝을 맺고 있다.

오 아몬테트의 군주이며 아비도스에 거주하는 오시리스 신에게 경배합니다. 천국의 군주가 저를 받아들인다면 그들은 나에게 "축하한다, 어서 오라"라고 말할 것입니다.
그들은 나를 위하여 오시리스 옆에 내 자리를 준비해놓을 것이며, 이시스와 네프티스도 나를 받아들일 것입니다.

이처럼 사자는 오시리스에게 경배하여 천국으로 향하기를 강렬히 원한다. 그러나 천국으로 향하는 길은 신의 도움 없이는 불가능하다. 이곳을 무사히 통과할 수 있는 방법은 하계를 지배하는 신, 길 안내자인 아누비스, 영원한 군주 오시리스의 도움을 받아야 하고 그 때문에 오시리스의 추종자가 되는 것이다.
제1장의 삽화는 아니의 것으로서 묘지로 가는 행렬과 그 의식을

상단의 그림은 두 마리의 소와 네 명의 신관들이 썰매 위에 놓인 사자를 끌고 가고 애도하는 사람들이 뒤를 따르는 모습이다. 하단의 그림은 사자가 피라미드 형태의 분묘에 도착한 후의 장면으로 셈 신관과 아누비스가 서 있고, 미망인 투투가 무릎 꿇고 애도하고 있다.

담고 있다. 삽화의 위쪽은 사자가 배 모양의 썰매 위에 미라 형태로 뉘어 있고, 두 마리의 암소가 끌고 있다. 사자의 미라 앞에는 네프티스와 이시스 여신이 수호하고 있으며, 옆에는 부인 투투가 애도하고 있다. 썰매 앞에는 표범가죽 옷을 입고 향을 태우며 물을 뿌려 정화시키는 프타 신전 소속의 셈의 신관이 서 있다. 그리고 썰매 뒤에는 여덟 명의 남자들이 있고 그 뒤로는 하인들이 아누비스 신을 얹은 작은 관을 끌고 있다. 그 위에는 사자의 유품인 침대, 팔레트, 향유병을 든 사람들이 묘사되어 있다.

　아래쪽의 삽화는 장례 행렬이 묘지에 도착한 광경을 묘사한 것이다. 피라미드 형태로 만든 분묘의 입구에 길 안내자인 아누비스 신이 사자의 미라를 들고 있으며, 그 앞에 사자의 부인 투투가 앉아서 울고 있다. 표범가죽 옷을 입은 셈의 신관이 입을 여는 의식을 하는 데 사용되는 우르헤카우를 손에 들고 있으며 낭송을 전문으로 하는 케르헤브 신관이 장의문을 낭송한다. 그 뒤에는 장의의 향연에 사용되는 소와 제물이 놓여 있고, 애도하는 무희들이 가슴을 치고 있다. 맨 뒤에는 신에게 바치는 술, 향료, 미라에 그려넣을 물감 통을 들고 있다.

다음은 렙시우스가 편찬한 제1장의 주문이며 사자가 오시리스의 축제에도 참석했으며 오시리스 앞에서 정직하다는 것을 고백하면서 부활하여 내세에서 살아갈 수 있기를 강력히 기원하고 있다.

1. 오 내세를 지배하는 오시리스를 찬양합니다. 영원을 지배하는 토트 신이 나와 함께 있습니다. 나는 당신을 위해 싸웠고 나는 진리를 말하는 위대한 신입니다.

2. (나는) 양을 계량할 때 적들 앞에 서 있는 오시리스입니다. 나는 오시리스의 친척입니다. 나는 여신 누트에게서 태어난 위대한 신 가운데 하나입니다.

3. 누트 여신은 오시리스의 적들인 세바우의 악마들을 쇠사슬로 채우고 타격을 준 신입니다. 나는 호루스의 친척입니다. 나는 호루스를 위해 싸웠고, 그 이름을 빛내기 위해 왔습니다. 나는 토트 신으로서

4. 오시리스 법정에서 심판할 때, 적들 앞에서 오시리스의 말이 진리라는 것을 입증하는 신입니다. 나는 낙원에 있는 라의 위대한 집에 거주하고 있습니다. 나는 테티(오시리스와 결합한 고대의 신)이며, 테티 신의 아들입니다. 나의 어머니는 부시리스에서 나를 임신했고,

5. 출산했습니다. 나는 사자 오시리스를 위해 머리를 풀어헤치고,

애도하는 여인과 함께 있습니다. 그리고 그 여인은 적들 앞에서 사자 오시리스의 말이 진리임을 입증했습니다.

6. 적들이 보는 앞에서 라는 토트 신에게 사자 오시리스의 말이 진실하다는 것을 보증했습니다. 라가 오시리스를 보호했던 것처럼, 토트 신이 나를 보호해줄 것입니다. 나는 오시리스 축제일에 그를 기념하는 예복을 차려입고 호루스와 함께 있습니다.

7. 나는 죽음의 신 세케르가 지배하는 라스타 신전의 문을 열었습니다. 나는 레토폴리스(오시리스의 성스러운 왼쪽 어깨를 보존하는 신전이 위치한 멤피스 북쪽의 도시)에서 호루스와 함께 있습니다. 나는 세트를 신봉하는 악의 무리들을 파멸시키는 날, 불꽃의 신이 사는 곳에 신들과 함께 서 있었습니다.

8. 나는 헬리오폴리스에서 거행되는 오시리스 축제일 육 일째에 포도주와 빵, 공물을 바치고, 칠 일째에 바구니에 음식을 담아 신에게 바칠 때 호루스와 함께 참석했습니다.

9. 나는 오시리스왕국에 거주하는 신관입니다. 나는 죽음의 신 세케르가 지배하는 라스타우에서 신을 만났습니다. 나는 레토폴리스에서 거행된 오시리스 축세에서 축배 기도를 낭송했습니다.

10. 나는 의식을 집전하는 셈 신관이며, 의무를 수행했습니다. 나는 '프타 신의 사제'(우르케르프헴)로서 레토폴리스에서 성스러운 썰매가 달린 세케르의 배船를 띄우는 임무를 맡고 있습니다. 나는 헤라클레오폴리스 마그나에서 분묘를 만드는 날, 분묘 도구를 갖고 있습니다.

11. 오! 오시리스왕국에서 사자의 영혼을 교화하는 당신을 찬양합니다. 사자가 내세에서 당신과 함께 있기를 기원합니다. 당신이 보고 듣는 것처럼 사자가 들을 수 있고, 볼 수 있게 해주십시오.

12. 당신이 서고 앉아 있는 것처럼 사자도 서고 앉아 있을 수 있도록 허락해주십시오. 당신을 찬양합니다. 오시리스의 왕국에서 케이

크와 맥주를 주고 영혼을 승화시키는 당신이여! 사자의 영혼에게 매일 아침저녁으로 케이크와 빵을 주십시오. 사자는 아비도스의 군주인 오시리스 앞에서 정직해질 것입니다.

13. 오시리스의 왕국에서 영혼을 승화시키기 위해 내세로 가는 길을 인도하고, 영혼을 오시리스 앞으로 안내하는 당신을 찬양합니다. 신들에게 바치는 공물을 기록하는 당신을 찬양합니다.

14. 내세에서 오시리스와 함께 거주하고 평화롭게 지낼 수 있도록 허락해주십시오. 그리고 내세에서

15. 어떤 반대도 하지 않고 사자를 받아주십시오. 오시리스가 사자를 받아들이고 순수성을 인정해주길 기원합니다. 사자가 오시리스왕국에서 명령하며 당신과 함께 여행하고 승리할 수 있게 해주십시오. 양심이 타조의 깃털과 균형을 이룰 수 있도록 해주십시오.

16. 수많은 사람들이 험담하는 말로 나를 평가해서는 안 됩니다. 나의 영혼은 순수합니다.

17. 태양이 뜰 때 나는 오시리스로부터 인정받고 순수한 영혼을 갖게 될 것입니다. 오! 신의 군주 앞에 갈 수 있게 하고, 오! 삶을 부여받은 신과 같이 내 자리를 차지할 수 있게 하고, 내세에서 동료 신처럼 빛을 발할 수만 있게 하여주십시오. 내가

18. 당신과 같이 동등해질 수 있게 해주십시오. 내가 케라하(나일 강의 동쪽에 있는 도시)에서 걸어다닐 수 있게 하고, 하늘을 유람하는 신성한 오리온 신이 타고 있는 밤의 태양선을 볼 수 있게 하고, 내가 내세에서 거부당하지 않게 하고, 내세의 군주를 알현할 수 있게 해주십시오.

19. 동료신들이 여러 번의 강독을 통해서 내가 위대한 신들이 먹는 음식 냄새를 맡을 수 있게 하고, 신들과 함께 앉아 있게 해주십시오. 공물대 앞에 있는 케르헤브 신관이 나의 이름을 호명하고 공물이 바쳐질 때 소원을 이룰 수 있도록 해주십시오.

20. 오시리스의 배에 다가갈 수 있게 하고, 나의 군주가 나의 심장을 거부하지 않게 해주십시오. 아비도스에 거주하는 당신을 찬양합니다. 내가 평화롭게 내세에 도착할 수 있도록 허락해주십시오.

21. 내세를 지배하는 오시리스가 나를 받아들이고, 나에게 "축하한다. 축하한다. 어서 와라, 어서 와라"고 말하며 오시리스 옆에 앉아 있게 해주십시오. 이시스와 네프티스가 나를 기꺼이 받아들이게 하고 내가

22. 운 네페르 옆에 앉아 있게 해주십시오. 나는 멤피스와 부시리스에 있는 호루스의 추종자가 되었습니다. 나는 나의 심장이 원하는 곳이라면 어디든지 갈 수 있도록 전생轉生할 것입니다.

23. 사자가 이 주문을 알게 되고, 주문을 관 위에 기록한다면, 그가 기원하는 날에 부활하고 신들로부터 따돌림을 당하지 않고 거주하면서 케이크와 맥주를 먹을 수 있을 것이다.*

앞의 주문 가운데 제8절에 나오는 오시리스의 축제는 기원전 2040년 이후 중왕국 시대부터 아비도스에서 매년 개최되었다. 아비도스는 오시리스의 시신 일부를 보관한 '오시레온 신전'이 있고, 토착신이었던 켄티 아멘티가 오시리스와 결합하여 오시리스의 고향이 되면서 파라오를 비롯한 일반인들이 성지로 받든 곳이다. 이집트인이 생각하는 아비도스는 기독교인이 예루살렘이나, 회교도가 메카를 성지로 간주하고 있는 것과 같은 곳이다.

이러한 이유로 아비도스에서는 오시리스의 죽음과 부활, 영생의 수난극을 포함한 축제가 일주일 이상 지속되었고 수난극은 전체가 8막으로 구성되어 전개되었다고 전해진다.

---

* 이 절은 주해에 해당하며, 이는 이 주문을 외워야만 오시리스가 있는 내세에서 지낼 수 있다는 부활의 조건을 제시한 것이다.

제1막은 하루 동안 진행되며 장의의 신 오시리스를 적들로부터 보호하는 장면이다. 제2막은 오시리스가 배 위에 승선하고 순례자가 함께 동승한다. 제3막은 오시리스가 수난을 겪게 되는 장면이다. 제4막은 토트 신에 의해 오시리스의 유해를 발견하는 장면이 나온다. 제5막은 오시리스를 매장하는 연출이 이어진다. 제6막은 군중들이 아비도스의 분묘에 모여서 오시리스를 장례 지내는 장면이다. 제7막은 아비도스의 호숫가에 오시리스의 아들 호루스가 악의 신 세트에게 복수하는 장면이 펼쳐진다. 제8막은 오시리스가 부활하여 아비도스의 신전에 걸어들어가는 장면이 연출되면서 막을 내린다.

아비도스는 오시리스의 고향으로 숭배되면서 모든 사람들은 일생에 단 한 번이라도 순례하기를 희망했던 곳이다. 따라서 오시리스의 축제가 열리면 감동적인 수난극을 보기 위해서 전국에서 순례자들이 몰려오고 순례자들은 신에게 영생을 기원하는 관습이 생겨났다. 아비도스에 있는 세티 1세의 장제전도 세티 1세가 아비도스 성지를 순례한 기념으로 건축한 것이며, 람세스 2세의 신전도 오시리스를 위해 만들어진 것이다.

카인과 아벨을 연상케 하는 세트에 의한 오시리스의 살해와 수난, 이시스와 네프티스에 의한 부활, 영생의 드라마는 이집트 학자들의 견해에 따르면 후대에 가서 유대교에 많은 영향을 미친 것으로 알려졌다.

제2장 낮에 출현하고 사후에 부활하기 위한 주문

제2장은 사후 부활을 위해 태양 아래 다시 현세의 모습을 드러내는 장이며, 하늘을 날기 위한 힘을 부여받기 위해 다음과 같은 짧은 주문을 낭송한다. 삽화에는 막대기를 든 채 서 있는 사자의 모습이 그

려져 있다. 제3장과 제4장도 동일한 주제를 담고 있다.

1. 낮에 출현하고 사후 부활하는 장. 오시리스 아니가 낭송합니다. 빛나는 달의 신을 찬양합니다.

2. 빛나는 달의 신을 경배합니다. 오시리스 아니가 현관 입구에 있는 많은 사람들과 함께 태양으로 나갈 수 있게 허락해주십시오.

3. 그리고 빛의 신과 함께 승선할 수 있게 해주십시오. 그리고 천국의 문이 열리게 해주십시오. 보십시오. 오시리스

4. 아니는 살고 있는 모든 사람 가운데서 자신이 원할 때 모든 것을 할 수 있도록 태양 아래 모습을 드러낼 것입니다.

제3장 낮에 출현하고 사후에 부활하는 또다른 주문

제2장과 같은 내용이다. 삽화는 생략되어 있다. 나비유가 편찬한 『사자의 서』에는 제2장과 제3장을 합하여 하나의 주제로 되어 있다.

2. 깊은 심연에 있는 위대한 아툼 신을 찬양합니다. 당신은 쌍둥이 사자獅子 신 슈와 테프누트의 모습으로 영광스럽게 빛나고 있습니다. 당신이 가지고 있는 마법의 말을 다른 사람들에게 주십시오.

3. 그리고 오시리스 누우가 그들과 함께 들어갈 수 있도록 허락해주십시오. 그는 저녁 무렵 어부에게 명령했고,

4. 진리를 말하는 오시리스 누우에게 명령해서 매일 낮 출현하는 라와 같이 죽은 후에도 살아갈 것이라고 말했습니다. 보십시오. 라는

5. 어제 태어났고, 오시리스 누우도 어제 태어났습니다. 그들은 누우의 부활에서 기쁨을 느끼고 있습니다.

6. 그들이 헬리오폴리스에서 위대한 신이 사는 집으로부터 출현

할 때 그들이 프타 신의 삶 속에서 기쁨을 누리듯이 말입니다.

제4장 지상을 통과하기 위한 주문

지상을 통과하기 위한 주문이다. 삽화는 생략되어 있다. 포크너가 편집한 이 장의 주문은 다음과 같다.

나는 홍수 때문에 갇혀 있습니다. 나는 영혼들을 심판하는 사람입니다. 그러나 오시리스처럼 나는 적들을 물리치고 왔습니다.

제5장 하계에서 일을 하지 않기 위한 주문

사자가 하계에서 농사짓는 일을 회피하기 위한 장이며 삽화에는 사자가 무릎 꿇고 있는 모습이 그려져 있다. 포크너가 편집한 이 장의 주문은 다음과 같다.

무기력한 사람의 팔에서 일어섰습니다. 나는 헤르모폴리스에서 왔습니다. 나의 영혼은 살아 있습니다. 나는 원숭이의 심장으로 창생되었습니다.

제6장 인간을 위해 일하는 우샤브티우를 만들기 위한 주문

하계에서 인간을 위해 일하는 우샤브티우를 만들기 위한 장이다. 삽화에는 우샤브티우가 그려져 있다.

우샤브티우는 진시황의 무덤에서 출토된, 흙으로 빚어서 구워 만든 토용土俑과 흡사한 것이다. 즉 사자가 내세에서 살아가는 데 필요한 가신과 몸종, 심부름꾼 등을 목제나 점토, 돌, 금속을 사용하여 미라로 만들어 사자와 함께 매장한 인형이 바로 우샤브티우이다. 주로 오시리스 신앙이 자리 잡았던 제12왕조 이전에 이와 같은 순장殉葬 풍습이 행해졌다. 제19왕조의 파라오였던 세티 1세의 왕묘에서는 무려 칠백 개의 우샤브티우가 출토되어 사람들을 놀라게 했다. 그것은 현재 대영박물관에 보관되어 있다.

　　내세에서 일을 금지하고 우샤브티우를 만드는 장. 진실을 말하는 오시리스 아니가 우샤브티우에게 경배합니다. 오시리스 아니가 내세에서 밭을 갈거나, 호수에 물을 채워넣거나 모래를 동쪽에서 서쪽으로 퍼 나르는 일을 해야 한다고 선포되면 나는 모든 우샤브티우를 없애버릴 것입니다

　　(이때 우샤브티우가 나서서 대답하길) 내가 기꺼이 그 일들을 할 것입니다. 나는 당신이 부를 때마다 여기에 있겠습니다.

제7장 도사리고 있는 괴물로부터 통과하기 위한 주문

저주받은 사악한 신으로서 커다란 뱀 모양을 한 괴물(아아펩Aapep)을 퇴치하고 통과하기 위한 주문이다. 삽화에는 사자가 뱀을 찌르는 모습이 묘사되어 있다. 이 장은 제15장, 제16장에 종속된 장이며 제16장에 상세한 설명을 부가하였다. 포크너가 편집한 주문은 다음과 같다.

　　오 당신은 강도를 당해 창백하고 움직이지 못하고 있습니다. 나는

당신을 위해 방관하지도, 우유부단하지도 않을 것입니다. 당신의 독이 나의 동료에게 침투되어서는 안 됩니다. 그들은 아툼의 동료입니다. 만약 내가 당신을 위해 일한다면 당신은 나의 동료들에게 독을 침투시켜서는 안 됩니다.

나는 깊은 심연 속에 있는 아툼입니다. 나는 신, 영원의 신으로부터 보호받고 있습니다. 나의 이름은 비밀입니다. 나는 카오스 신 보다도 더 신성한 왕관을 쓰고 있는 신 가운데 하나입니다. 나는 아툼과 함께 통과할 것입니다. 나는 당신으로부터 신문을 받지 않을 것입니다. 나는 활력이 넘칩니다. 나는 건강합니다.

제8장 아몬테트로 가는 길, 낮에 출현하는 길을 만들기 위한 주문

사자가 오시리스 법정을 통과하여 태양 아래 그 모습을 드러내기 위한 주문이다. 원래 아몬테트는 태양이 지는 곳을 뜻했으나 점차 나일의 서쪽 강변에 세워진 분묘를 가리키는 것으로 변했다. 따라서 이장은 사자가 사후에 자기의 묘실로부터 오시리스왕국에 가서 심판을 받고 부활하기 위한 희망이 담겨져 있다. 삽화에는 사자가 서 있는 모습이 장식되어 있다.

1. 아몬테트로 가고, 낮에 출현하는 길을 만들기 위한 장. 오시리스 아니가 경배합니다. 헤르모폴리스는 개방되어 있습니다. 나의 머리는

2. 봉인된 토트 신입니다. 완전한 것은 호루스의 두 눈입니다. 나는 라의 눈썹 위에 빛나는 호루스의 두 눈으로부터 태어났습니다.

3. 라는 모든 신들의 아버지입니다. 나는 천국에 거주하는 오시리스입니다.

왼쪽 그림은 사자 아니가 서쪽을 상징하는 매와 타조 깃털이 있는 곳으로 걸어가는 장면(제8장)
오른쪽은 사자 아니가 아테프 왕관을 쓴 숫양 머리의 신과 연꽃을 찬양하는 장면(제9장)

4. 나는 신들과 함께 거주하는 달의 신입니다. 나는 죽지 않고 다시 일어섰습니다. 오 호루스여, 당신은 모든 신들 가운데 가장 고귀합니다.

제9장 내세로 가기 위한 주문

사자가 분묘를 나와서 태양 아래 모습을 드러내는 장이다. 삽화에는 사자가 숫양을 경배하는 장면이 그려져 있다. 이 장은 사자가 죽음의 신 세케르가 지배하는 왕국으로부터 벗어날 수 있도록 힘을 부여받아 무사히 통과하고 오시리스 앞에 나가기 위한 주문이다. 사자가 죽음의 길을 통과하기 위해서는 "나는 수티, 즉 세트의 목을 찔러 죽였다"라는 주문을 외워야 한다.

1. 아몬테트로 가고, 낮에 출현하는 길을 만들기 위한 장. 진실한 네페루벤푸 사제가 말합니다.

2. 공포의 절대자인 영혼이여, 나는 그대를 위해 여기 왔습니다. 나는 그대를 보기 위해 왔습니다. 나는 내세로 가지 않을 수 없습니다. 나는 나의 아버지 오시리스를 보았습니다. 나는

3. 어둠을 벗어나야 합니다. 나는 당신을 좋아합니다. 당신은 세트의 심장을 계량했습니다. 나는 나의 아버지 오시리스를 위해 헌납했습니다. 나는

4. 하늘과 지상에 있는 모든 길을 열었습니다. 나는 당신을 존경하고, 또 여기에 왔습니다. 나는 영체靈體, 영혼이 될 것입니다. 모든 신과 영혼을 축하합니다. 나는 길을 만들 것입니다. 나는 토트 신입니다.

제10장 내세에서 적들을 물리치고 낮에 출현하기 위한 주문

이 장의 주문은 제48장과 동일하며 내세에서 적들을 물리치고 낮에 출현하기 위한 장이다. 포크너나 벗지가 편찬한 주문은 대동소이하며 백만 년을 살 수 있는 마법의 말을 가진 사자가 대지와 하늘을 횡단하여 태양 아래 출현하게 된다는 내용이 담겨져 있다. 다음은 포크너가 편집한 주문이다.

나는 마법과 무수한 별을 가지고 있습니다. 나는 하늘을 발견하고 수평선을 가로질렀고, 지상을 횡단했고, 위대한 영혼을 가졌습니다. 나는 내 입으로 먹을 수 있고, 일어설 수 있습니다.

아니의 파피루스에 나오는 주문은 다음과 같다.

1. 내세에서 적들을 물리치고 낮에 출현하는 장. 오시리스 아니가 찬양합니다. 나는 하늘을 가로질렀습니다. 나는

2. 수평선을 갈랐습니다. 나는 발길이 닿는 대로 지상을 횡단했습니다. 나는 전능한 영혼을 정복했습니다. 왜냐하면

3. 나는 백만 년 동안 사용할 수 있는 마법의 말을 지니고 있기 때문입니다. 나는 입으로 먹을 수 있고, 배설할 수 있습니다.

4. 보십시오. 나는 내세의 신이 되었습니다. 이 모든 것들이 실패나 소멸되지 않고 오시리스 아니에게 부여되었습니다.

제11장 내세에서 적을 물리치고 현세로 출현하기 위한 주문

이 장은 사자가 하계에서 만난 적을 항복시키고 태양 아래 출현하기 위한 주문이다. 삽화는 테베 텍스트와 사이테 텍스트에 모두 생략되어 있다. 이 주문은 누우의 파피루스에 나오는 것으로 적들을 물리치고 아툼, 프타, 호루스와 같은 능력을 부여받아 태양과 함께 출현하는 내용으로 되어 있다.

1. 내세에서 적을 물리치고 출현하는 장. 오시리스 누우가 경배합니다.

2. 아마프(팔을 먹는 신)를 경배합니다. 나는 하계를 통과하였습니다. 나는 라입니다. 나는 적들을 물리치고 지평선으로부터 왔습니다. 나는 적들이 도망가는 것을 허용하지 않았습니다.

3. 나는 왕관을 쓴 군주와 같이 나의 손을 폈습니다. 나는 자신들의 몸을 위로 쳐들어올리는 우라에이 여신과 같이 나의 발로 일어섰

습니다.

4. 적들이 나에게 항복하고, 또 도망치지 못하도록 했습니다. 나는 호루스와 같이 일어섰고, 프타 신과 같이 앉아 있습니다. 나는 토트 신과 같이 강합니다.

5. 나는 아툼 신과 같이 전능합니다. 나는 다리로 걸을 수 있고, 입으로 말할 수 있습니다. 나는 적들을 쫓아내고 그들은 나에게 항복했으며 나에게서 도망갈 수 없습니다.

제12장 현세로 나오고, 내세로 들어가기 위한 주문

오시리스왕국에서 자유로운 활동을 보장받기 위해 라에게 드리는 주문이다. 삽화는 생략되어 있다.

오 라 신이여, 당신을 찬양합니다. 게브의 목에 있는 비밀의 문을 지키는 라여

(사자의 심장을) 매일 저울로 달아서 균형을 측정하고, 게브 신의 목에서 비밀의 문을 지키는 보호자여,

나는 지상을 통과하여 여기를 통과하도록 허락받았으며 늙어가고 있습니다.

제13장 내세에서 나오고 들어가는 장

내세에서 자유로운 활동을 보장받기 위한 주문이나 사이테 텍스트에만 설명이 추가되어 있고 삽화는 테베 텍스트와 사이테 텍스트 모두에 생략되어 있다.

인간의 일원으로 나는 나 자신에게 모든 것을 쏟았습니다.

나는 매로 변했고, 라 신을 찬양하는 피닉스로 태어났습니다. 아름다운 서쪽으로 들어갈 수 있도록 나에게 길을 열어주십시오.

나는 호루스가 사는 호수에 예속되어 있습니다. 나는 호루스의 사냥개를 줄로 묶어놓았습니다. 나에게 길을 열어주십시오.

나는 삶의 군주 오시리스를 찬양하러 가야 합니다.

제14장 신의 마음속에 분노를 제거하고 사자를 존중하기 위한 주문

사자를 맞이하면서 신의 마음속에 있는 분노를 제거하기 위한 주문이다. 이 장과 관련된 삽화는 사이테 텍스트. 테베 텍스트에서도 생략되어 있다.

당신을 찬양합니다. 권능을 이어받은 비밀의 군주여, 사자가 낭송합니다.

나에게 분노를 나타내는 신에게 말합니다. 잘못은 다 씻어버리십시오. 즉시 흘려버리십시오.

오 정의의 군주여!

나에게 해가 되는 행위를 그만 중지하십시오. 오 당신은 정의의 신 가운에 하나이며, 나에게는 영광스러운 신입니다.

당신을 위해 나의 사악함을 제거할 것입니다.

오 전능한 군주, 공물을 받는 군주여!

나는 당신에게 화해의 공물을 바쳐, 그것으로 살아가게 하고 나도 그것으로 살아갈 것입니다.

인자한 신이여!

당신의 마음속에 품고 있는 나에 대한 모든 분노를 제거하십시오.

제15장 수평선에 태양이 떠오를 때, 삶의 대지에 안치될 때 드리는 라의 찬가

동쪽 하늘 수평선에 태양신 라가 나타날 때 오시리스에 대한 찬가와 헌시를 낭독하는 주문이다. 이 장은 삶의 대지에 라가 나타날 때 부르는 찬가이며, 태양을 배경으로 한 삽화가 있다. 그 외에도 천국의 서쪽 지평선에 모습을 드러내는 라·하르마키스를 찬양하는 주문과 하계의 비밀 장소를 통과하여 지하세계의 계곡이 있는 곳을 향해 가기 위한 주문이 있다. 삽화에는 신 또는 사자가 뱀을 찌르는 장면이 그려져 있다.

이 장은 태양신이 아침에 떠오를 때, 사자도 하늘에 함께 드러나고자 하는 희망을 기원하는 주문이다. 라의 빛이 사자를 묘에서 이끌어내게 되면 새로운 삶을 시작하고 라의 신봉자가 된다. 이때 사자는 "나는 태양신이 이 지상에 출현할 때, 그대를 경배하는 사람 가운데 한 사람입니다"라고 주문을 외운다.

처음에 사자는 라와 오시리스를 신봉하기 어렵지만 그가 라의 보트에서 밤을 여행하는 동안 보호받은 사실에 찬양을 하게 된다. 여기서 라와 오시리스는 동일 인물을 두 가지 형태로 표현한 것이다. 라는 낮 동안 세계를 지배하는 신이며, 오시리스는 저녁을 지배하는 신으로 시간상의 구분일 뿐이다. 사자가 라를 찬양하면 라는 사자에게 이렇게 말한다.

너는 천국에 나타날 것이다.
너는 별의 신들과 함께 하늘을 여행할 것이다.

너는 태양선에 함께 승선할 것이다.

너는 하계를 여행하는 동안 죽음의 신들을 보게 될 것이다.

라의 찬가는 헬리오폴리스 신관들이 낭송하면 신도들이 따라 부르는 연도連禱 형식으로 이루어졌다. 렙시우스가 편찬한 아우팡크의 파피루스에 등장하는 라의 찬가는 다음과 같이 열 개로 이루어져 있으며, 주문 가운데 나오는 적들은 헬리오폴리스 신전에 갇힌 포로, 죄수들을 일컫는 세바우, 괴물 뱀 아아펩을 말한다. 다음은 렙시우스가 편찬한 아우팡크의 파피루스 가운데 제15장 제29절 상단에서부터 제33절 하단에 이르는 연도를 해석한 것이다.

29절 상단. 당신을 찬양합니다. 오! 아툼에서 온 그대여, 당신은 신을 창조하신 분입니다.

30절 상단. 당신을 찬양합니다. 오! 당신은 내세의 모든 영혼 가운데 오직 거룩한 영혼입니다.

31절 상단. 당신을 찬양합니다. 오! 당신은 그대의 아름다움으로 내세를 비추는 지배자입니다.

32절 상단. 당신을 찬양합니다. 오! 당신은 둥근 태양 원반을 두르고 여행하는 빛의 신입니다.

33절 상단 및 중단. 당신을 찬양합니다. 오! 당신은 모든 신들 가운데 가장 위대하고, 천국에서 왕관을 쓰고 있는 왕이며, 내세의 지배자입니다.

29절 하단. 당신을 찬양합니다. 오! 내세의 길을 만들고 모든 성문으로 길을 인도하는 신입니다.

30절 하단. 당신을 찬양합니다. 오! 당신은 오시리스왕국의 법정에서 양심을 측정하는 신 가운데 제일 위대한 신입니다.

31절 하단. 당신을 찬양합니다. 오! 당신은 비밀의 왕국에서 거주하며, 그대의 권능으로 내세를 지배하는 신입니다.

32절 하단. 당신을 찬양합니다. 오! 당신은 위대한 군주 전능한 신이여, 적들은 당신에게 패한 곳에서 죽었습니다.

33절 하단 및 중단. 당신을 찬양합니다. 오! 당신은 악령의 군단인 세바우를 격퇴하고 괴물 아아펩을 물리친 신입니다.

진리를 말하는 오시리스 아우팡크가 북쪽의 시원한 바람을 맡을 수 있도록 해주십시오.

제16장 제15장의 삽화

오래된 파피루스에서 도입부는 항상 사자를 심판하는 왕 오시리스에 대한 찬가로 시작된다. 그러나 제17왕조 말이 되면 라 또는 아몬 라는 테베에서 절대적인 영향력을 발휘했고, 라에 대한 찬가는 명예의 전당에 오르게 되었다.

라에 대한 찬가는 케페라와 기타 우주의 위대한 신과 인사하는 형식으로 되어 있다. 밤의 세계에서 여행하여 다음날 아침 동쪽에 출현하기 위해서 태양신 라는 무수한 괴물을 물리쳐야 하는데 사자는 라가 괴물을 무찌를 수 있도록 찬양한다. 내세에서는 라의 호적수인 괴물 아아펩을 패퇴시키는 것을 자랑스럽게 축하하고, 사악한 모든 적들을 물리치는 것을 찬양한다.

괴물 아아펩은 일반적으로 둥근 태양을 삼키기 위해 웅크리고 있는 악어 거대한 이무기인 반점 무늬의 파이돈Python, 태양신을 상징하는 나귀를 물고 있는 거대한 뱀의 형태로 형상화되어 있다. 파이돈은 오시리스를 살해한 악의 신 세트를 상징하는 것이기도 하다. 희랍 신화에서는 아폴로 신이 델피 신전에서 거대한 이무기를 퇴치한 것과 유사한 내용이 나오는데, 그것은 아마도 이집트의 영향을 받은 것으로 보인다.

제17장 아름다운 하계로 들어가고 여기에서 나와 태양 아래 출현하며, 찬미와 축복을 받으며 살아 있는 영혼으로 되돌아오고, 사자가 원하는 형태로 변하고 묘실에서 유희하기 위한 주문

사자가 아름다운 아몬테트의 하계로 들어가고, 오시리스 법정에서 심판을 받은 영혼이 라의 태양선을 타고 태양 아래 출현하며 또한 사자가 원하는 형태로 변화하고 묘실에서 유희하며 찬미와 축복을 받으며 살아 있는 영혼으로 되돌아오기 위한 주문이다.

삽화에는 '어제와 오늘의 사자'가 선상에서 유희하며 사자상獅子像의 신을 숭배하고 있는 모습과 오시리스의 관 위에 이시스와 네프티스의 모습이 그려져 있다. 어제는 오시리스가 세트에 의해 살해된 후 아들인 호루스에게 왕관을 물려주고 새로운 왕국을 세운 날이며, 오늘은 천국의 군주인 오시리스가 아버지 라를 만나는 날이다.

이때 사자는 어제의 오시리스와 같이 살해되지 않기 위해 영혼과 심장을 앗아가는 밤의 신을 향해 기도를 하며, 또한 오늘 다시 태양으로 출현하는 라를 향해 기도하며 자신을 위대한 아툼, 라, 누 신과 동일한 신이 되고자 하는 강렬한 원망願望을 기도한다.

5. 나는 떠오르는 아툼 신입니다. 나는 절대자입니다.

6. 나는 태초의 물 속에서 존재하는 절대자입니다. 나는 세계의 지배자이며 아침이면 떠오르는 라입니다.

7. 나는 누구입니까. 대관식을 위해 왕관을 쓰듯이 헬라클레오폴리스의 도시에서 떠오르는 라입니다.

8. 라가 카메누에 거주하는 계단 위에 있을 때까지 슈 신의 기둥은

아직 만들어지지 않았습니다.

10. 나는 누와 같이 위대한 신입니다. 심지어 모든 신들의 동료로서 유명한 누 신과 같습니다.

24. 나는 누구입니까. 나는 오시리스입니다. 다른 사람들은 그 이름이 라이며 아몬테트에 거주하는 신들은

25. 라의 남근으로서 그와 결합한다고 말합니다. 나는 피닉스이며

26. 헬리오폴리스에 거주하고 있습니다. 나는 기록되고, 또 기록되어질 운명의 책을 지키는 사람입니다.

제18장

이 장은 주제가 없고, 사자가 오시리스 신앙을 갖고 있는 각 도시에 속하는 신들을 경배하는 삽화가 장식되어 있다.

먼저 신관들이 신에게 사자 아니가 오시리스와 함께 천국에서 살수 있도록 기원하고 다음에는 사자 아니가 이집트의 도시를 지배하는 지방신들에게 두 팔을 올려 경배한다. 아니는 아비도스에 있는 오시리스, 천국의 오시리스 신, 헬리오폴리스의 아툼, 슈, 테프누트, 오시리스, 토트 신 등에게 신성을 모독하는 일과 거짓말을 하지 않았다고 고백한다.

이 장은 필자가 아니의 파피루스의 도입부와 네브세니의 파피루스의 본문을 바탕으로 재구성했다. 아니의 파피루스에는 신관 안무테프, 사메르프가 사자 아니를 오시리스에게 소개하며 강독하는 도입부만 있다. 따라서 본문은 네브세니의 파피루스에 의한 것이다.

안무테프 신관의 강독
1. 천국과 지상에 거주하는 위대한 오시리스 신이여, 나는 당신에

게 왔습니다.

2. 내세에 거주하는 오시리스여, 나는 오시리스 아니를 당신에게 데리고 왔습니다. 그는 모든 신들 앞에서 신들이 싫어하는 어떤 행동도 하지 않았다는 것을 고백합니다. 그가 군주와 함께 매일 살아갈 수 있도록 허락해주십시오.

3. 서기 오시리스 아니가 라스타의 군주, 내세에 살고 있는 위대한 신의 동료 오시리스를 경배합니다.

4. 아비도스에서 거주하는 켄티 아몬티의 신, 운 네페르 오시리스를 찬양합니다. 나는 당신에게 왔습니다. 나의 심장은 진실합니다.

5. 나의 육체는 어떤 죄도 범하지 않았습니다. 나는 거짓말을 하지 않았습니다. 나는 이중적인 태도를 취하지 않았습니다. 나에게 케이크를 주십시오.

6. 내가 진리의 군주가 있는 제단에 설 수 있도록 해주시고, 내세로부터 오고 가고 할 수 있도록 해주시고, 나의 영혼을 빼앗아가지 마십시오. 나에게 태양을 주시고,

7. 영원한 달을 주시기 바랍니다.

사메르프 신관의 강독

1. 나는 당신에게 왔습니다. 라스타에 거주하는 오시리스 신이여, 나는 당신에게 오시리스

2. 아니를 데리고 왔습니다. 그에게 케이크와 물, 공기를 주시고, 호루스의 추종자로서 낙원에 거주할 수 있도록 허락해주십시오.

3. 서기 오시리스 아니의 말은 진실하며 영원한 군주, 차차우 신, 라스타의 군주인 오시리스를 경배합니다.

4. 내세의 왕 아케르트의 지배자 오시리스를 경배합니다. 나는 당신에게 왔습니다. 나는 당신의 계획을 알고 있습니다.

5. 나는 당신이 내세에서 변하게 되는 모습으로 변했습니다. 나에게 진리의 군주 옆에 설 수 있도록 내세에서 앉을 자리를 만들어주십시오.

6. 내가 낙원에서 머물고, 당신 앞에서 케이크를 받을 수 있도록 허락해주십시오.

본문

1. 헬리오폴리스에 있는 위대한 차차우 신은 지금 아툼, 슈, 테프누트, 오시리스, 토트 신입니다.

2. 족쇄를 차고 있던 세바우(살인자 등 반역 군단을 말하며 이들은 헬리오폴리스 신전에 쇠사슬로 족쇄를 채워져 감금당했다)의 악령들이 세트의 악령을 파괴했습니다.

3. 두번째 부정을 저질렀을 때 그렇게 파괴되었습니다. 토트 신이여, 오시리스 아니가 오시리스의 적들에 대항하여 진리의 말을 할 수 있도록

4. 오시리스의 척추를 끼워 맞추는 밤에 부시리스에 있는 오시리스 신과 함께 오시리스의 적들을 대항할 수 있게 해주십시오.

되풀이해 말하건대 앞에 나오는 신관들의 강독은 아니의 파피루스에서 채록한 것이며, 본문은 네브세니의 것이다. 그러나 네브세니의 본문은 상당히 난해하다. 이 주문은 먼저 세트에 의한 오시리스의 죽음을 이해해야 한다. 세바우들이 세트의 악령을 파괴한다는 것은 오시리스가 살해당하는 것과 같은 죽음이 재현된다는 의미다. 즉 세바우 등 반역군단은 호루스의 권위에 대한 세트의 반역을 말한다. 따라서 악령 파괴는 천국과 지상에서 신들의 전쟁을 상징하는 말이며 오시리스의 아들 호루스와 세트의 전쟁이 인간을 두 편으로 갈라놓게 되었다는 것을 의미한다. 이 때문에 사자 네브세니는 토트 신에게 말

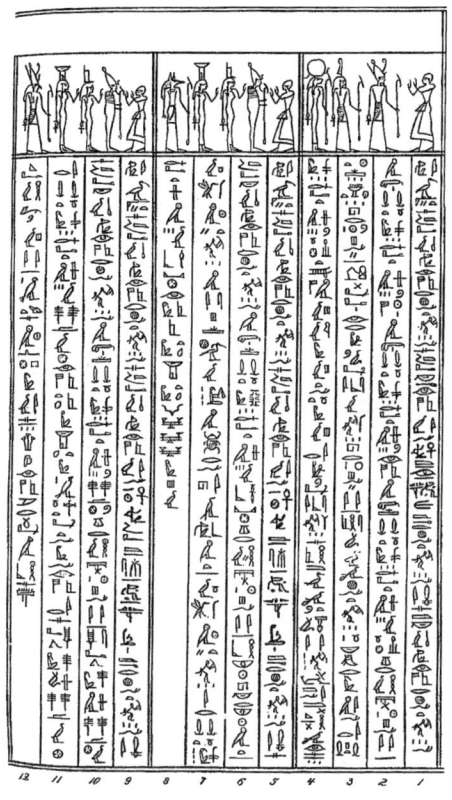

렙시우스, 『토텐부흐』 제18장

해 오시리스의 적들에게 대항할 수 있는 마법의 말을 만들어서 자신이 오시리스를 보호할 수 있게 해달라고 기원하고 그를 통해 천국으로 갈 수 있기를 바라는 것이다.

제19장 승리의 대관식에 대한 주문

이 장은 승리의 대관식에 관한 장이며, 삽화는 생략되어 있다. 이 장에 대해 벗지는 구체적인 설명을 붙이지 않았고, 포크너는 아예 생략해버렸다.

제20장 법정에서 무죄를 변명하기 위해 토트 신에게 호소하는 주문

테베 텍스트에는 주제가 없고 삽화도 없다. 제19장과 제20장은 제18장을 변형시킨 것에 지나지 않는다. 주문 가운데 나오는 페Pe와 뎁Dep 지역은 '부토'라고 불리는 곳이다.

1. 적들에 대항하여 오시리스를 변호하는 토트 신이여, 모든 신들이 앉아 있는 법정에서 사자의 적들을 덫으로 잡아주십시오.
2. 반역자들과 전투하고 격퇴하는 밤에, 헬리오폴리스의 위대한 법정에서는 사자의 적들을 덫에 걸리도록 해주십시오.
3. 부시리스에서 오시리스의 척추 건립이 진행되는 밤에, 위대한 법정에서는 사자의 적들을 덫에 걸리도록 해주십시오.
4. 레토폴리스에서 밤의 의식이 진행되는 동안에, 부시리스의 위대한 법정에서는 사자의 적들을 덫에 걸리도록 해주십시오.
5. 오시리스의 유산을 상속하는 호루스의 의식이 거행되는 밤에, 페와 뎁의 위대한 법정에서는 사자의 적들을 덫에 걸리도록 해주십시오.
6. 이시스가 나일강에서 오시리스를 애도하는 밤에, 나일강 둑에서 진행되는 위대한 법정에서는 사자의 적들을 덫에 걸리도록 해주십시오.
7. 사자와 그 영혼을 파악하고 축제가 열리는 동안에, 아비도스에서 열리는 위대한 법정에서는 사자의 적들을 덫에 걸리도록 해주십시오.

8. 사자가 빈털터리라는 것을 확인하는 밤 동안에, 사자의 거리 앞에서 열리는 위대한 법정에서는 사자의 적들을 덫에 걸리도록 해주십시오.

9. 대학살이 진행되는 동안에 열리는 위대한 법정에서는 사자의 적들을 덫에 걸리도록 해주십시오.

10. 네크로폴리스에서 열리는 위대한 법정에서는 사자의 적들을 덫에 걸리도록 해주십시오.

11. 기제에서 열리는 위대한 법정에서는 사자의 적들을 덫에 걸리도록 해주십시오.

12. 호루스가 그 적들을 무찌르는 밤에, 기제에서 열리는 위대한 법정에서는 사자의 적들을 덫에 걸리도록 해주십시오.

13. 호루스가 매우 기쁘게 왔습니다. 신의 의장(상하 이집트에 하나씩 있는 신들의 회의장에서 회의를 주재하는 신)과 오시리스도 기뻐했습니다.

14. 오, 토트 신이여 모든 신과 여신 앞에서, 그리고 오시리스 법정에서 재판이 열릴 때까지 적들에 대항하여 나를 변호해주십시오.

제21장 하계에서 인간에게 입을 부여하기 위한 주문

하계에서 사자에게 입을 주는 내용이다. 신관들이 사자의 '입을 여는 의식'(고대 이집트어로는 Un ra라 한다)을 행하는 주문은 다음과 같다.

밤과 칠흑 같은 어두움의 군주이며 신전의 지배자인, 광명의 군주에게 경배합니다. 나는 그대에게 왔습니다. 나는 영광스럽고 순결합니다. 나의 손은 당신에게 있습니다. 당신은 많은 선조를 가지고 있습니다. 부디 내가 말할 수 있도록 입을 돌려주십시오. 나는 밤과 빛의 계절이 오면 나의 심장을 인도할 것입니다.

'입을 여는 의식'은 상당히 오래된 전통으로 고왕국의 제5왕조 쿠프 왕의 아들의 묘에서도 찾아볼 수 있다. 이 전통에 의하면 프타 신과 슈 신이 칼로써 사자의 입을 열며 토트 신이 주문을 낭송한다.

아니의 파피루스에는 표범의 얼룩무늬 가죽을 입은 셈의 신관이 토트 신을 상징하는 우르헤카우라는 도구를 가지고 사자의 입술과 코, 눈에다 댄다. 그리고 나서 장엄한 입을 여는 의식을 행한다. 입을 여는 의식의 목적은 하계에 있는 사자가 먹고, 미시고, 생각하고, 말

입을 여는 의식을 행하고 있는 장면. 표범가죽을 입은 왼쪽의 셈 신관은 향유를 들고 있고, 두 명의 보조 신관은 마법의 힘을 지닌 우르헤카우를 사자의 입에 대고 있다. 사자의 뒤에는 아누비스가 사자를 보호하고 있다.

하고, 움직일 수 있도록 힘을 부여해주는 데 있다.

제22장 하계에서 인간에게 입을 부여하기 위한 주문

제21장과 마찬가지로 하계에서 사자 아니에게 입을 주기 위한 주문이다. 삽화에는 사자의 입을 열기 위한 저울의 수호신 아누비스가 그려져 있다. 주문 가운데 천국의 계단은 오시리스왕국으로 올라가는 계단을 말하며 주문을 외우는 공식은 다음과 같다.

나는 숨겨진 땅의 알에서 태어나고 성장했습니다. 내가 하계의 군주이며 위대한 신 오시리스 앞에서 말할 수 있도록 나의 입을 돌려주십시오.

나의 손과 나의 팔을 오시리스 앞에서 거두지 말아주십시오. 나는 라의 군주 오시리스입니다. 나는 오시리스 아니라는 서기입니다. 내가 천국의 계단에서 진실을 말하는 오시리스와 함께 나의 위치를 갖게 해주십시오.

나의 심장이 원하는 대로 나는 내세의 섬에서 불을 끄고 왔습니다.

제23장 사자의 입을 열기 위한 주문

셈의 신관이 재호흡하고 음식을 먹을 수 있도록 우르헤카우를 사용하여 사자의 입을 여는 의식의 장이다. 이 장의 주문도 오시리스의 신화와 관련되어 있다. 세트가 오시리스를 살해한 것처럼, 세트가 사자를 붕대로 감아 움직이거나 먹을 수 없도록 할 수도 있다. 제21장과 제22장은 제23장에 종속된 장이다. 이 장의 주문에는 세트, 프타,

슈 신에 대한 찬양을 통해 자신의 입이 열리기를 기원하는 염원이 깃들여 있다.

나의 입이 프타 신에 의해 열리고, 지방신에 의해 자유롭게 되었습니다. 토트 신이 다가와서 입에 마법을 채워주었습니다.

세트 신이 입에 댄 붕대를 풀어주었습니다. 붕대는 아툼 신이 나에게 가해졌던 속박은 세트 신이 풀었습니다.

나의 입은 열렸습니다. 신의 입을 여는 슈 신이 고래작살로 나의 입을 열었습니다.

나는 세크메트 신입니다. 나는 위대한 바람이 부는 하늘에서 세크메트 신과 함께 나란히 앉아 있습니다. 나는 헬리오폴리스의 군주와 함께 거주하는 오리온 신입니다.

적들이 나에 대항하여 어떤 마법의 주문, 어떤 말을 할지라도 헬리오폴리스의 아홉 신들이 막아줄 것입니다.

제24장 사자 아니에게 마법의 주문을 제공하기 위한 주문

하계의 사자에게 주술의 힘을 부여하여 말로써 위기를 극복할 수 있도록 힘 있는 마술의 언어를 불어넣는 주문이다. 테베의 개정본에는 삽화가 생략되어 있다. 이 장을 이해하기 위해서는 먼저 개벽신화에서 설명한 부분 즉 아툼케페라가 중얼거리자 토트 신이 발음하여 하늘과 땅을 만들었다는 내용을 기억해야 한다. 사자는 말을 할 수 있게 되면 자신이 원하는 모든 것을 가질 수 있고 빛보다 더 빨리 다닐 수 있고 자기를 창생할 수 있게 된다. 이 때문에 이 장은 사자 자신을 아툼케페라와 동일시하려는 주문이다.

1. 나는 성스러운 어머니의 허벅다리에서 스스로 태어난 아툼케페라입니다. 누에서 거주하는 신들이 늑대를 만들고, 오시리스 군주에게서

2. 아누비스가 태어났습니다. 보십시오. 나는 주문으로 어디에 있는 사람들이라도 사냥개보다 빠르고 빛보다 더 빠르게 불러모을 수 있습니다.

3. 라의 태양선을 운전하는 헤르프하프 신이여. 내세에 있는 불의 왕국으로 항해하듯이 북쪽으로 정확하게 항해하는 당신을 경배합니다. 보십시오. 당신을 위해 사람들을 모을 수 있습니다. 이 마법의 말은 사람들이 어디에 있건 사냥개보다 빠르고, 빛보다 더 신속하게 모을 수 있습니다.

제25장 내세에서 자신의 이름을 기억하기 위한 주문

사자에게 자신의 이름을 부여하여 기억을 회복시키기 위한 주문이다. 삽화에는 신관이 사자 앞에 서 있는 모습이 그려져 있다.

나비유가 편찬한 누우의 파피루스에는 기억을 회복하기 위해 사자 누우가 다음과 같은 주문을 낭송한다.

위대한 집Per ur에 거주하는 나에게 이름을 주십시오. 그리고 밤에도 연월年月을 알 수 있는 불의 집Per neser에서 나의 이름을 기억하게 해주십시오. 나는 신성한 곳에 있습니다. 만약 어떤 신이 뒤따라온다면 나는 그 신의 이름을 말할 수 있습니다.

그러나 나비유는 벗지와는 달리 이 장을 다음과 같이 편집했다.

1. 옥쇄지기 누우가 오시리스의 법정에 들어섰을 때, 자신이 말하고 행했던 모든 죄를 신문하고 신문받는 장. 오시리스 누우가 낭송합니다.

3. 오 나의 군주여 위대한 군주, 마아티의 군주 위대한 군주, 당신을 찬양합니다. 나는 당신에게 왔습니다. 나는 당신에게 와서 당신의

4. 명예로운 행동을 본받을 것입니다. 나는 당신을 알고 있으며 이름도 알고 있습니다. 나는 당신과 함께 사는 마흔두 명의 신의 이름도 알고 있습니다.

5. 진실을 가리는 법정에서 죄수를 신문하며 살아가고 또

6. 오시리스 앞에서 인간의 양심을 계량할 때 피를 부르는 신들도 알고 있습니다. 당신의 이름은 진정으로 진리의 두 여인, 두 눈, 두 여성 Rehti·Merti·Nebtui·Maati 입니다.

제26장 오시리스 아니가 심장을 부여받기 위한 주문

제26장에서부터 제30장까지는 심장이 힘을 얻고, 또 이를 보호하기 위한 주문이다. 제26장은 하계의 사자에게 심장을 주는 장이다. 삽화에는 아누비스가 사자에게 심장을 보호하기 위해 목도리를 주는 모습이 그려져 있다.

이 장의 목적은 사자의 심장을 복원하기 위한 것이다. 사자의 심장을 체내에서 꺼내어 분리한 후 미라로 만들었기 때문에 하계에서 심장을 다시 복원해야만 법정의 심판을 받아 천국으로 갈 수 있다. 아누비스가 미라를 관리하는 역할을 맡고 있기 때문에 당연히 심장을 관리하는 것도 아누비스다. 심장을 얻기 위해 아니는 게브, 아누비스에게 이렇게 주문을 낭송해야 한다.

1. 오시리스 아니가 심장을 부여받기 위한 장.

2. 나의 심낭을 보호하는 심장의 집에서 나와 함께 있게 해주십시오. 내세에서 심장을 나에게 주십시오. 심장 없이는 꽃이 만발한 동쪽 정원에서 오시리스의 케이크를 먹을 수 없습니다.

3. 심장 없이는 강물을 거슬러갈 수 없고, 당신에게 배를 띄울 수도 없습니다. 나의 입을 나에게 주십시오.

4. 내가 말할 수 있도록 말입니다. 내가 걸을 수 있도록 다리를 주십시오. 적들을 물리칠 수 있도록 팔을 주십시오. 하늘의 두 문을 나에게 열어주십시오.

5. 대지의 신 게브가 턱으로 문을 열어주었습니다. 이제 붕대로 감겨진 나의 두 눈을 주실 것입니다. 그리고 그는 나를 일으켜 세우기 위해

6. 걸어다닐 수 있도록 다리를 줄 것입니다. 아누비스 신이 나의 다리에 활력을 줄 것입니다.

7. 세크메트 여신(중왕국 시대 이후 프타 신의 배우자로 간주되었다)이 나를 일으켜 세우고 하늘로 데리고 가서 프타의 혼이 머무는 집에 있도록 할 것입니다. 나는 이제 나의 심장을 어떻게 사용하는지를 알았습니다. 나는 나의 심낭을 지배할 수 있습니다.

8. 나는 나의 손과 발을 움직일 수 있습니다. 나는 다리를 움직일 수 있습니다. 나는 나의 혼이 원하는 대로 할 수 있는 힘을 가졌습니다.

9. 나의 영혼은 평화롭게 오고가는 아몬테트의 문에 있는 나의 육체 속에 머물지 않을 것입니다.

왼쪽 그림은 사자가 영혼의 새인 바 앞에서 자신에게 심장을 부여해달라고 기원하는 장면(제26장)
오른쪽은 세 명의 신 앞에서 자신의 심장을 보호해달라고 기원하는 장면(제27장)

제27장 내세에서 심장을 빼앗지 못하도록 하는 주문

제27장과 제28장은 내세에서 사자의 심장을 빼앗지 못하게 하는 주문이다. 제27장의 삽화는 호루스의 네 아들 앞에 자신의 심장을 경배하는 모습이 그려져 있다. 이 장은 사자 아니가 심장을 빼앗는 신 즉 아툼, 라, 토트 신에게 경배하여 자신의 심장을 보호하기 위한 주문이다. 사자는 자신의 심장이 새롭게 태어났고, 심장을 지배하는 힘을 가지고 있다는 것을 선언한다. 제28장부터 제30장까지는 이를 연속적으로 설명하는 장이다.

1. 오시리스 아니가 낭송합니다. 인간의 행위에 따라 심장을 탈취하고 부스러뜨리는 신이여, 당신을 찬양합니다. 당신 앞에 있는 심장을 해치지 마십시오.
2. 영원한 군주, 불후의 지배자 오시리스 아니의 심장을 가져가지 마십시오.

3. 당신의 손가락으로 집어가서 사악한 일이 벌어지지 않게 하십시오. 이 심장은

4. 오시리스 아니의 것입니다. 이 심장은 말로 인간을 만드는 위대한 토트 신의 것입니다. 토트 신은 육체를 지배하기 위해 심장을 보낸 것입니다.

5. 심장은 토트 신 앞에서 새롭게 태어날 것입니다. 진실을 말하는 오시리스 아니의 심장은 토트 신의 것입니다. 그가 심장을 지배하고 있습니다. 그는 군주이며 육체 속에 있고 거기에서 결코 사멸하지 않을 것입니다. 내세에 있는 나에게 순종하도록 명령을 내리십시오.

7. 나는 오시리스 아니입니다. 나의 말은 순수하고 진실합니다. 나의 말은 영원한 천국 아름다운 내세에서 입증받았습니다.

제28장 진실이 입증된 누우의 심장 탈취를 방지하기 위한 주문

내세에서 사자의 심장을 빼앗지 못하도록 하는 주문이다. 삽화에는 칼을 들고 있는 악의 신 앞에 사자가 무릎을 꿇고 왼손으로 심장을 감싸는 장면이 그려져 있다.

다음은 누우의 파피루스에 있는 주문으로 심장에 대한 이집트인의 사고를 엿볼 수 있는 아주 중요한 부분이다.

1. 당신을 찬양합니다. 나는 축복받은 사람입니다. 나를 싫증나게 하는 것은 신을 살해하는 장소입니다. 나의 심장을 빼앗아가지 않도록 하십시오.

2. 헬리오폴리스에서 신들의 전쟁이 심장을 빼앗아갈 수 있습니다. 오시리스에게 붕대를 감아준 신, 세트를 본 신을 경배합니다. 위대한 군주 앞에서 세트를 죽이고 격퇴한 신을 경배합니다.

3. 오시리스 앞에서 흐느끼고 있는 것이 나의 심장입니다. 심장이 나를 위해 애원하고 있습니다. 나의 생각은 심장에 의존해 있고 그것에 바쳐진 몸입니다.

4. 나의 심장은 헤르모폴리스 마그나 입구에 케이크를 가져오는 라 신의 집에 있습니다. 나의 심장을 빼앗아가지 마십시오.

제29장 내세에서 심장을 빼앗지 못하도록 하는 주문

제29장은 세 개의 주문으로 이루어져 있다. 앞의 두 주문은 심장을 빼앗아가지 못하도록 하는 내용이며, 삽화에는 사자가 막대기를 잡고 있는 장면이 그려져 있다. 세번째 주문은 홍옥으로 만든 심장에 대한 장이며 삽화에는 사자가 자신의 심장 앞에 앉아 있는 장면이 새겨져 있다.

이 장은 세 가지 형태로 나뉘어져 있으나 아니의 심장이 요술에 의해 탈취당하는 것을 방지하기 위한 한 가지 주제를 담고 있다. 첫번째 주문은 사자 아니가 호루스와 동일시되려는 희망을 담고 있으며, 그 내용은 다음과 같다.

1. 내세에서 심장을 빼앗아가지 못하도록 하는 장.

2. 진실한 오시리스 아니가 낭송합니다. 모든 신의 메신저여, 돌아가십시오. 당신은 나의 심장을 가져가기 위해 왔습니까. 나의 살아있는 심장을 당신에게 줄 수는 없습니다.

3. 내가 신들에게 호소하면 나의 기도에 고무되어 고개를 숙이고 당신은 오시리스의 불빛이 빛나는 곳으로 돌아갈 것입니다.

두번째 주문은 사자 자신이 라의 영혼, 지하세계의 안내자, 호루스의 영혼과 동일시함으로써 신들이 자신의 심장을 가져가는 것을 방지할 수 있다는 믿음을 나타내고 있다. 아니의 파피루스에는 다음과 같이 씌어 있다.

나는 피닉스, 나는 내세로 신들을 인도하는 라의 영혼, 아니의 영혼이 원하는 곳이라면 어디든지 갈 수 있습니다. 나는 심장의 군주이며, 또 심장의 살해자인 호루스와 함께 있기를 기원합니다.

제30장 배심원을 맡은 신, 오시리스 앞에서 심장을 빼앗아가지 못하도록 하고, 불의 왕국으로 데려가지 못하도록 오시리스 앞에서 아니의 진실성을 검증하는 주문

사자의 심장을 빼앗아가지 못하도록 하는 주문이며, 사자가 풍뎅이를 숭배하는 삽화가 있다. 이 장 역시 두 개의 주문으로 구성되어 있는데, 첫번째 주문에는 심장을 묘사한 삽화가 있고, 두번째 주문에는 영원하고 위대한 오시리스 신 앞에서 자신의 심장을 계량하는 삽화가 있다. 사자가 심장을 계량하기에 앞서 마아트의 법정에 들어서면 먼저 부정고백을 해야 하는데 이에 대한 설명은 앞에서 이미 언급했다.

심장을 보호하기 위한 주문 가운데 가장 유명한 것은 두번째 주문이다. 이 파피루스는 기원전 3600년경 쿠프 왕의 아들인 헤르타타브에 의해 편찬된 것으로, 기독교 시대 신관들도 이 주문을 사용하였다는 기록이 있다.

오시리스 법정에서 사자의 심장이 계량될 때면 먼저 아니가 심장을 향해 다음과 같이 주문을 낭송하여 자신의 심장이 토트 신의 타조깃털과 수평이 되기를 기원한다.

1. 나의 어머니가 준 나의 심장! 나의 어머니가 준 나의 심장!

2. 나의 화신인 나의 심장, 나를 의지하고 존재하도록 한 나의 심장이여! 원하옵건대 오시리스 신 앞에서 나에게 어떤 반대도 하지 않기를 바랍니다. 오시리스 신으로부터 나를 데려가지 않게 하십시오. 심장이 계량되는 앞에서 당신의 심장이 탈취당하지 않게 하십시오. 그대는 나의 영혼입니다.

3. 나의 육체에 거주하는 영혼이여. 당신은 나의 동료를 보살피는 크눔 신이며 우리가 가는 행복한 곳에 나타날 것입니다.

4. 신에게 나의 평판을 나쁘게 말하지 않기 바랍니다.

이윽고 아누비스가 나서서 "얼굴을 돌려 심장을 계량하는 것을 검증해라. 아몬과 진리를 노래하는 동안 위대한 신 앞에 있는 진리의 저울에 그대의 심장을 놓아라"라고 지시한다. 심장이 계량되면 동료 신들이 다음과 같이 말한다.

아니는 신성하고 정직성을 입증했습니다. 그는 우리에게 사악한 행동이나 죄를 짓지 않았습니다. 암무트에게 심장을 주어서는 안 됩니다.

심장을 계량한 정의와 진리의 토트 신이 오시리스를 향해 이렇게 말한다.

판결이 이렇게 났습니다. 심장이 진리로 판정되었고, 그의 영혼을 시험했습니다. 그의 심장은 진리를 입증했고, 어떤 죄목도 찾을 수가 없었습니다. 그는 신전에 바쳐진 공물을 훔치지 않았고, 사악한 어떤 행동도, 사악한 말도 하지 않았습니다.

다음으로 호루스가 아니의 손을 잡고 인도하여 오시리스에게 다가
가 소개한다.

　　나는 오시리스 앞에 섰습니다. 아니를 소개합니다. 나는 아니에게
'오시리스 아니'의 자격을 부여합니다. 라의 심장은 정직합니다. 토
트가 심장 계량 결과를 선포했습니다. 아니에게 케이크와 맥주를 주
겠습니다. 아니를 호루스의 영원한 친구가 되도록 허락해주십시오.

마지막으로 아니가 말한다.

　　나는 오시리스 군주 앞에 섰습니다. 나에게는 어떤 죄도 없습니
다. 나는 상하 이집트의 군주인 오시리스를 경배합니다.

제31장 하계에서 마법의 말로 악어를 격퇴하는 주문

　　제31장에서부터 제41장까지는 커다란 뱀, 악어 여우, 갑충甲蟲 등
모든 괴물이 사자의 혼을 빼앗아가는 것으로부터 보호하기 위한 주문
이다. 이 장은 마법의 주술로서 악어를 물리치는 주문이며, 삽화에는
사자가 서너 마리의 악어를 죽이는 장면이 그려져 있다.

　　저리 가라, 저리 가라, 너는 위험한 동물이다!
　　나에게 대항하여 접근하지 말아라. 내가 지닌 마법의 말에 살아남
지 못할 것이다. 나는 너를 보낸 위대한 신의 심부름꾼과 베티 신(황
소의 신)에게 너의 이름을 말하지는 않겠다.

(악어가 말하는 주문)

당신의 얼굴을 보니 정직한 사람 같습니다. 하늘에 별이 가득하고, 마법이 마을을 휘감고 있습니다. 나의 입이 바로 마법을 담는 그릇입니다. 나의 이는 칼이며, 나의 뻐드렁니는 바로 독을 내뿜는 곳입니다.

(사자의 대답)

등뼈에 가시를 가지고 있는 네가 입으로 나의 마법에 대항한다고 하지만 내가 뽑아내서 네가 살 수 없도록 할 것이다.

제32장 하계에서 마법의 말로 악어를 격퇴하는 주문

마법의 주술로 악어를 격퇴하기 위한 주문이다. 삽화에는 사자가 동서남북에서 나타난 네 마리의 악어를 창으로 찌르는 장면이 그려져 있다.

흔들리지 않는 별에 사는, 서쪽에서 온 악어여, 가거라.
네가 증오하는 것은 오시리스의 힘을 흡수한 나의 복부다.
동쪽에서 온 불구의 악어여, 가거라.
네가 증오하는 것은 나의 복부다.
나는 오시리스이기 때문에 너희들을 통과할 것이다.
남쪽에 사는 악어여, 가거라. 나는 너를 없앨 것이다.
나는 베베 신관이며, 너에게 굴복하지 않을 것이다.
북쪽에서 온 악어여, 가거라. 스콜피온이 내 복부다. 그러나 나는 그를 낳지 않을 것이다.

나는 자신을 보호하는 라 신이며, 나에게 어떤 해도 끼치지 못할 것이다.

제33장 모든 종류의 뱀을 격퇴하기 위한 주문

모든 종류의 뱀을 격퇴하는 주문이며, 사자가 뱀을 창으로 찌르는 삽화가 있다.

오 테렉 뱀이여, 사라지거라.

게브 신이 나를 보호하고 있다. 일어서서 라가 싫어하는 생쥐나 먹어라. 그리고 더러운 고양이 뼈나 씹어라.

제34장 분묘에서 뱀에게 물리지 않도록 하는 주문

이 장은 사자가 무덤 속에서 뱀에 물리지 않도록 하는 주문이며, 테베 텍스트와 사이테 텍스트 모두 삽화가 생략되어 있다.

오 코브라여, 나는 역사 이전부터 카오스 신의 눈썹에서 타오르는 불꽃입니다.

제35장 하계에서 벌레가 갉아먹는 것을 방지하기 위한 주문

하계에서 사자의 미라에 벌레가 침입하여 부패시키는 것을 방지하기 위한 주문이며, 세 마리의 뱀이 삽화에 그려져 있다. 본문에 등장하는 네이트 여신은 화살을 들고 있는 하늘의 여인으로, 피라미드 텍스트에서는 세베크의 어머니로 간주된다.

> 오 부시리스의 슈 신이여,
> 네이트 신이 모자를 쓰고 있고, 하토르 신이 오시리스를 기쁘게 했습니다.
> 나를 막으려는 신은 누구입니까?
> 뱀이여, 떠나십시오. 나에게서 떠나십시오. 나를 지나가십시오.
> 정의의 마아트 신이 당신을 심판할 것입니다.

제36장 풍뎅이를 격퇴하기 위한 주문

풍뎅이를 격퇴하기 위한 주문이며, 삽화에는 사자가 풍뎅이와 돼지를 창으로 찌르는 장면이 그려져 있다.

> 물러가거라, 비뚤어진 입의 벌레야.
> 나는 페쉬누의 군주, 신의 말을 라에게 전하는 크눔 신이며, 라에게 보고하는 신이다.

제37장 방울뱀을 격퇴하기 위한 주문

방울뱀의 두 신을 격퇴하기 위한 주문이며, 삽화에는 라를 상징하는 두 눈이 그려져 있다.

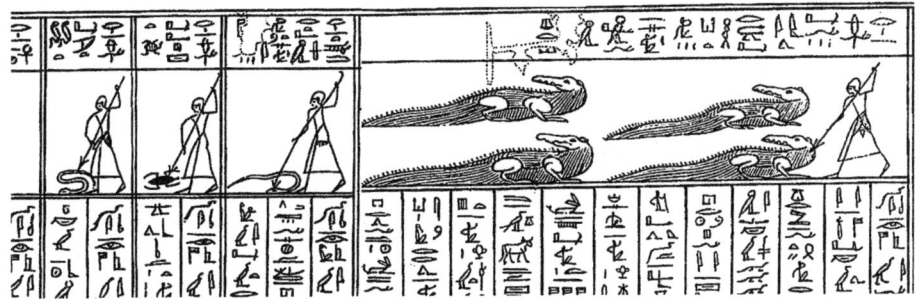

왼쪽에서 첫번째, 세번째 그림은 사자가 창으로 뱀을 찌르는 삽화(제35장, 제37장)이며 왼쪽에서 두번째 그림은 괴물 방울뱀 아프샤이를 찌르는 장면(제36장)이다. 그리고 오른쪽 그림은 사자가 창으로 네 마리의 악어를 격퇴하는 장면이다.

당신을 찬양합니다. 두 방울뱀이여.
나는 마법으로 당신을 둘로 분리시켰습니다.
나는 밤의 태양선에 빛나는 이시스의 아들 호루스입니다.
나는 나의 아버지 오시리스를 만나러 왔습니다.

제38장 하계에서 공기를 호흡하기 위한 주문

첫번째 주문은 하계에서 사자가 공기를 마시고 살아가기 위한 내용이며 삽화에는 사자가 공기를 상징하는 '돛'을 들고 있다. 두번째 주문은 공기를 마시면서 두 개의 메르티 신을 격퇴하기 위한 내용이다. 삽화에는 오른손에 칼, 왼손에 돛을 들고 세 마리의 뱀을 공격하는 장면이 그려져 있다.

첫번째 주문

나는 아비도스에서 천국의 물 위로 올라온 아툼 신입니다.

나는 서쪽의 왕국에 자리잡고 있으며, 비밀의 의자에 앉도록 영혼에게 명령합니다.

나는 두 마리의 사자(태양선 끝에 앉아 있는 두 마리 사자獅子로 라의 화신이다)이며 케페라의 배에 앉아 있다고 선언했습니다.

나는 강해질 것입니다. 나는 태양선에 앉아 숨쉬고 마실 것입니다. 라의 태양선이 나에게 길을 만들어주었고, 게브 신이 문을 열어주었습니다.

나는 위대한 신의 그물로 적들을 해치웠습니다. 나는 신전에 있는 사람들을 지배합니다. 나는 두 군주인 호루스와 세트와 제휴했습니다.

나는 태양선에 승선했습니다. 나는 수평선에 있는 라 앞에서 태양선에 있는 자들과 합류했습니다.

나는 매일 부활합니다. 나는 죽은 후에 두 마리의 사자를 통해 더욱 강해지고 있습니다. 나는 지상을 가득 채우고, 두 국가를 상징하는 연꽃으로부터 태어났습니다.

두번째 주문

나는 라의 장남이며, 자신의 눈으로 나를 인도하고 나를 보호하는 아툼 신입니다. 아툼의 태양선이 다니는 천국의 물이 나를 위해 열렸습니다.

나는 라의 갑판 위에 서 있습니다. 나는 그의 말을 사람들에게 알리고 신체가 억눌려 있는 사람들에게는 다시 말해주었습니다.

나는 나의 입을 열고 삶을 마셨습니다. 나는 부시리스에서 살고 있으며, 매일 라와 같이 부활할 것입니다.

제39장 하계에서 뱀을 격퇴하기 위한 주문

하계에서 뱀을 격퇴하기 위한 주문이며, 삽화에는 뱀을 창으로 찌르는 장면이 그려져 있다.

뱀아 물러가라! 기어가거라, 나에게서 도망치거라. 살해 지시를 내린 네 아버지가 있는 심연의 호수에 빠져 죽어라.

떨고 있는 그대여. 라가 기거하는 곳에서 멀리 떨어지거라. 나는 빛의 칼을 가지고 사람들을 두렵게 하는 라 신이다.

반역자들이여, 돌아가거라. 신들이 너의 얼굴을 꺾어놓을 것이다. 너의 심장을 자르고 스콜피온 여신이 너를 묶을 것이다. 너의 말을 마아트 신이 심판하고 너를 거꾸러뜨릴 것이다.

죽어라, 라의 적 아아펩이여, 기어가거라!

제40장 괴물 뱀을 격퇴하는 주문

당나귀를 잡아먹는 괴물 뱀을 격퇴하는 장이며, 당나귀의 목을 뜯고 있는 뱀을 창으로 공격하는 삽화가 있다.

오시리스가 싫어하여 토트 신이 머리를 자른 뱀이여 물러가라. 나는 너를 파괴하기 위하여 아홉 명의 신을 이야기하는 등 모든 노력을 다했다. 물러가라. 라 신이 순풍을 받으며 서쪽으로 항해할 때, 오시리스가 싫어하는 그대여. 너 자신을 정화시켜라. 티니티 지방의 군주 오시리스가 적들에게 고함을 질러 쓰러뜨릴 것이다. 당나귀를 잡아먹는 그대여, 내세의 신이 싫어한다. 물러가라.

제41장 내세에서 일어나는 살육을 방지하기 위한 주문

내세에서 일어나는 살육으로부터 벗어나기 위한 장이며, 뱀을 공격하는 사자를 그린 삽화가 있다.

두 마리의 사자獅子 앞에서 나를 정화시킨 위대한 신 아툼이여, 게브 신의 문을 나에게 열어주십시오.

사자의 왕국에 있는 위대한 신을 찬양합니다. 서쪽을 지키는 아홉 신에게 나를 인도해주십시오. 당신은 서쪽, 빛의 도시에 있는 문지기입니다.

나의 목이 갑갑할 때, 나는 먹고 숨쉬며 살아갈 것입니다. 또 케페라 신이 나를 안전하게 인도할 것입니다. 나는 저녁 무렵 승무원에게 자유로이 왕래하고, 거기에 누가 있는지 말할 것입니다. 나는 잠을 잔 이후에도 살아갈 것입니다.

열린 입을 가지고 있는 공물의 제공자여, 신에게 바치는 물건을 기록하고 확인하며, 마아트의 왕관을 나에게 주도록 하고, 기록판을 확인하고, 위대한 오시리스 신 앞에 여신들을 자리잡게 하십시오. 여신들은 계절을 알리고, 하계에 있는 사람들의 목소리를 듣고, 위대한 법정에 있을 때 찬양받는 신입니다.

제42장 헬라클레오폴리스에서 살육을 회피하기 위한 주문

헨수 즉 헬라클레오폴리스에서 살육을 회피하기 위한 장이며, 사자가 뱀에게 간청하는 삽화가 있다. 누우의 파피루스에는 살육을 모면하기 위하여 낭송하는 다음과 같은 주문이 수록되어 있다. 이 주문의 목적은 사자가 자신을 하토르, 이시스, 아누비스와 동일시하여 권능을 부여받고 적들로부터 살육을 모면하는 데 있다. 자신의 눈을 하토르의 눈과 같이하여 빛을 갖고, 아누비스의 귀를 가져서 길을 잃지 않게 하려는 원망이 들어 있다.

오 그대의 지배를 받고 있는 대지, 오 신성한 백관을 쓴 그대, 태양선에 앉아 있는 그대여, 나는 아직 어린아이입니다.

나의 머리는 누의 머리, 나의 얼굴은 태양의 얼굴, 나의 눈은 하토르의 눈, 나의 귀는 길 안내자인 늑대의 귀, 나의 입술은 아누비스의 입술, 나의 뺨은 이시스의 뺨, 나의 이는 세르그 신의 이.

한편 아니의 파피루스에서는 사자가 스물한 가지 신들의 특징을 외워 위험으로부터 자신을 보호한다. 아래의 주문은 인간이 신이 될 수 있다는 신인동형神人同形 사상을 극명하게 드러내고 있다.

1. 진실을 말하는 오시리스 아니의 머리는 누 신의 머리
2. 진실을 말하는 오시리스 아니의 얼굴은 라의 얼굴
3. 진실을 말하는 오시리스 아니의 눈은 하토르의 눈
4. 진실을 말하는 오시리스 아니의 귀는 들개 신 웁우아트의 귀
5. 진실을 말하는 오시리스 아니의 입술은 아누비스의 입술
6. 진실을 말하는 오시리스 아니의 이는 뱃사공 신 세르겟의 이
7. 진실을 말하는 오시리스 아니의 뺨은 이시스의 뺨
8. 진실을 말하는 오시리스 아니의 팔은 바베브의 팔
9. 진실을 말하는 오시리스 아니의 목은 우아치트의 목
10. 진실을 말하는 오시리스 아니의 목구멍은 메르트의 목구멍
11. 진실을 말하는 오시리스 아니의 가슴은 사이스의 가슴
12. 진실을 말하는 오시리스 아니의 등뼈는 세트의 등뼈
13. 진실을 말하는 오시리스 아니의 몸통은 케라하의 몸통

14. 진실을 말하는 오시리스 아니의 육체는 아아세피트의 육체

15. 진실을 말하는 오시리스 아니의 배꼽은 세크메트의 배꼽

16. 진실을 말하는 오시리스 아니의 엉덩이는 호루스의 엉덩이

17. 진실을 말하는 오시리스 아니의 남근은 오시리스의 남근

18. 진실을 말하는 오시리스 아니의 허벅다리는 누트의 허벅다리

19. 진실을 말하는 오시리스 아니의 발은 프타의 발

20. 진실을 말하는 오시리스 아니의 손가락은 오리온의 손가락

21. 진실을 말하는 오시리스 아니의 발가락은 우레우스의 발가락

제43장 머리의 참수斬首를 방지하기 위한 주문

하계에서 사자가 참수되어 육체로부터 머리가 분리되는 것을 방지하기 위한 주문이다. 세 명의 신을 환영하는 삽화가 있다.

1. 내세에 있는 사자의 육체로부터 머리가 참수되는 것을 방지하기 위한 장. 오시리스 아니가 낭송합니다.

2. 나는 위대한 신, 위대한 신의 아들입니다. 나는 불, 불의 아들입니다.

3. 나는 머리가 잘린 후에 다시 머리를 부여받은 불의 아들입니다. 오시리스의 머리는 신체에서 분리되지 않았습니다. 오시리스 아니의

4. 머리도 몸에서 분리되지 않을 것입니다. 나는 나 자신을 꿰맬수 있으며, 그것도 전체적으로 완전하게 할 수 있습니다. 나는 내 젊음을 새롭게 할 것이며, 나는 영원한 군주 오시리스입니다.

제44장 두 번 죽는 것을 방지하기 위한 주문

두번째의 죽음으로부터 면죄받기 위해 강력한 주문을 낭송하는 장이며, 렙시우스의 튜린 파피루스에는 사자가 장엄한 모습으로 서 있는 삽화가 있다.

이집트인들은 두번째의 죽음을 믿었다. 두번째의 죽음이란 자신의 영혼이 충분한 영양분을 공급받지 못하면 배고픔과 목마름으로 고통받고 사막을 배회하게 된다는 것이다. 그래서 이들은 라와 호루스처럼 불멸의 영혼을 원했고 다음과 같이 영혼을 보호하는 주문을 중요시했다.

1. 내세에서 두 번 죽는 것을 방지하기 위한 장. 오시리스 아니가 낭송합니다. 내가 숨어 있는 곳은 트여 있습니다. 내가 숨어 있는 곳은 트여 있습니다. 나의 영혼은

2. 어둠 속에 처박혀 있습니다. 그러나 호루스의 눈이 나를 신성하게 만들고 길 안내자인 아누비스가 나를 키웠습니다. 나는 불멸의 빛을 발하는

3. 당신과 함께 숨고 싶습니다. 나의 눈은 라의 눈입니다. 나의 얼굴은 열려 있습니다.

4. 나의 심장은 당신의 왕관 위에 있습니다. 나는 어떻게 말하는지 알고 있습니다. 나는 라입니다. 나는 무지한 사람이 아닙니다.

5. 나는 난폭한 사람이 아닙니다. 나는 아버지인 당신과 살 것입니다. 오 누트의 아들이여, 나는 그대의 아들입니다. 오 위대한 군주여, 나는

6. 그대가 감춘 것을 보았습니다. 나는 신의 왕처럼 왕관을 썼습니다. 나는 천국에서 두 번 죽고 싶지 않습니다.

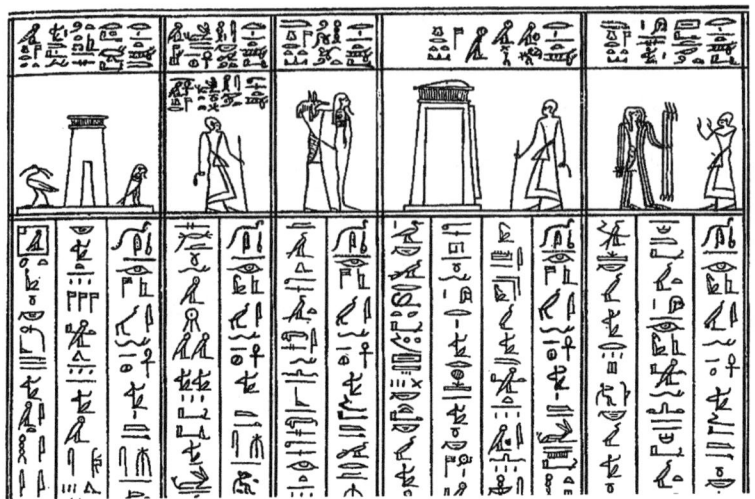

오른쪽부터 사자가 두 번 죽는 것을 방지하기 위한 장면(제43장), 분묘 앞에 서 있는 장면(제44장), 아누비스가 미라를 보호하는 장면(제45장), 사자가 내세로 걸어가는 장면(제46장), 사자와 신의 영혼이 서 있는 장면(제47장).

제45장 내세에서 부패를 방지하기 위한 주문

내세 즉 케르트 네테르는 열다섯 개 지역으로 이루어진 오시리스 왕국의 열세번째 영토이다. 이 지역은 재칼의 머리를 한 신이 칼을 들고 지키고 있으며, 라를 찬양해야 통과할 수 있다.

제45장과 제46장은 중복되어 있다. 제45장은 미라가 부패하는 것을 방지하기 위한 주문이다. 삽화에는 아누비스가 사자의 미라를 들고 있다. 이 장의 주제는 명확하다. 사자의 미라가 미숙한 방부 처리나 미숙한 관리로 부패하는 것을 방지하기 위한 주문인 것이다. 사자 아우팡크는 오시리스에게 인도될 때까지 아누비스에 의해 미라가 완벽하게 처리되고 보존되는 것을 원한다. 이시스와 토트가 주문을 외고, 아누비스가 오시리스의 상징을 부여하면 사자의 미라는 결코 썩

지 않는다고 믿어졌다. 제175장과 제176장도 같은 주제의 장이다. 이 장에는 "사자가 이 주문을 안다면 그는 결코 부패하지 않는다"라는 주해가 부가되어 있다.

　상단. 내세에서 부패를 방지하기 위한 장. 오시리스 아우팡크가 낭송합니다.
　오 당신은 움직이지 않습니다. 오 당신은 움직이지 않습니다. 오 당신의
　1. 동료들도 움직이지 않습니다. 마치 오시리스처럼 말입니다. 당신의 동료들은 움직일 수 없습니다. 그들은 썩지 않을 것입니다. 그들은 부스러지지 않을 것입니다. 그들은 부패하지 않을 것입니다.
　2. 나의 동료들은 나를 오시리스와 같이 영원하게 만들어주었습니다.

제46장 사멸하지 않고 내세에서 살기 위한 주문

미라가 부패하지 않고 하계에서 살아가도록 하기 위한 주문이다. 삽화에는 사자가 내세로 걸어가는 장면이 그려져 있다.
이 주문에는 사자 아니의 영혼이 자신의 육체와 묘로부터 빠져나와 천국에 거주하는 영혼과 결합하여 영원히 살고자 하는 원망이 담겨져 있다. 이것은 오시리스를 낳은 그의 아버지에게 경배하는 주문이다.

　1. 사멸하지 않고 내세에서 살아가기 위한 장. 오시리스 아니가 낭송합니다.
　2. 슈 신의 자녀들이여. 내세에서 왕권을 지배하는 힘을 얻었습니

다. 오시리스가 그랬던 것처럼 나는 위대한 정신으로 성장했습니다.

'슈 신의 자녀들'이란 게브와 누트를 말한다. 이들 사이에서 오시리스, 이시스, 세트, 네프티스가 태어났고, 다시 호루스와 아누비스가 태어났다.

렙시우스가 편찬한 튜린 파피루스에는 '삶의 시간을 축소시키지 않기 위한 장'으로 번역되어 있으나 아니의 제목과 커다란 차이는 없다. 렙시우스가 편찬한 주문은 다음과 같다.

상단. 삶의 시간을 축소시키지 않기 위한 장.
1. 슈 신의 두 자녀여! 당신을 찬양합니다. 슈 신의 몸에서 태어난 당신을 찬양합니다.
2. 내세는 그에게 왕관을 부여하고 지배를 받고 있습니다. 내세의 영혼들이 손을 뻗어 나를 일으켜 세웠습니다.

제47장 사자의 좌석을 탈취당하지 않기 위한 주문

사자의 좌석 또는 왕조의 찬탈을 방지하기 위한 주문이다. 렙시우스의 삽화에는 분묘 입구에 심장의 영혼과 신의 영혼인 피닉스가 서 있다.

오 나의 좌석이여, 오 나의 왕관이여. 와서 나를 보좌해주십시오. 나는 당신의 군주입니다.
나의 동료에게 오십시오. 나는 당신이 존경하는 군주의 아들입니다. 당신이 곧 나입니다. 나의 아버지는 당신에게서 태어났습니다.

제48~49장 내세에 있는 적을 무찌르기 위한 주문

제48장과 제49장은 중복되어 있다. 제48장은 하계에서 적을 무찌르고 모습을 드러내기 위한 주문인데, 제10장과도 중복된다. 삽화에는 뱀을 무찌르는 장면이 그려져 있다. 포크너는 이 장을 생략했고, 벗지도 이 장에 대한 구체적 설명을 생략했다.

나비유가 편찬한 이우아우의 파피루스에는 사자가 적의 목을 찌르는 장면이 묘사되어 있다. 이것은 원시시대에 적들을 살해해서 먹는 카니발리즘Cannibalism을 표현하고 있다.

사자는 영혼을 보호하기 위해 "오시리스는 턱으로 음식을 씹고 먹어서 육체를 보호할 수 있습니다"라는 주문을 외워야 한다.

제50장 신의 처형대로 가지 않기 위한 주문

이 장은 사자가 신의 처형대를 피하기 위한 주문이며 두 개의 번역본과 삽화가 있는데, 현재는 하나의 삽화만이 남아 있다. 이 삽화에는 사자가 처형대에 서 있는 장면이 그려져 있다.

이 장은 오시리스가 아니의 목을 육체와 결합해주기를 바라는 염원을 강하게 표현하고 있다. 세트가 오시리스를 살해하여 열네 조각으로 나누어 이집트 전역에 뿌렸듯이 세트 신이 아니의 목을 자를 수도 있다. 따라서 이 장은 세트가 공격해 올 것을 염려하여 자기 자신의 육체를 방어하기 위한 주문이다.

1. 신의 처형대로 가지 않기 위한 장. 오시리스 아니가 경배합니다. 나의 머리는 천국에 있는 나의 육체와 함께 있습니다. 오 지상의 보호자 라 신이여.

2. 허약한 상태에서 나의 두 발로 일어서는 날, 나의 머리를 주십시오.

3. 머리를 자르는 날 세트와 신의 동료들이 나의 머리를 나의 목에 단단히 붙여놓아 아주 견고해졌습니다.

4. 원래대로 두어서 흔들리지 않게 해주십시오. 나의 아버지를 살해한 적들로부터 나를 안전하게 지켜주십시오.

5. 나는 상하 이집트를 통합시켰습니다. 누트 신이 나의 목뼈를 단단하게 해주었으며, 나는 그것을 원래대로 맞추어놓았습니다. 그리고 아직 마아트 여신과 신들이 태어나기도 전에 차례대로 정돈했습니다.

6. 나는 휀티 신입니다. 나는 위대한 신의 상속자이며 진리를 입증받은 서기 오시리스 아니입니다.

그러나 누우의 파피루스는 공기를 얻기 위한 주문으로 구성되어 있다. 누우의 주문은 누우가 자신을 재칼 중의 재칼, 슈 신과 동일시하여 달의 신으로부터 공기를 얻고 입을 열고 눈으로 볼 수 있게 해달라는 내용이다.

제51장 내세에 있는 공기와 물을 마시기 위한 주문

제51장에서부터 제53장까지는 사자가 신의 식탁에서 깨끗한 음식과 물을 먹고 공기를 제공받아 신과 일체를 이루어 영원히 살아가기 위한 주문이다. 제51장은 하계에서 사자가 넘어지지 않도록 하는 주문이며, 사자가 똑바로 서 있는 삽화가 그려져 있다.

1. 공기를 제공받고 내세에서 물을 제공받기 위한 장. 아툼 신을

214

찬양합니다. 당신의 콧구멍에 살고 있는 달콤한 공기를 나에게 주십시오. 나는 위대한 왕관을 쓰고 있는 사람입니다.

2. 마치 헤르모폴리스에서처럼. 나는 위대한 수다쟁이 게브 신의 알을 보호하고 있습니다. 알이 자라고 번창하듯 나도 자라고 성장할 것입니다.

3. 그리고 알과 마찬가지로 살아갈 것입니다. 게브 신이 공기를 마시듯 나도 공기를 마실 것입니다.

제52~53장 더러운 음식, 소변, 오염된 물을 먹지 않기 위한 장

하계에서 불결한 음식, 소변 오염된 물을 먹지 않기 위한 주문이며, 렙시우스가 편찬한 파피루스에는 사자가 공물대 앞에 앉아 있는 삽화가 있다. 이 장은 제189장과 내용이 비슷하다. 포크너가 편집한 주문에는 사자가 자신을 라와 동일시하여 배설물과 소변을 먹지 않는다는 것을 밝히고, 신이 사는 곳에 같이 살고, 신이 먹는 것과 같은 것을 먹을 수 있도록 기원하는 내용이 있다.

나는 하늘을 지배하는 뿔 달린 황소, 천국의 군주, 위대한 빛의 제공자, 일 년을 지배하는 사람입니다.

두 마리의 사자獅子가 축복하고 태양이 나를 위해 이동합니다.

나는 싫어하는 것을 싫어합니다. 나는 분뇨나 소변을 먹지 않습니다. 나는 머리를 숙이고 걷지 않습니다.

나는 헬리오폴리스에 빵을 갖고 있습니다. 라가 있는 하늘의 빵도 내 것입니다. 게브 신이 지상에서 갖고 있는 빵도 내 것입니다.

밤의 태양선, 낮의 태양선도 위대한 신의 집에서 내게로 올 것입니다. 나는 편안해졌습니다.

나는 하늘의 태양신을 만들고 그들이 먹는 것을 먹고, 그들이 살고 있는 데서 살아갈 것이며 매일 좋은 방에서 빵을 먹을 것입니다.

제54장 사자가 호흡하기 위한 주문

하계에서 사자에게 공기를 제공하기 위한 장이며, 사자가 돛을 잡은 장면이 삽화로 그려져 있다. 이 장은 아니가 위대한 수다쟁이 신 게브의 알과 동일시되기를 원하는 바람을 담고 있다.

알이란 껍질 속에서 배아胚芽가 공기를 통해 성장하고 부화되어 밖으로 나오는 생명을 상징한다. 사자 또한 자신의 영혼이 분묘 속에서 호흡하고 성장하여 영원한 생명을 갖기를 희망하며, 다음과 같은 주문을 낭송한다.

1. 공기를 주기 위한 장
2. 내세에서 누우가 낭송합니다. 아툼 신을 찬양합니다. 당신의 콧구멍에 살고 있는 달콤한 공기를 나에게 주십시오. 나는 헤르모폴리스에서 위대한 왕관을 쓰고 있는 사람입니다. 나는 위대한 수다쟁이의
3. 알에서 태어났습니다. 게브 신이 대지를 만들었듯이 나는 존재하고 있는 위대한 신을 보호할 것입니다. 나는 살고 살아갈 것입니다.

제55장 공기를 제공하는 또다른 주문

공기를 제공하는 또다른 주문이며, 사자가 한 손에 돛을 들고 있는 삽화가 있다. 사자는 자신을 하늘의 남신 슈와 동일시하여 공기를 흡

입하여 입을 열고, 볼 수 있기를 기원하고 있다.

나는 재칼 중의 재칼, 나는 태양에서부터 하늘 끝까지, 지상 끝까지, 새 깃털 끝까지 공기를 빨아들이는 슈 신입니다.

나는 나의 입을 여는 젊은이에게 공기를 제공할 것이며, 나는 라의 눈으로 세상을 볼 것입니다.

제56장 지상에서 호흡하기 위한 주문

공기를 호흡하기 위한 주문이며, 렙시우스가 편찬한 파피루스에는 사자가 돛을 들고 있는 삽화가 있다.

오 아툼 신이여, 당신의 콧구멍에 있는 달콤한 공기를 내게 주십시오. 나는 헤르모폴리스에서 위대한 장소를 찾고 있습니다. 나는 위대한 수다쟁이의 알을 보호하고 있습니다.

만약 내가 강해진다면, 내가 강해진다면, 만약 내가 살아간다면, 내가 살아간다면, 만약 내가 호흡한다면, 내가 호흡한다면.

제57장 공기를 호흡하고, 내세의 물을 다스리기 위한 주문

제57장은 공기를 들이마시고 물에서 정통성을 얻기 위한 주문이다. 제57장의 삽화에는 사자가 돛을 들고 흐르는 강물 위에 서 있는 장면이 그려져 있다. 제54장부터 제60장까지는 주제가 비슷하고 중복되어 있다.

하늘에 있는 위대한 하피 신이여, 당신의 이름은 '안전한 하늘'입니다. 폭풍 치는 밤에 사크메트(파괴의 힘을 지닌 사자獅子의 여신)가 오시리스를 구했듯이, 나에게 물을 떠먹을 수 있는 힘을 주십시오. 풍요로움을 나타내는 왕관 앞에 있는 연장자가 이름을 알 수 없는 신을 나에게 보냈습니다.

나의 콧구멍은 부시리스를 향해 열려 있습니다. 나는 헬리오폴리스에서 휴식을 취하고 있으며, 나는 호루스의 매처럼 알에서 태어났습니다. 크눔 신이 나를 보호하기 위해 지키고 있습니다.

만약 하늘에 북풍이 불어온다면 나는 남쪽 지방에 거주하고, 남풍이 불어온다면 북쪽에 거주할 것이며, 서풍이 불어온다면 동쪽에 거주하고, 동풍이 불어온다면 서쪽에 거주할 것입니다. 나는 콧등을 비벼댈 것이며 내가 원하는 곳에 코를 열어놓을 것입니다.

제58장 내세에서 호흡하고 물로부터 힘을 얻기 위한 주문

공기를 마시고 물로부터 정통성을 얻기 위한 주문이다. 삽화에는 사자가 흑단나무 옆에서 흐르는 물을 떠 마시는 장면이 그려져 있다. 사자는 아누비스의 신전에 있는 신선한 케이크, 빵, 맥주를 먹기 원하고 이시스와 네프티스, 호루스 신에게 가기를 원한다. 아니의 삽화에 나오는 흑단나무는 아프리카 지방에서 신성시된 것이다. 렙시우스의 삽화에는 사자가 공기를 상징하는 돛과 물을 담은 그릇을 들고 있다.

1. 오시리스 아니가 찬양합니다. 나를 눠주십시오. 당신은 누구입니까.

2. 당신의 이름은 무엇입니까. 나는 당신의 동료 가운데 하나입니다. 당신과 함께 있는 신들은 누구입니까. 여기 이시스와 네프티스

신이 있습니다. 당신의 목은 다음과 같이 하지 않으면 머리로부터 분리될 것입니다.

3. 당신은 미라가 부활하는 신성한 방에 들어갈 때면 호루스의 신전을 복원해야 합니다. 영혼을 모으는 사람의 이름은 나의 보트입니다. 머리를 무성하게 하는 것은 노櫓입니다. 가축을 모는 막대기가 그 이름입니다. 선체 중간에서 방향을 잡는 것은 키입니다. 게다가 나는 배를 호수에 있는 곳으로 저어가야 합니다. 거기에 가면 우유, 케이크, 수많은 빵, 물과 신선한 고기를 줄 것입니다.

4. 그곳이 호루스의 신전입니다.

이 주문에는 "사자가 이 장을 안다면 그는 아름다운 아몬테트의 내세를 오갈 수 있게 된다"는 주해가 붙어 있어서 사자가 반드시 알아야 한다는 사실을 명기해놓았다.

제59장 공기를 호흡하고, 내세의 물을 다스리기 위한 주문

아니의 주문은 생존하기 위해 공기를 마시고 물로부터 정통성을 얻기 위한 내용이다. 삽화는 아우팡크의 것으로 누트, 하토르 신으로부터 음식과 음료수를 받는 장면이 그려져 있다.

1. 공기를 호흡하고 내세의 물을 다스리기 위한 장. 오시리스 아니가 낭송합니다. 누트 신의 무화과나무를 찬양합니다. 나에게 물과 공기를 주십시오.

2. 그것은 누트 신에게 있습니다. 나는 헤르모폴리스에서 왕관을 쓰고, 나는

3. 대지의 신 게브의 알(태양을 말한다)을 지킬 것입니다. 알이 자

라듯 나도 자라고, 알이 살아가듯 나도 살아가며

4. 알이 공기를 마시듯, 나도 공기를 마실 것입니다. 진실을 말하는 오시리스 아니는 평온합니다.

제60장

제59장과 동일한 내용이며 사자가 연꽃과 돛을 들고 있는 삽화가 있다. 연꽃은 이시스 신의 화신이며 향기를 가지고 있어 신성시되고 있다. 오시리스왕국의 법정에 놓여 있는 꽃도 바로 연꽃이다. 포크너와 벗지는 이 장에 대한 구체적인 설명을 생략했다.

제61장 영혼을 빼앗아가지 못하도록 하는 주문

사자의 영혼을 빼앗아가지 못하도록 하는 주문이다. 아니의 삽화에는 사자가 자신의 영혼을 빼앗기지 않도록 심장을 껴안고 있는 장면이 그려져 있고, 아우팡크의 삽화에는 돛을 든 장면이 그려져 있다. 이 장은 이해하기 쉽다. 아프리카에서는 적들의 요술에 걸려 자신의 영혼을 탈취당하면 곧 죽게 된다고 믿었다. 그러나 이 장은 벗지가 지적한 것처럼, 앞뒤의 장과는 이질적인 내용으로 신관들이 『사자의 서』를 잘못 이해한 채 기록한 것이다.

서기 오시리스 아니는 다음과 같이 주문을 외운다.

1. 심장의 영혼을 빼앗아가지 못하도록 하는 장. 오시리스 아니가 낭송합니다. 나는

2. 천국의 물에서 태어났습니다. 천국의 물이 나에게 풍요를 주었

오른쪽부터 하토르 여신의 상징인 무화과나무에서 사자가 물을 받아 마시는 장면(제59장), 두 번째와 세번째, 네번째 그림은 사자가 호흡하기 위해 공기를 상징하는 돛을 들고 있는 장면(제60장~제62장), 왼쪽은 사자가 불에 타지 않도록 그릇에 물을 담는 장면(제63장).

고, 강물을 지배하는 힘을 갖게 되었습니다.

한편, 나비유가 편집한 튜린 파피루스에는 '네세에서 물을 마시기 위한 장'이란 제목이 붙어 있고, "나는 게브 신으로부터 왔으며, 강물을 얻었고, 하피의 모습으로 강물을 지배하는 라가 되었습니다"라는 주문이 실려 있다.

제62장 물을 마시기 위한 또다른 주문

사자가 물을 떠 마시는 장이며, 렙시우스가 편찬한 파피루스에는 사자가 돛을 들고 있는 삽화가 장식되어 있다.

오시리스를 위해 위대한 물이 열리도록 하고, 토트와 하피를 위해 차가운 물이 열리도록 하고, 수평선의 군주를 위해 왕관이 열리도록 하는 나의 이름은 페드수Pedsu입니다.

세트의 손발과 같이 나에게 물을 지배하는 힘을 주십시오. 나는 하늘을 횡단하는 라 신의 사자獅子입니다.

나는 앞발로 먹는 살해자입니다. 황소의 다리가 나를 위해 있고, 낙원의 연못이 나를 위해 있고, 불멸이 나에게 주어졌습니다.

나는 불멸을 상속받은 자입니다.

제63장 물을 마시고 불에 타는 것을 방지하기 위한 주문

첫번째 주문은 물을 떠 마시고 불에 타는 것을 모면하기 위한 내용이며 사자 누우의 삽화에는 그릇에 물을 담는 장면이 있다. 렙시우스가 편찬한 아우팡크의 파피루스는 사자가 불에 타지 않도록 그릇에 물을 담는 장면이 그려져 있다. 두번째 주문은 끓는 물을 떠 마시는 것을 모면하기 위한 내용이다. 삽화에는 사자가 음식이 놓여 있는 테이블 앞에 앉은 장면이 그려져 있다. 사자가 이 장을 낭송하면 끓는 물을 먹게 되는 것을 모면할 수 있다. 이 물은 진실을 말하는 사자에게는 깨끗하고 차가운 물이 되지만, 악인이 마시는 경우에는 끓는 물로 변한다. 또한 영혼이 물을 공급받지 못하면 갈증으로 사막을 배회하다 사망한다고 여겨졌다.

불에 타는 것을 피하기 위한 첫번째 주문은 다음과 같다.

1. 물을 마시고
2. 내세에서 불에 타는 것을 방지하기 위한 장. 누우가 낭송합니다.
오시리스! 나는 그대 앞에 왔습니다. 나는 신들을 태워 나르는 라의 배를 타고 왔습니다.

　3. 나를 불로 파괴시키거나 태우지 않게 하여주십시오. 나는 모든 신들을 탄생시킨 오시리스의 첫째 아들이며,

　4. 헬리오폴리스의 신전에 공물을 많이 바쳤습니다. 나는 위대한 신의 상속인입니다. 나는 내 이름을 빛낼 것입니다.

　5. 그대 또한 내 마음속에서 매일 살아 있을 것입니다.

끓는 물을 마시는 것을 피하기 위한 두번째 주문은 다음과 같다.

　나는 불꽃의 호수로부터 빛을 방사시켜 오시리스를 타지 않게 하며, 또한 라 신이 늙은 신들을 실어나를 때 사용하는 노櫓를 갖고 있습니다. 나는 빛의 신처럼 앉아 있고 쇠를 끊을 수 있는 크눔 신처럼 앉아 있습니다. 크눔 신처럼 자유롭게 부디 나를 통과시켜주십시오.

제64장 내세로부터 태양과 함께 출현하기 위한 주문

　하계로부터 태양과 함께 출현하는 장으로 여기에는 두 개의 개정본이 있다. 사자가 태양신 라를 숭배하고 나무 위에 서 있는 삽화가 있다. 다음은 포크너가 편집한 주문이다.

　하늘과 지상을 심판하고, 음식과 양식을 주는 영혼의 신이여.
　인간을 창조한 위대한 신이여!
　오 동서남북의 아홉 신이 하늘의 신, 신을 만든 군주 라를 찬양합니다.
　당신이 태양선을 타고 나타날 때 경배합니다.
　당신을 경배하는 사람들을 토트 신과 정의의 신 마아트가 매일 기

록하고 있습니다.

당신의 적들은 모두 불에 타 죽었습니다.

나는 밤의 태양선을 붙잡고, 낮의 태양선을 붙잡았습니다. 나는 나의 영혼이 원하는 어떤 곳이라도 여행할 것입니다.

토트 신과 마아트 신이 나에게 빵을 줄 것입니다.

또 태양선을 타고 갈 때 나에게 진리를 줄 것입니다.

제65장 적을 무찌르고 태양 아래 출현하는 주문

적을 무찌르고 승리할 것을 약속하며 태양과 함께 모습을 드러내는 장이며 라를 향해 숭배하는 삽화가 있다. 다음 주문은 포크너가 편집한 것이다.

태양신 라는 백만 년 동안 자신이 사는 곳에 앉아 있습니다. 그리고 라를 닮은, 숨어 사는 아홉 신은 케페라의 궁전에 살면서 내세에 제공하는 음식과 음료를 먹고 있습니다.

내가 오시리스에게 바친 공물을 가져가는 것을 허용하지 마십시오. 나는 세트와 결탁한 사실이 없습니다.

오시리스 앞에 웅크리고 앉아 있는 신이여, 내가 라의 옥좌에 앉도록 허용하고 게브 신이 나의 육체를 가져가도록 해주십시오. 오시리스가 세트를 격파하도록 하여 세트의 꿈이 물거품이 되도록 해 주십시오.

하이집트의 거대한 집을 다스리는 얼굴을 숨긴 당신이여, 육 일간의 축제 때에 신들에게 옷을 입히고, 불멸의 매듭을 꼬는 당신이여.

나는 다시 태어났습니다. 나는 사람들이 지상에서 숭배하는 살아 있는 영혼으로 태어났습니다.

당신은 나를 라의 왕국에서 쫓아내고 해치려는 신입니다. 나는 라를 만나서 나의 적들에 대항하는 위대한 신 앞에서 그들을 기소할 것입니다.

그러나 당신이 법정에서 그들을 옹호하여 나의 적을 물리치지 못하도록 한다면, 하피 신도 하늘로 올라가지 못하고 진실 속에서 살아가지 못하며 라 신도 물 속에서 물고기로 살아가야 합니다.

나는 적을 무찌르려고 왔습니다. 적들도 나에게 항복할 것이며 법정 앞에서 조용해질 것입니다.

제66장 하계에서 적들을 물리치고 태양 아래 출현하기 위한 주문

사자가 태양 아래 그 모습을 드러내는 장이며 태양신 라를 향해 기원하는 렙시우스의 삽화가 있다. 제66장과 제67장은 사자가 태양신 라의 배에 승선하기 위해 허가받는 주문이다.

나는 사크메트에 의해 임신되었고, 시티스(크눔 신과 결합된 엘레판틴 지방의 여신)에 의해 태어났다는 것을 알고 있습니다.

나는 신성한 두 눈으로부터 태어난 호루스입니다. 나는 호루스로부터 태어난 우자트Udjat입니다.

나는 날아다니는 호루스입니다. 나는 심연에 정박한 태양선에 서 있는 라의 머리 위에 빛나고 있습니다.

제67장 분묘의 문을 열고 태양 아래 출현하기 위한 주문

사자가 분묘의 문을 열고 태양 아래 드러나는 장이다. 오시리스 아

우팡크가 태양선에 승선하기 위해 기다리는 삽화가 있다. 이 장의 주
문에는 사자가 분묘 속에서 나와서 내세로 가기 위해 태양선에 반드
시 승선하겠다는 염원이 담겨 있다.

심연 속에 거주하는 사람들을 위해 동굴(분묘를 말한다)이 열리
고, 태양 속에 있던 사람들이 해방되었습니다.
슈 신을 위해 동굴이 열리면 그가 나오듯이 나도 걸어서 나올 것
입니다. 나는 대지가 열린 곳으로 내려올 것입니다.
나는 라의 태양선에 있는 나의 좌석으로 내려갈 것입니다.
나는 호수에서 일어나 빛나는 신 라의 태양선에 나의 좌석을 빼앗
기는 고통을 당하지 않을 것입니다.

제68장 태양 아래 출현하기 위한 주문

제68장에서부터 제73장까지는 사자가 천국과 내세에서의 자유로
운 행동을 보장받기 위해 행하는 주문이며 '부활의 서'라고 평가할 만
하다. 제68장은 포크너가 편집한 것으로, 사자가 적들을 극복하고 태
양 아래 드러나기 위한 장이며 삽화는 생략되어 있다. 그러나 렙시우
스가 편찬한 파피루스에는 하토르 신에게 찬양하는 삽화가 있다.

나를 위해 하늘의 문이 열리고, 대지의 문이 열렸습니다. 게브 신
이 사는 관문의 빗장이 열리고, 하늘을 닫고 있던 창문이 열렸습니다.
나를 보호하고, 석방시키고, 나를 손으로 잡아서 지상으로 밀어낸
펠리컨이 나를 위해 입을 열고, 나에게 입을 주었습니다. 나는 내가
원하는 곳으로 갈 것입니다
나의 심장에게 힘을 부여해주십시오. 심장에게 힘을 부여해주십시

오. 나의 팔에 힘을 주십시오. 나의 다리에 힘을 주십시오. 나의 입에 힘을 주십시오. 내가 동료들보다 우월한 힘을 갖도록 해주십시오.

신에게 바치는 공물을 지배하는 힘을 주십시오. 물을 지배하는 힘을 주십시오. 강물을 지배하는 힘을 주십시오. 국가를 지배하는 힘을 주십시오. 나를 해치려는 사람들에 대항할 수 있는 힘을 주십시오. 지상에서 나를 해치려는 사람들에 대항할 수 있는 힘을 주십시오.

(신의 대답)

나에게 무엇을 말하는지 잘 알고 있다. 너는 게브의 빵으로 살아갈 것이다. 너는 네가 싫어하는 것을 먹을 필요는 없다. 너는 깨끗한 곳에서 하피의 하얀 빵과 붉은 포도주를 먹게 될 것이다. 너는 하토르가 헬리오폴리스로 여행할 때, 성스러운 마법의 말을 기록한 토트의 책을 가지고 태양 원반에 빛나는 그녀의 나뭇가지 밑에 앉을 것이다.

너는 심장을 지배하는 힘을 갖게 될 것이다. 너는 입과 팔을 지배하는 힘을 갖게 될 것이다. 너는 물을 지배하는 힘을 갖게 될 것이다. 너는 개울을 지배하는 힘을 갖게 될 것이다.

너는 강기슭의 대지를 지배하는 힘을 갖게 될 것이다. 너는 너를 해치려는 사람들을 다스리는 힘을 갖게 될 것이다. 너는 너를 해치라고 명령한 신들을 다스리는 힘을 갖게 될 것이다.

오른쪽 몸을 올리고, 왼쪽 몸을 올려라. 앉았다 일어서기를 반복하고 먼지를 털어내면 너의 혀와 입이 지각을 느끼게 될 것이다.

이 장에는 "만약 사자가 이 책을 알게 된다면 그는 대낮에 출현할 수 있고, 파괴되지 않고 살아서 대지로 걸어나올 것이다. 그리고 백만 년을 살게 될 것이다."라는 주해가 붙어 있다.

제69장 오시리스의 후계자가 되기 위한 주문

제68장과 유사한 내용이며 삽화는 생략되어 있다.

나는 빛나는 절대자, 태양의 여신 이시스의 오빠 오시리스입니다. 라의 아들과 아내 이시스가 나를 해치는 적들로부터 구출해주었습니다. 적들이 나에게 사악한 짓을 했기 때문에 접착제를 그들의 팔, 그들의 손, 그들의 발에 붙여놓았습니다.

나는 동료 신 가운데 제일 먼저 태어난 오시리스입니다. 나는 제일 높은 신이며, 나의 아버지 게브의 상속인입니다.

나는 오시리스, 사람들의 군주 살아 있는 젖가슴, 강력한 음부, 탱탱한 남근, 범부입니다.

나는 대지를 밟고 있는 오리온이며, 자신의 의지로 임신한 나의 어머니 누트의 육체 속에 있는 별들을 따러다니고 있습니다. 나는 지네의 날과 관련된 아누비스입니다. 나는 벌판을 달리는 황소입니다.

나는 나의 아버지와 어머니를 위하여 대학살을 단행한 것에 동의했던 오시리스입니다.

게브가 나의 아버지이고 누트가 나의 어머니입니다.

나는 왕관을 계승한 장남 호루스이며, 헬리오폴리스의 신전에 있는 아누비스이며, 모든 사람의 군주 오시리스입니다.

오시리스의 서기와 문지기에게 말하는 장남 호루스여!

나는 영혼이 되어 신성함을 완전히 회복했습니다. 나는 육체를 보호하기 위해 왔고, 오시리스가 출생했던 받침대에 앉아 그의 격렬한 고통을 제거하기 위해 왔습니다. 나는 오시리스의 출생 받침대에서 전능해졌고, 신성해졌습니다. 왜냐하면 그가 어린애일 때, 나와 같이 태어났기 때문입니다. 나는 오시리스이며, 신의 입을 열 수 있고, 그 곁에 앉을 수 있습니다.

제70장 태양 아래 출현하기 위한 또다른 주문

이 장은 사자에게 살아 숨쉴 수 있도록 공기를 부여하고 자유로이 여행하며 태양 아래 출현할 수 있도록 하는 주문이며, 포크너가 편집한 것으로 제69장에 종속된 장이나 다름없다. 이 장의 삽화는 생략되어 있다.

내가 살해된 장소는 그의 신전 안에 있는 곳입니다. 나는 아버지 오시리스의 신전에서 행복하고 기쁨을 누리고 있습니다.

나는 부시리스를 지배하고 강가를 여행했습니다.

나는 머리카락을 날리면서 불어오는 동풍을 호흡하고 헝클어진 머리카락을 휘날리며 북풍을 잡았습니다.

나는 동서남북으로 하늘을 가로질러 빵을 먹고 있는 사람들에게 축복의 호흡을 주었습니다.

제71장 태양 아래 출현하기 위한 주문

태양 아래 출현하는 장이며, 주해가 붙어 있다. 사자가 메후르트 Mehurt 신(오시리스왕국에서 라의 명령을 받는 열두 명의 신 가운데 하나로 암소 형상을 하고 있다) 앞에 양손을 벌린 채 무릎을 꿇고 경배하는 모습이 그려져 있다.

심연 속에서 태어난 매, 천국의 물을 지배하는 군주여, 나를 인도해주십시오.

그를 지상에 놓아주십시오, 그를 지상에 놓아주십시오. 그는 한쪽 얼굴을 가진 군주로 내가 존경하는 신입니다.

신전에 있는 매여, 이시스의 아들 호루스에게 장식 달린 옷을 입고 있는 그를 존경한다고 전해주십시오.

오 이시스의 아들 호루스여, 당신 스스로 걸어가듯이 나를 인도해주십시오. 그리고 그를 지상에 놓아주십시오. 그는 내가 존경하는 한쪽 얼굴의 군주입니다.

오 남쪽 하늘에 있는 호루스여, 오 북쪽 하늘에 있는 토트여! 나를 위해 성난 뱀을 순화시키고, 마아트를 불러내어 그녀가 나를 사랑하도록 해주십시오.

오 토트 신이여, 당신 스스로 걸어가듯이 나를 인도해주십시오.

오시리스여, 당신 스스로 걸어가듯이 나를 인도해주십시오.

제72장 세케르 왕국을 통과하여 태양 아래 출현하기 위한 주문

죽음의 신 세케르가 지배하는 왕국으로 뜨거운 불꽃과 끓는 물로 가득차 있는 곳(아메헤트)을 통과하여 태양 아래 출현하는 장이다. 이 주문은 네브세니의 파피루스에 나오는 내용이며, 삽화에는 사자가 분묘 앞에 서 있는 장면이 그려져 있다.

순결하고 영원성을 만들어내며 끝없는 삶을 살아가는 오시리스왕국의 군주여, 당신에게 경배합니다. 나는 당신을 위하여 스스로 길을 만들었습니다. 하늘도 땅도 데리고 갈 수 없는 당신은 신의 첫째 아들인 라입니다. 당신의 어머니가 당신을 양육하고 수평선을 당신의 심장으로 주었습니다.

제73장 내세로 가기 위한 주문

이 장은 사자가 분묘가 있는 서쪽 지역(아멘테트)으로 가기 위한 주문으로 렙시우스가 편집한 것이며, 포크너는 이 장을 생략했다. 그러나 이 장은 제9장과 중복되는 내용을 담고 있다.

상단 분묘가 있는 서쪽 지역으로 가기 위한 장

1. 오시리스 아우팡크가 낭송합니다. 가공스러운 힘을 가진 당신의 영혼을 찬양합니다. 나는 당신을 보기 위해 여기에 왔습니다. 나는 내세로 가야만 합니다. 나는 나의 아버지를 보았습니다. 나는

2. 어둠을 지나서 왔습니다. 나는 오시리스를 존경하고 나의 아버지 오시리스를 보기 위해 왔습니다. 그는 세트의 심장을 심판했던 분입니다. 나는 나의 아버지 오시리스를 위해 공물을 바쳤습니다. 나는

3. 영혼과 영체를 갖게 될 것입니다. 모든 신, 모든 영혼을 찬양합니다. 나는 길을 만들 것입니다.

제74장 다리를 세우고 걸어서 대지에 출현하기 위한 주문

사자가 걸어서 대지에 출현할 수 있도록 다리에 힘을 부여받기 위한 주문이며, 렙시우스의 삽화에는 사자 아우팡크가 '라의 눈'으로 알려진, 우레우스uraeus(이집트명은 '웨자트wedjat'로서 '머리를 들고 일어서는 여인'이라는 의미를 갖고 있다)를 뒤따르는 장면이 그려져 있다. 세케르는 이미 말한 바와 같이 어둠과 죽음의 신이며, 위대한 곰으로 강력한 힘을 가지고 있다. 그의 왕국은 나일강 왼쪽에 자리잡고 있다. 세케르의 이름이 변형된 것이 지금의 '사카라' 지역이다.

상단. 다리를 세우고 걸어서 대지에 출현하기 위한 장.

1. 오시리스 아우팡크가 낭송합니다. 오 세케르여! 당신의 일을 끝내십시오. 오 커다란 궁전에서 거주하고 있고, 내세에 있는 나의 다리로 움직이는 세케르여!

2. 나는 하늘에서 빛을 보내는 자입니다. 나는 내세에 있습니다. 나는 영혼 옆에 앉아 있습니다. 오 나는 무기력합니다. 오 오시리스 아우팡크는 무기력합니다. 나는

3. 내세에 있는 약탈자들에게 무기력합니다. 오시리스 아우팡크가 헬리오폴리스에서 걸을 수 있도록 해주십시오.

제75장 헬리오폴리스로 여행하고 왕관을 부여받기 위한 주문

헬리오폴리스로 여행하여 왕관을 받기 위해 사자의 길을 안내받는 주문이다. 사자가 헬리오폴리스에 서 있는 삽화가 그려져 있다.

이시스가 나를 위하여 자신의 매듭을 주었고, 그녀의 어머니를 통해 동생에게 나를 맡겼습니다.

그녀는 나를 라 신이 출현하고 매일 찬양하는 동쪽 하늘에 앉혔습니다.

나는 영광을 얻었고, 새로운 신입자가 되고, 고귀한 신이 되었습니다.

그리고 신들은 토트 신이 격투자들을 유화시키고, 부토를 여행할 때 지나가는 신성한 길에 나를 앉혔습니다.

제76장 원하는 형태로 전생하기 위한 주문

사자가 원하는 형태로 변화하기 위한 주문이다. 렙시우스의 파피루스에는 사자가 기원하는 장면을 그린 삽화가 있다.

제76장에서부터 제88장까지는 '전생轉生의 장'이다. 이집트인들은 사자가 이 장들을 낭송하면 자신이 원하는 바대로 황금의 매, 신성한 독수리, 창생創生의 위대한 신, 광명의 신, 또는 누의 법의法衣, 청초한 백합꽃, 프타 신의 아들, 불사조, 라의 혼, 제비, 대지의 뱀, 악어 등으로 변신하게 된다고 믿었다.

나는 왕궁을 지나왔습니다. 그리고 당신은 나에게 아비트라는 새를 보내주었습니다. 하늘을 날 수 있고 하얀 왕관(상이집트의 파라오가 착용하는 왕관)을 수호하는 당신을 찬양합니다.

나는 당신과 같이 있을 것이며, 위대한 신과 함께 있을 것입니다. 나에게 길을 만들어주시고, 통과할 수 있도록 해주십시오.

제77장 황금의 매로 변하기 위한 주문

이 장은 황금의 매로 변하기 위한 주문이다. 삽화에는 황금의 매가 그려져 있다. 황금의 매로 변하려는 것은 호루스 신과 같이 위대한 영혼을 얻어 하계에서 괴물들을 물리치고, 태양선이 있는 천국으로 날아가기 위한 데 있다. 초기에 이집트인들은 토트 신의 날개로 천국을 비행할 수 있다고 믿었는데 이것이 후기에 가서는 황금의 매로 변환되었다.

아래 주문에서 〔 〕로 표시한 '황금의 매'로의 원래 표기는 '세스헷 Seshett의 묘실에서 황금의 매로'이다. 포크너 역시 세스헷 묘실은 생략한 채 해독했다. 어느 것이나 의미상 차이는 없다. 세스헷 묘실은 황금의 매가 알에서 부화하듯이 사자의 미라가 묘실에서 '부활하는 방'을 말한다.

1. 황금의 매로 변하기 위한 장. 오시리스 아니가 낭송합니다.
2. 나는 [황금의 매로] 태어났습니다.
3. 마치 독수리가 알에서 태어나듯이 말입니다. 나는 매처럼 뒤로 날아다닙니다. 나는 뒤로

성스러운 황금의 매로 변하는 장면

4. 7큐빗(4.5미터, 1큐빗은 20.6인치)을 날 수 있고 남쪽 에메랄드가 있는 곳으로 갈 수 있는 날개를 가지고 있습니다. 나는 밤의 태양선에서 왔으며

5. 나의 심장은 동쪽의 산으로부터 나를 데려왔습니다. 나는 태양선이 있는 곳으로 날아갈 것입니다. 그리고 태양선이 나를 데려가서 거주할 수 있도록 할 것입니다.

6. 거기에 있는 사람들이 내 앞에서 인사할 것입니다. 나는 성장하고 회복할 것입니다.

7. 마치 아름다운 황금의 매, 피닉스의 머리, 나의 이야기를 듣고 있는 라와 같이 말입니다.

8. 위대한 누트의 아들 사이에 앉아 있으면 천국이 눈앞에 있고, 나는 거기서 먹을 것입니다.

제78장 성스러운 매로 변하기 위한 주문

성스러운 매로 변하기 위한 주문이다. 삽화에는 매가 그려져 있다. 제77장과 마찬가지로 매는 곧 오시리스의 아들 호루스를 가리킨다. 오시리스의 신자 아니는 호루스의 영혼, 호루스의 심장, 호루스의 근육을 갖기 위해 매가 되려는 주문을 낭송한다. 이 낭송을 통해 사자는 오시리스의 아들이 되고 태양신 라의 아들과 동일시되어 전능하고 영원한 삶을 얻고자 한다.

1. 성스러운 매로 변하기 위한 장. 오시리스 아니가 낭송합니다.

2. 부시리스에서 온 위대한 신을 찬양합니다. 나에게 길을 만들어주시고, 내가

3. 왕관을 쓸 수 있도록 허락해주십시오. 나는 노력했습니다. 나는

나 자신을 완벽하게 했습니다. 내가 두려움을 극복할 수 있게 해주십시오.

4. 나를 외경스럽게 해주십시오. 내세의 신이 나를 두려워하고 나를 위해 적과 싸우도록 해주십시오.

5. 내세의 왕국에서 나를 공격하기 위해 적들이 다가오지 못하도록 하고 어둠의 왕국에서 나에게 상처를 입히지 않도록 해주십시오.

(……)

47. 나는 성스러운 매와 같이 태어났습니다. 호루스가 자신의 영혼으로 나의 영혼을 주었습니다.

48. 내세에 있는 오시리스 영혼을 소유하도록 해주십시오. 나에게 길을 만들어주십시오. 나는 여행을 해서 오시리스 신전의 주신과 문지기가 있는 곳에 도착하겠습니다.

49. 나는 그들에게 그들의 위대함을 말할 것입니다. 그들이 승리하였다는 것을 알게 할 것입니다. 그들은 이미 세트를 황소의 두 뿔로 받을 준비가 되어 있습니다.

50. 그들은 후우 신(심판의 장에 나오는 여신)의 능력, 아툼 신의 능력을 가진 사람을 알고 있습니다.

다음은 렙시우스가 편집한 것 중 제78장의 36절부터 40절까지만 해석한 것으로 호루스를 찬양하고 오시리스를 위해 노력했다는 사실을 들춰내며 호루스와 동격이 되고 싶은 희망을 담고 있다.

36. 오 오시리스여! 당신의 왕관을 찬양합니다. 오 오시리스여! 당신은 위대한 심판자입니다. 오시리스여! 당신은 날로 새로워지고 있습니다. 나는

37. 당신을 위해 당신의 머리와 육체가 분리되지 않도록 단단하게 묶었습니다. 나는 당신의 목을 편안하게 해놓았고, 가슴속에 기쁨을

가져다주었습니다. 당신의 말은 품위 있고, 당신의 왕자도 기뻐하고 있습니다. 당신은 아멘테트의 황소입니다.

38. 당신의 아들 호루스는 당신의 왕위를 이어받았습니다. 모든 삶이 그를 위해 존재합니다. 백만 년의 세월이 그를 위해 있습니다. 모든 신들이 그를 경외합니다. 전능한 신 아툼은 모든 것이 변하지 않는다고 말했습니다. 호루스가 서 있습니다.

39. 나는 호루스의 아버지 유해를 찾으러 갔습니다. 호루스가 유해를 찾았습니다. 나의 어머니는 호루스이며, 나의 삼촌도 호루스입니다. 나는 다시 왔습니다. 호루스도 아버지를 따라왔습니다.

40. 그러나 그의 머리에는 더러운 진흙이 묻어 있습니다. 신들이 유일한 군주인 그를 씻어주고 백만 년 동안 보살필 것입니다.

제79장 오시리스의 왕자로 변하기 위한 주문

신의 한 사람 또는 신성한 오시리스의 왕자 호루스가 되기 위해 힘을 갖기 위한 주문이며, 삽화에는 사자가 호루스의 네 아들임을 뜻하는 그림이 그려져 있다.

1. 오시리스의 왕자로 변하기 위한 장. 진실을 말하는 오시리스 누우가 낭송합니다.

2. 나는 하늘을 만들고 지상의 사물을 만들었으며 인간을 만든 창조자이며 스스로 탄생한 위대한 아툼 신입니다.

3. 두 신들을 풍요롭게 한 사물과 삶의 영원한 군주를 경배합니다.

4. 당신은 감추어져 있고, 그 출입구는 신비에 둘러싸여 있으며 거주하는 곳도 알려져 있지 않습니다. 당신을 경배합니다.

5. 빛의 왕국에서 거주하는 당신을 찬양합니다. 폭포의 나라에서

거주하는 당신을 경배합니다. 천국에서 거주하는 당신을 경배합니다.

6. 누트 신 안에서 거주하는 당신을 찬양합니다. 내가 당신 앞에 서는 것을 허락해 주십시오. 나는 순수하며

7. 신입니다. 나는 영혼을 부여받았습니다. 나는 강합니다. 나는 영혼과 육체를 부여받았습니다. 나는 당신에게 향과 향료와 소다수를 가져왔습니다.

8. 나는 당신의 입에서 멀리 떨어져 있습니다. 나는 당신의 심장에 있는 악 때문에 멀리 떨어져 있습니다. 나는 당신과 관련된 모욕을 없앴습니다.

9. 나는 선행을 가져왔습니다. 나는 당신에게 정의를 제공했습니다. 나는 당신을 알고 있습니다. 나는 당신의 이름도 알고 있습니다.

제80장 어둠을 비추는 신으로 변하기 위한 주문

어둠을 비추는 신으로 변하기 위한 주문이며, 삽화에는 머리에 둥근 태양을 장식한 라의 신이 그려져 있다.

하계는 사자가 오시리스왕국에 도달하기 전까지 어둠으로 둘러싸인 곳이며, 많은 영혼들이 도중에서 탈락하고 어둠의 적들에게 희생되는 곳이다. 따라서 사자 아니는 어둠의 적들로부터 자신을 보호하기 위해 빛을 가진 신이 되길 원하며, 그렇게 해서 오시리스왕국에 무사히 도착하길 바란다.

1. 어둠을 비추는 신으로 변하기 위한 장. 진실을 말하는 오시리스 아니가 낭송합니다. 나는

2. 빛을 주고 태양을 주고, 가슴을 비추는 누 신의 속옷입니다. 이 속옷은 어둠을 비추고, 두 신을 결합시키는 역할을 하고 있습니다.

3. 내가 말하는 단어로 위대한 주문을 외워서 나의 육체에 거주하는 신들을 결합시켜 나는 사후에 다시 일어섰습니다.

4. 나는 아비도스의 골짜기에 누워 있었습니다. 나는 휴식을 취하고 있었습니다. 그러나 나는

5. 그를 기억합니다. 후우 신이 나의 도시로 나를 데려갔습니다. 나는 그들을 발견했습니다.

6. 나는 거기서 내 힘으로 어둠을 제거했으며 도움 없이 라의 눈에서 나오는 빛을 채워넣었습니다.

제81장 연꽃으로 변하기 위한 주문

이 장의 두 주문은 연꽃으로 변하기 위한 내용을 담고 있으며, 렙시우스가 편찬한 튜린 파피루스에는 사자 머리가 연꽃에서 자라고 있는 장면이 그려져 있다.

백합과 연꽃은 라의 몸에서 뿜어져나온 입김으로부터 성장한 것이어서 라 신이 가장 좋아하는 식물로 알려져 있다. 또한 연꽃은 매일 떠오르는 태양을 받쳐주는 것으로 간주하여 부활 사상과 연결되어 있다. 아우팡크가 백합, 연꽃으로 전생할 수 있는 힘을 얻고자 하는 것은 매일 새롭게 태어나려는 희망 때문이다.

첫번째 주문은 다음과 같다.

1. 연꽃으로 변하기 위한 장. 진실을 말하는 사자 오시리스 아우팡크가 낭송합니다. 나는 라의 콧구멍에서 나오는 빛으로 성장하는 신성한 연꽃입니다. 그것은 하토르의 머리에서도 자라고 있습니다.

2. 나는 나의 길을 갈 것이며 호루스를 찾아갈 것입니다. 나는 라

의 정원에서 자라나는 신성한 연꽃입니다.

두번째 주문은 다음과 같다.

　1. 연꽃으로 변하기 위한 장. 진실을 말하고 평화로운 궁정의 여주인 오시리스 아우이Aui가 경배합니다.
　2. 네페르 아툼 신의 모습을 하고 있는 연꽃을 경배합니다. 나는 당신의 이름을 알고 있는 사람입니다.
　3. 나는 내세에 있는 신들 가운데 당신의 이름을 알고 있습니다.
　4. 내세를 인도하는 신들을 볼 수 있게 해주십시오. 또 앉을 수 있게 해주십시오.
　5. 내세의 군주 옆에. 그리고 천국에 기거할 수 있게 해주십시오. 나를 받아들여주십시오.
　6. 영원한 군주 앞에 위대한 신의 동료들이 나를 거부하지 않도록 해주십시오.

이 장에서 사자가 궁정의 여주인 아우이라는 점이 흥미롭다. 이 장은 기원전 950년에서 700년 사이에 프타 신의 사제였던 파그레르Paqrer라는 신관이 쓴 것에서 연유한다. 파그레르란 '개구리'라는 뜻이며, 그는 동쪽 델타 지방인 파쿠사에서 주지사 정도의 벼슬을 가졌던 것으로 전해지고 있다.

제82장 옷을 입는 프타 신으로 변하기 위한 주문

사자가 프타 신, 케이크, 마시는 맥주, 아누의 화신으로 변하기 위한 주문이며, 삽화에는 신전의 프타 신이 그려져 있다.

프타 신은 원래 대장장이 신이었으나 후기에 가서는 토트 신의 명령을 이행하는 우주의 신이 되었다. 이 주문은 렙시우스가 편찬한 아우팡크의 파피루스로서 사자 아우팡크가 먹고 마시고 매처럼 자유롭게 날아다니며 라, 하토르, 프타 신과 같이 동일한 힘을 얻어서 수백 년 동안 살 수 있도록 하기 위한 것이다.

상단. 옷을 입는 프타 신으로 변하기 위한 장

1. 진실을 말하는 오시리스 아우팡크가 낭송합니다. 나는 매처럼 날아다닙니다. 그리고 오리처럼 울어댑니다. 나는 위대한 신들의 축제가 벌어질 때 왕홀 위에 내려앉았습니다.

2. 나는 내가 싫어하는 것을 먹지 않습니다. 싫어하는 것은 오물이며 그것을 먹지 않습니다. 나의 영혼이 그것을 싫어해서 나의 육체로 들어오지 않으려 하기 때문입니다. 나는 신 그리고 영혼들처럼 살아갈 것입니다

3. 나는 살아서 신들이 먹는 케이크를 관리할 것입니다. 나는 그것을 관리하고, 나의 여인 하토르가 거주하는 신전의 나무 밑에서 먹을 것입니다.

4. 나는 공물을 바칠 것입니다. 나의 케이크는 부시리스에 있고, 내가 바치는 공물은 헬리오폴리스에 있습니다. 나는 타이트 여신Tayt (옷을 만드는 여신)이 나를 위해 짠 옷을 입고 있습니다. 나는 가고 싶은 곳으로 걸어가고 앉기도 합니다. 나의 머리는 라의 머리입니다. 나는 아툼 신과 같이 완벽합니다.

5. (주서) 여기 라를 위해 네 개의 케이크를 바치고, 대지에도 바칩니다. 나는 여기에 왔습니다. 나의 혀는 프타 신의 혀, 나의 목구멍은 하토르 신의 목구멍입니다. 나는 입을 가지고 있으며, 나의 아버지 아툼의 말을 기억하고 있습니다. 아툼은 게브와 그의 아내 누트를 분리시켰고, 그 때문에 존경받고 있습니다. 그를 찬양하는 노

래가 힘차게 계속되고 있습니다. 나는 대지의 신 게브의 상속인임을 선포했습니다. 나는 여인과 결혼했습니다. 게브 신은 나를 새롭게 만들고, 자신의 왕관을 씌워주었습니다. 헬리오폴리스에 거주하는 영혼들이 나를 존경합니다. 나는 그의 황소(오시리스를 말한다)보다도 더 강해졌습니다. 나는 여인과 결혼하여 백만 년을 지배하게 되었습니다.

제5절은 빨간색으로 기록되어 있는 주서朱書 구절이다. 주서란 신관들이 낭송하면 따라 부르는 찬송 구절을 말한다.

제83장 피닉스로 변하기 위한 주문

피닉스로 알려진 베누Benu 새로 변하기 위한 장이며, 삽화에 베누 새가 그려져 있다. 베누 새는 후기에 가서 케페라 신의 아류인 피닉스와 동일시되었는데, 피닉스는 자기가 원할 때 스스로 태어날 수 있는 신이다. 아니가 이 장을 낭송하는 목적도 피닉스와 마찬가지로 자신 속에 모든 신을 창생할 수 있는 능력을 부여받도록 하는 데 있다. 다음 주문은 렙시우스가 편찬한 것이다.

상단. 피닉스로 변하기 위한 장.
1. 오시리스 아우팡크가 진실한 말로 낭송합니다. 나는 태초부터 날아다녔습니다. 나는 케페라 신과 같이 존재합니다. 나는 식물과 같이 성장합니다.
2. 나는 거북이와 같이 각질 속에 숨을 수 있습니다. 나는 신을 잉태하는 씨앗입니다. 나는 지구의 네 기둥이며 동쪽 대지에 살고 있는 일곱 마리의 우레우스입니다.

242

3. 나는 정신을 빛내는 위대한 호루스입니다. 나는 빛나는 육체를 가지고 있습니다. 나는 세트 신입니다. 나는 호루스와 세트 사이에 서 있는 토트, 나는 레토폴리스와 헬리오폴리스의 영혼을 위해 심판을 보는 토트 신입니다.

4. 토트는 그들 사이를 흐르는 강입니다. 나는 전능합니다. 나는 신들로부터 신성을 부여받았습니다. 나는 모든 것을 강하게 만드는 아몬라의 아들 콘수 신입니다.

한편 벗지가 편찬한 아니의 파피루스에는 "사자가 이 주문을 알게 된다면 그는 사후에 매일 순수하게 되고 자신이 원하는 대로 변할 수 있을 것이다. 그는 오시리스의 추종자가 되고 오시리스의 음식과 성스러운 식사로 자기만족을 얻게 될 것이다. 그는 태양의 둥근 원반을 보게 될 것이며, 라 앞에서는 행운을 갖게 될 것이며, 그의 말은 오시리스의 눈으로 진리가 될 것이다. 어떤 사악한 것도 영원히 그 앞에 굴복할 것이다."라는 주해가 붙어 있다.

제84장 왜가리로 변하기 위한 주문

왜가리로 변하기 위한 장이며, 렙시우스가 편찬한 삽화에는 왜가리가 그려져 있다. 이 장을 낭송하는 목적은 불분명한데 아마도 사자가 왜가리로 변하여 음식을 먹고자 하는 데 있는 것 같다.

상단. 왜가리로 전생하는 장.
1. 오시리스 아우팡크가 진실한 말로 낭송합니다. 나는 신에게 바쳐진 가축의 머리와 수염을 깎는 칼을 관리합니다. 에메랄드의 대지에 사는 신,

2. 영혼은 이미 평화롭고 진실하게 될 나를 위해 준비되었을 것입니다. 나는 강합니다. 나는 낙원을 따라갈 것입니다. 위대한 신이 지상에서 적들을 살해하고, 나도 그들을 살해했습니다. 나는 매우 강해졌습니다. 나는 내세로 향해 갔습니다.

3. 나는 스스로 순수해졌습니다. 나는 내가 살 도시로 걸어왔습니다. 그리고 거기에서 주인이 되었습니다. 나는 이윽고 헤르모폴리스를 지배하게 되었습니다. 나는 길가에 신들의 동상을 세우고, 그들이 살아갈 수 있도록

4. 장엄하고 위대한 신전을 만들었습니다. 나는 누 신이 살고 있는 위대한 강물을 알고 있고, 오시리스도 알고 있습니다. 나는 황소의 뿔도 알고 있으며, 마법의 말도 알고 있으며 또 마법의 말을 들었습니다.

5. 나는 신의 표시를 달고 있는 붉은 송아지입니다. 나의 말을 들을 때마다 신들은 나에게 다가와서 "얼굴을 내밀어보라"고 이야기합니다. 그리고 그때마다 알 수 없는 빛이 발산됩니다.

6. 시간과 계절을 내 몸안에 가지고 있습니다. 나는 진실한 장소에서 매일 거짓말을 하지 않습니다. 진실은 눈썹 속에 감추어져 있습니다.

7. 밤이 되면 매일 위대한 신을 보호하고, 대지를 지키기 위해 강물을 항해합니다.

(주서) 사자가 만약 이 장을 알게 된다면, 그는 내세에서 완전한 영혼으로 살아가게 될 것이며,

8. 사악한 적들이 그를 해치지 못하게 될 것이다.

제85장 아툼 신의 영혼으로 변하기 위한 주문

사자 아니가 지옥에 떨어지지 않도록 아툼 신의 영혼으로 변하여 영원하기를 주문하는 장이며, 삽화에는 숫양의 형태를 한 영혼의 신 아툼이 그려져 있다. 사자가 사악한 일을 멀리하고 진리 속에서 살게 되면 모든 신의 아버지이며, 위대한 혼을 가진 아툼 신과 동일시될 수 있다.

1. 아툼 신의 영혼으로 전생하는 장. 서기 오시리스 아니가 진실한 말로 낭송합니다.
2. 나는 파괴의 땅으로 들어가고 싶지 않습니다. 나는 사멸하지 않을 것입니다. 나는 부패를 알지 못합니다. 나는
3. 태초의 물 누에서 왔으며 자기 스스로 탄생한 위대한 영혼 라입니다. 내가 싫어하는 것은
4. 죄입니다. 나는 그것을 범하지 않을 것입니다. 나는 진리에 대항하여 울거나 거부하지 않을 것입니다. 나는 살아나갈 것입니다.
5. 나는 사멸하지 않는 신 후우이며 내 이름은
6. '영혼'입니다. 나는 거대한 천국의 물 속에서 스스로 태어났습니다. 내 이름은
7. 케페라입니다. 나는 라와 같이 존재하며 빛의 군주입니다.

제86장 제비로 변하기 위한 주문

제비로 변하기 위한 주문이며, 삽화에는 제비가 장식되어 있다. 제비는 라와 이시스의 딸로서 스콜피온 형상을 하고 있는 세르겟Serqet을 의인화한 것이다. 제비는 지금도 이집트와 수단 지방에서 신성시

되고 있다. 오시리스의 신화에서 오시리스를 부활시키기 위해 그의 코에 바람을 불어넣은 것도 이시스의 제비 날개였다. 원래 이시스는 쇠뿔 사이에 둥근 태양 원반을 얹고 있는 것으로 묘사되지만 제비의 날개를 가지고 있기도 하다.

이 장은 렙시우스가 편찬한 것으로 자신의 육체와 영혼이 순수하기 때문에 천국으로 가는 모든 길이 열려 있다고 믿는 아니가 제비처럼 자유롭게 날아서 거기에 도달할 수 있기를 바라는 주문이다.

상단. 제비로 전생하는 장.

1. 오시리스 아우팡크가 낭송합니다. 나는 제비. 나는 제비. 나는 달콤한 향기를 가진 라의 딸, 스콜피온. 수평선 위로 떠오르는 그대를 찬양합니다. 도시에 있는 당신을 찬양합니다.

2. 나는 외떨어진 불꽃의 섬으로 가기 위해 문지기를 데리고 왔습니다. 나에게 두 손을 주고 나를 통과시켜 불의 섬으로 갈 수 있게 해주십시오. 나는 메시지를 가지고 왔습니다. 보고서도 가지고 왔습니다.

3. 나에게 길을 열어주십시오. 원래부터 내가 거기에 있었다는 것을 어떻게 말해야 합니까? 호루스는 누트의 아들 오시리스로부터 왕관을 부여받고, 아버지가 당했던 것과 같이 이번에는 세트를 상자에 가두고 호루스가 태양선의 군주가 된 것처럼, 나는 태양선의 군주입니다.

4. 나는 세켐으로부터 검증받았습니다. 나는 오시리스에게 팔을 내밀었습니다. 그리고 메시지를 가지고 왔다고 말했습니다. 나는 법정에서 심판을 받은 사람입니다.

5. 나는 오시리스의 왕국에서 환영을 받았습니다. 나는 아비도스에서 정화의식을 받아 순결해졌습니다. 나는 나약함을 떨쳐버렸습니다. 나는 모든 죄를 고백하였습니다.

6. 나는 지상에서 일어났던 모든 죄를 말했습니다. 그리고 나는 순수합니다. 나는 스스로 신의 위치에 섰습니다. 오 문을 지키는 신이여! 나는 여행을 무사히 마치고 당신한테 왔습니다. 나는 낮에 출현할 것입니다. 나는 다리를 딛고 일어섰습니다. 오 위대한 영혼을 찬양합니다!

7. 나는 내세로 가는 문과 비밀에 쌓인 길을 잘 알고 있습니다. 나는 내세에 살 것입니다. 나는 비록 분묘에서 미라 형태로 누워 있지만 지상에서 적들을 물리치고 내세로 왔습니다.

8. (주서) 사자가 이 책을 알게 된다면 내세로부터 낮에 부활하고 계속하여 부활할 것이다. 그러나 사자가 이 주문을 알지 못하면 부활하지 못하고, 또 부활할 수 없다.

제87장 사타 뱀으로 변하기 위한 주문

사타Sata 뱀으로 변하기 위한 주문이며, 삽화에는 뱀이 그려져 있다. 이 장은 렙시우스가 편찬한 것으로 사자 아우팡크가 뱀으로 전생하여 새로운 삶을 얻기 위한 주문이다. 뱀이 허물을 벗고 새로운 모습으로 탈바꿈하듯이 자신도 새로운 피부를 얻어 육체를 부활시키려는 것이다.

상단. 사타 뱀으로 전생하는 장.

1. 진리를 말하는 오시리스 아우팡크가 낭송합니다. 나는 무한한 생명을 가진 사타 뱀입니다. 나는 매일 새롭게 태어납니다. 나는 뱀. 지구의 꼭대기에 살고 있는 사타입니다.

2. 나는 죽은 채 누워 있습니다. 나는 태어났습니다. 또 새롭게 태어났습니다. 나는 매일 젊게 부활합니다.

제88장 악어의 신으로 변하기 위한 주문

악어로 변하기 위한 주문으로 렙시우스가 편찬한 것이며, 삽화에는 악어의 신 세베크 형상의 미라가 그려져 있다.

악어는 나일강을 가로질러서 이동할 수 있을 뿐만 아니라 적들을 공격할 수 있는 가공할 만한 힘을 가지고 있기 때문에, 사자가 힘을 갖기 위해 악어로 변신하려는 것이다. 악어는 이집트와 수단에서 신성시됐는데, 특히 청나일과 백나일이 합쳐지는 카르툼 지방에서 경배되었다. 이를 통해 알 수 있듯이 이 장은 초기에는 악어를 경배하던 주문이 남아 있었다는 증거로 볼 수 있다.

상단. 악어의 신으로 전생하는 장.
1. 진리를 말하는 오시리스 아우팡크가 낭송합니다. 나는 공포의 땅에서 거주하는 악어의 신 세베크입니다. 나는 악어 신이며 짐승들을 먹듯이 적들을 생포합니다.
2. 나는 위대한 고기입니다. 나는 군주입니다. 나는 레토폴리스에서 적들을 굴복시키고 인사하도록 만든 군주입니다. 나는 레토폴리스에서 적들로부터 존경받고 인사받는 군주입니다.

제89장 혼과 육신을 결합하기 위한 주문

하계에서 돌아다니고 있는 사자의 혼 즉 바를 자신의 육신으로 가져오기 위한 주문이며, 영혼이 관 위에 누워 있는 육체를 방문하는 삽화가 그려져 있다.

기원전 1350~1300년경 멤피스에 거주했던 카하리Kahari의 파피루스에는 날개를 가진 사자의 영혼이 자신의 문 앞에서 사자와 만나는 장면이 그려져 있다. 파라오 아몬호텝의 묘에도 사자의 뒤에 사자의 영혼이 서 있는 장면이 있다. 또한 렙시우스가 편찬한 사이테 텍스트의 마지막 절은 "사자가 이 주문을 알게 된다면 그는 내세에서 완벽한 영혼으로 살아갈 것이며 사악한 어떤 것이라도 그를 멸망시키지 못할 것이다."라는 주해가 붙어 있다.

바가 육신과 결합되도록 하기 위해서 사자는 다음과 같은 주문을 낭송한다.

1. 내세에서 혼과 육신을 결합하기 위한 장. 오시리스 아니가 낭송합니다. 아니우 신과 페레리 신을 찬양합니다.

2. 당신의 궁전에 머물고 있는 위대한 신이여, 나의 영혼이 어디에 있더라도 나에게 돌아오도록 허락하여주십시오. 설사 늦어지는 한이 있더라도 돌아오게 해주십시오.

3. 호루스의 눈을 가진 그대여, 나의 혼을 결코 죽지 않는 오시리스와 같이 해주십시오.

제90장 바보스러운 연설을 방지하기 위한 주문

입에서 바보스러운 말이 나오지 않게 하기 위해 주문을 외우는 장이며, 사자가 토트 신을 경배하는 삽화가 장식되어 있다.

이 장의 주문은 상당히 난해한데 사자가 마법의 말을 가지고 있는 신에 의해 자신이 마법의 주술로 우둔해지는 것을 방지하기 위하여 나에게 해를 가할 때는 슈 신이 가지고 있는 고통에 직면하게 될 것이라는 위협적인 발언을 하는 내용으로 되어 있다.

당신의 몸에 지닌 마법으로 머리와 목이 잘리고, 영혼의 입을 어리석게 만드는 당신이여!

당신은 무릎을 꿇고 보는 그런 눈으로 나를 보지 마십시오.

당신은 등에 달린 얼굴로 가십시오.

당신이 몸에 지닌 마법 때문에 영혼에 어리석음을 불어넣었던 것과 똑같이 내 몸에 지닌 마법으로 나의 머리와 목이 잘리고 입이 어리석게 닫힐 것이라고 한 당신의 말 때문에,

당신은 군주를 지키는 신의 명령으로 당신의 머리와 목을 자른 슈신의 고통을 보게 될 것입니다.

오시리스의 적 세트의 원대로 당신이 오시리스의 입에 어리석은 생각을 주입할 때, 이시스가 사용했던 마법의 말들을 바꿔야 합니다.

그래서 내가 당신에게 말하고자 하는 것은 나의 얼굴을 똑바로 쳐다보지 말라는 것입니다. 원래 당신의 얼굴은 나의 것이었습니다.

그러므로 당신을 삼켜버린 밤에 상처를 입은 아툼의 눈 속으로 가지 말고 빛나는 호루스의 눈이 있는 데로 가야만 합니다.

오시리스 때문에라도 되돌아가야 합니다. 오시리스를 증오하기 때문에 되돌아가야 하고, 또 나 때문에라도 되돌아가야 합니다. 나역시 증오하기 때문입니다.

만일 당신이 나와 대적하러 왔다면 슈 신이 가하는 고통으로 회귀하라고 당당하게 말할 것이고, 만일 대적하러 오지 않는다면 말하지 않을 것입니다.

제91장 사자의 영혼이 내세에 감금당하지 않기 위한 주문

사자의 영혼이 밀폐된 곳에 갇히지 않도록 하기 위한 주문으로 렙시우스가 편찬한 것이며, 삽화에는 사자가 자신의 영혼의 새인 바와 함께 서 있는 장면이 그려져 있다. 이 주문은 사자의 영혼이 자유롭게

다닐 수 있도록 라에게 경배하는 내용이며, 3절은 사자가 반드시 주문을 암송해야만 부활할 수 있음을 상기시키는 주서이다.

상단. 사자의 영혼이 내세의 오시리스왕국에서 감금당하지 않도록 하는 장.

1. 오시리스 아우팡크가 낭송합니다. 당신을 찬양합니다. 당신을 축하합니다. 위대한 영혼, 모든 신에게 경외를 주는 그대의 신성한 영혼, 권능 있는 왕좌에 앉아 있는 그대를 경배합니다.

2. 영혼을 위한 길을 만들어주시고 영혼의 새를 위한 길을 만들어주십시오. 나는 마법의 말을 가지고 있습니다. 나는 마법의 말과 영혼을 가지고 있습니다. 나는 라가 있는 곳과 하토르가 있는 곳으로 갈 것입니다.

3. (주서) 사자가 만약 이 장을 알게 된다면 내세에서 자신의 영혼과 그림자가 결합된 완전한 영혼을 갖게 될 것이며, 부활하여 지상에 나타날 때나 내세로 들어갈 때에는 내세의 어떤 문도 닫아서는 안 된다.

제92장 영혼과 그림자를 위해 분묘를 열기 위한 주문

사자의 영혼을 위하여 분묘를 열고 사자의 다리에 힘을 불어넣어 주기 위한 주문이다. 포크너가 편집한 카하리의 삽화에는 사자의 영혼이 그림자가 되어 분묘의 밖으로 비행하는 장면이 그려져 있고, 렙시우스의 삽화에는 영혼의 새가 비행할 수 있도록 분묘를 여는 장면이 있다.

1. 태양이 뜰 때 영혼과 그림자를 위해 분묘를 열고, 두 다리로 다

닐 수 있도록 하기 위한 장. 진리를 말하는 서기 오시리스 아니가 낭송합니다.

2. 닫혔던 장소가 열리고, 봉인된 분묘가 열렸습니다. 밀폐된 곳에 누워 있던 내가 그 속에 있던 영혼에 의해서 열리게 되었습니다. 나는 호루스의 눈으로부터 탄생했습니다.

3. 라의 눈썹에 장식된 호루스의 눈. 나의 다리는 매우 길어서 나를 일으켜 세울 수 있습니다. 나는 먼 거리를 여행했습니다. 나의 손발은

4. 아주 양호합니다. 나는 아버지의 살해자에게 복수한 호루스이며, 왕관을 가지고 있습니다. 영혼을 위한 길이 열렸습니다. 나의 두 영혼은

5. 영혼이 출현할 때 라의 보트에 앉아 있는 위대한 신을 볼 수 있습니다. 나의 영혼은

6. 세월을 거슬러올라왔습니다. 호루스의 눈이 나의 영혼을 분만했고, 나의 장식은

7. 라의 눈썹으로 만들어진 것입니다. 얼굴에 있는 빛은 오시리스의 동료로부터 나오는 것입니다.

8. 당신은 나의 영혼을 감금해서는 안 됩니다. 당신은 나의 그림자를 잡아서도 안 됩니다. 나의 영혼을 위해 길이 열려 있습니다.

제93장 동쪽으로 항해하는 것을 방지하기 위한 주문

하계의 동쪽으로 항해하는 것을 방지하기 위한 아니의 주문이며 마지막 8절은 렙시우스가 편찬한 아우팡크의 것이다. 사자가 헤르프하프Herfhaf 신을 경배하는 삽화가 그려져 있다.

하계의 동쪽은 사자가 가야할 길이 아니다. 동쪽은 살육이 자행되

는 곳으로 곧 완전한 죽음을 의미한다. 따라서 사자는 강제로 동쪽으로 끌려가지 않기를 원하며 서쪽을 지배하는 오시리스왕국으로 가기를 원한다. 헤르프하프는 라의 태양선을 운전하는 일종의 뱃사공 신이며 오시리스가 통치하는 왕국으로 사자의 영혼을 올바르게 인도하는 책임을 맡고 있다.

1. 세바우(죄수의 집단)의 악령에 의해 어떤 종류의 사악한 것이라도 나에게 닥치지 않게 하십시오. 나는 쇠뿔에 의해서도 상처받지 않을 것입니다.

2. 오시리스의 지배자인 라의 남근상을 삼키지 않을 것입니다. 보십시오.

3. 나는 들판에 나가서 곡식을 거둬들일 것입니다. 그러면 신들은 나에게 빵을 주실 것입니다. 그들은

4. 라, 케페라 신을 찌르지 않을 것입니다. 그들은 아툼의 눈에 고름이 생기지 않게 하고,

5. 파괴하지 않을 것입니다. 나에게 폭력을 쓰지 않을 것입니다. 세바우의 악령들이 나를 위해 축제를 빌이는 동쪽으로 배를 가져가지 않을 것입니다.

6. 마치 사악한 방식으로. 칼에 의해 입은 깊은 상처도 나를 괴롭히지 못할 것이며, 나는 동쪽으로 배를 항해하지 않을 것입니다.

7. 나는 모든 신들에게 공물을 바치는 보조자 오시리스이며, 오시리스로부터 말의 진실성을 입증받았습니다. 당신은 라, 케페라에게 상처를 주어서는 안 됩니다.

8. 아툼의 눈에 상처를 내거나 파괴해서도 안 됩니다. 내게 폭력을 가해서도 안 됩니다. 나는 배를 동쪽으로 운행하지 않을 것입니다.

제94장 잉크병, 그림물감을 구하기 위한 주문

잉크병과 그림물감을 구하기 위해 기도하는 장이다. 토트는 오시리스 법정에서 사자의 심장 계량을 기록하며 마법의 말을 가진 신이다. 따라서 이 장은 사자가 토트 신과 같은 능력을 부여받아 적들을 격퇴하고, 내세를 통과하려는 염원이 가득한 주문이다. 포크너가 편집한 삽화에는 잉크병과 그림물감이 있는 스탠드 앞에 네브아몬(기원전 1400년경 제18왕조의 왕실 서기였다)이 앉아 있는 삽화가 그려져 있고, 렙시우스가 편찬한 것에는 사자가 토트 신으로부터 잉크병과 물감을 부여받는 장면이 있다.

토트 신의 책을 지키고, 당신의 아버지를 보고 있는 위대한 신이여.
보십시오. 나는 신성해지고, 영혼을 얻고, 위대해지고, 토트 신의 책을 갖게 되었습니다.
세트 신과 함께 있는 게브 신의 메신저를 나에게 보내주십시오. 토트 신의 필기도구 가운데, 잉크병과 팔레트, 그리고 마법을 나에게 주십시오.
오 호라크티여.
나는 서기입니다. 나에게 오시리스의 사투리를 주십시오. 그러면 나는 그것으로 필기하고 특히 위대한 신이 매일 나에게 내리는 신탁을 기록할 것입니다. 나는 올바른 것을 행하고 그것을 기록해서 매일 라에게 보내겠습니다.

제95장 토트 신 앞에 서기 위한 주문

사자가 토트 신 앞에 서 있는 장이며, 렙시우스가 편찬한 삽화에는 사자가 토트 신 앞에서 찬양하는 장면이 그려져 있다.

　나는 소란스러운 전쟁의 와중에서 위대한 여신을 보호한 사람입니다. 나는 칼로 적들을 죽였습니다.
　나는 전투의 와중에서 위대한 여신을 보호했습니다.
　나는 소란 속에서도 토트 신의 손에 쥐어져 있는 예리한 칼을 만들었습니다.

제96~97장 토트 신의 옆에 서고, 영혼을 갖기 위한 주문

　이 장은 사자가 오시리스 법정에서 심장 계량을 기록하는 토트 신의 옆에 설 수 있도록 자신이 생전에 선행을 많이 했고, 진실하게 살아갔다는 고백을 함으로써 영혼을 구제받으려는 바람이 가득 들어 있는 주문이다.

　나는 토트의 눈에 거주하고 있습니다. 나는 마아트 신을 라에게 데려가기 위해 왔습니다.
　나는 아케르의 몸에서 나는 피와 게브 신의 척추에 있는 피로 세트의 노여움을 달랬습니다.
　오 밤의 태양선이여, 오 아누비스의 왕홀이여, 나는 공물의 군주를 수행하고 있는 네 명의 영혼을 달랬습니다.
　나는 그들의 명령으로 대지의 주인이 되었습니다.
　나는 목마름을 없애고, 수로를 관리하는 바흐 신(왜가리 형상으로 풍요와 풍년을 상징하는 신)의 아버지입니다.
　나는 지상에서 매우 정직했던 사람입니다.
　나는 통역가입니다. 나는 나를 해치지 않고 진실만으로 살아가는 위대한 신하 유일한 군주인 라의 왕홀입니다.

제98장 하늘에 있는 태양선을 가져오기 위한 주문

배船를 천국으로 가져가기 위한 주문이다. 아니의 파피루스에는 이 장이 생략되어 있다. 누우의 파피루스에 의하면, 사자는 주문을 낭송하여 자신을 라와 동일시한다. 주문은 다음과 같다.

당신을 찬양합니다. 위대한 운하의 북쪽 하늘에 있는 고원이여.
누가 보고 있더라도 없어지지는 않을 것입니다. 나는 당신 앞에 섰고, 나는 신이 되었습니다.
나는 당신을 보았고, 나는 죽지 않을 것입니다.
나는 매가 되어 나뭇가지에 날아가 앉을 것입니다.
오 위대한 신의 이슬이여, 나는 동쪽 하늘을 가로질러 슈 신이 되었습니다.
나는 사다리에 한쪽 눈을 계속 비추어 꺼지지 않는 별에 올라갈 것입니다. 나는 참수되지 않을 것입니다.
나는 태양선에 서 있을 것입니다. 그리고 신을 안내할 것입니다. 나는 일어섰습니다. 그리고 나의 막대기가 요술 지팡이가 되었습니다.
자, 승선하여 항해합시다.
레토폴리스의 성문이 나를 위해 열리고, 천국에 있는 대지가 나를 위해 열리고, 나의 세습을 축하하여 지휘봉이 부여되었습니다.

제99장 천국을 횡단하는 태양선을 준비하기 위한 주문

　제99장부터 제103장까지는 사자에게 라의 태양선을 젓는 불가사의한 방법을 가르치기 위한 주문이다. 제99장은 하계에서 배를 젓는 주문이며 삽화에는 돛단배가 그려져 있다. 삽화에 나타난 사각형의 돛은 아주 동양적이며, 서양에서는 찾아보기 어렵다. 따라서 고대 이집트의 배 만드는 기술이 동양으로 전파되었다는 것을 미루어 짐작할 수 있다.

　포크너가 편집한 장은 누우의 파피루스에서 채집한 것으로 사자가 뱃사공 신 마하프Mahaf, 잠자고 있는 또다른 뱃사공 신 아겐Aqen을 깨워서 천국에 도달하는 방법을 알아내는 세 부분으로 구성되어 있다. 제1부는 마하프의 이름을 부르고 잠자는 신 아겐을 깨우는 주문이며, 제2부는 아겐 신이 일어나서 모든 어려움을 헤쳐나가는 내용이며 제3부는 주문을 통해 동쪽 하늘로 갈 수 있는 방법을 배우는 내용이다. 다음은 제3부의 주문이다.

　　오 심연의 태양선을 험난한 강둑으로 가져온 ㅡ대여!
　　나에게 태양선을 주고, 밧줄로 정박시켜서 나를 평온하게 해주십시오.
　　어서, 어서, 빨리, 빨리. 나는 지금 나의 아버지 오시리스를 만나러 가야 합니다. 환희로 가득찬 권능을 가진 붉은 옷의 군주여!
　　항해하는 폭풍의 군주여, 괴물 뱀이 지키는 모래 강을 건너가야 하는 그대여.
　　상처를 입지 않기 위해 머리를 묶고 목을 단단하게 만든 그대여.
　　당신은 괴물 뱀을 물리치고 신비의 태양선을 운행하는 임무가 있습니다.
　　나에게 태양선을 주십시오. 별들이 똥 속으로 거꾸로 처박혀서 그

들을 들어세울 수 없는 사악한 땅에서 벗어날 수 있도록 나를 감쌀
수 있는 매듭을 주십시오.

사자가 이와 같이 기도하고 태양선이 연안에 가까워지면 여기에
승선하기 위해 사자는 처음부터 배의 모든 부분을 파악해야 한다. 다
음은 배의 각 부분이 일인칭 대화 형식 즉 사자에게 묻고 사자가 이에
대답하는 형식으로 구성되어 있다.

　1. 나에게 나의 이름을 말해보라고 배가 정박해 있는 계류장이 질
문한다면, 이에 대해 나는 이렇게 대답한다.
　신전에 거주하는 두 국가의 주인이 너의 이름이다.
　2. 나에게 나의 이름을 말해보라고 망치가 질문한다면, 이에 대해
나는 이렇게 대답한다.
　나일의 신 아피스가 너의 이름이다.
　3. 나에게 나의 이름을 말해보라고 배의 밧줄이 질문한다면, 이에
대해 나는 이렇게 대답한다.
　아누비스 신이 미라를 만드는 데 필요한 정박지의 머리카락이 너
의 이름이다.
　4. 나에게 나의 이름을 말해보라고 배의 조종 키가 질문한다면, 이
에 대해 나는 이렇게 대답한다.
　왕국의 기둥이 너의 이름이다.
　5. 나에게 나의 이름을 말해보라고 선창이 질문한다면, 이에 대해
나는 이렇게 대답한다.
　지상의 신이 너의 이름이다.
　6. 나에게 나의 이름을 말해보라고 돛대가 질문한다면, 이에 대해
나는 이렇게 대답한다.
　먼 길을 갔다가 되돌아오는 위대한 여신이 너의 이름이다.

7. 나에게 나의 이름을 말해보라고 용총줄(마룻줄)이 질문한다면, 이에 대해 나는 이렇게 대답한다.

길 안내자 옵우아트의 받침대가 너의 이름이다.

8. 나에게 나의 이름을 말해보라고 돛대의 기둥이 질문한다면, 이에 대해 나는 이렇게 대답한다.

방위의 신이며 호루스의 아들인 케스타가 너의 이름이다.

9. 나에게 나의 이름을 말해보라고 돛이 질문한다면, 이에 대해 나는 이렇게 대답한다.

하늘의 신 누트가 너의 이름이다.

10. 나에게 나의 이름을 말해보라고 노를 고정시키는 갈고리가 질문한다면, 이에 대해 나는 이렇게 대답한다.

세트의 힘줄과 므네비스의 황소(헬리오폴리스에서 태양신에게 바쳐지는 황소)의 등으로 만들어진 것이 너의 이름이다.

11. 나에게 나의 이름을 말해보라고 노가 질문한다면, 이에 대해 나는 이렇게 대답한다.

장남 호루스의 손가락이 너의 이름이다.

12. 나에게 나의 이름을 말해보라고 배에 괸 물을 퍼내는 기구가 질문한다면, 이에 대해 나는 이렇게 대답한다.

호루스의 눈에서 피를 닦아주는 이시스의 손이 너의 이름이다.

13. 나에게 나의 이름을 말해보라고 선체의 기둥이 질문한다면, 이에 대해 나는 이렇게 대답한다.

케스타, 하피, 두아무테프, 기브세니프, 약탈자, 자기가 가져온 것을 보는 사람, 자기 자신을 만드는 사람이 너의 이름이다.

14. 나에게 나의 이름을 말해보라고 휘어진 대들보가 질문한다면, 이에 대해 나는 이렇게 대답한다.

국가를 지배하는 여인이 너의 이름이다.

15. 나에게 나의 이름을 말해보라고 선체가 질문한다면, 이에 대

해 나는 이렇게 대답한다.

여류 시인이 너의 이름이다.

16. 나에게 나의 이름을 말해보라고 키가 질문한다면, 이에 대해 나는 이렇게 대답한다.

정확한 계산기가 너의 이름이다. 물속에서 태어나 활동이 제한된 스쿠르의 날개가 너의 이름이다.

17. 나에게 나의 이름을 말해보라고 태양선이 질문한다면, 이에 대해 나는 이렇게 대답한다.

라가 밤의 태양선에 혈액을 가져오기 위해 칼로 자른 이시스의 다리가 너의 이름이다.

18. 나에게 나의 이름을 말해보라고 선장이 질문한다면, 이에 대해 나는 이렇게 대답한다.

'거절하는 자'가 너의 이름이다.

19. 나에게 나의 이름을 말해보라고 배를 움직이는 바람이 질문한다면, 이에 대해 나는 이렇게 대답한다.

'아툼에서 와서 켄티 아몬티의 콧구멍으로 부는 북풍'이 너의 이름이다.

제100장 고귀한 영혼을 만들고, 라의 태양선에 승선을 허락받기 위한 주문

사자의 영혼과 그의 신성한 추종자들이 라의 태양선에 승선할 수 있도록 기원하는 주문이며, 포크너가 편집한 것이다. 렙시우스가 편찬한 삽화는 사자 아우팡크가 태양선에 승선하여 오시리스의 척추 기둥이 있는 부시리스로 항해하는 장면을 담고 있다.

나는 피닉스를 동쪽으로 운반했습니다. 오시리스는 부시리스에 있으며, 나는 하피의 동굴을 열었습니다.

나는 태양선의 항로를 밝고 깨끗하게 만들었으며, 소카르(매의 머리를 한 멤피스의 신, 종종 프타 신과 결합되어 있다)의 썰매를 끌었습니다.

나는 위대한 신이 강력한 힘을 갖도록 하였습니다.

나는 태양신을 찬양하고 경배했습니다.

나는 원숭이를 경배하는 그와 함께 있었습니다. 라는 가운데 하나입니다.

나는 이시스의 힘을 더욱 강하게 만들었습니다.

나는 로프의 매듭을 갖고 있습니다. 나는 괴물 아아펩을 물리치고 그를 움직이지 못하도록 했습니다.

이 장의 끝에는 "이 주문을 낭송하기 위해서는 녹색 유약과 몰약沒藥을 혼합한 분말로 깨끗한 두루마리에 기록되어야만 한다. 사자의 육체를 건드리지 않고 축복받은 그의 가슴에 올려놓아야만 한다. 축복받은 사자를 위한 이 일이 끝나게 되면 그는 매일 라의 태양선에 승선하고, 토트 신이 왕래를 보살필 것이다. 그는 백만 년의 시간을 보장할 것이다."라는 주해가 부가되어 있다.

제101장 라의 태양선을 보호하기 위한 주문

이 장은 매일 물속에서 떠오르는 라의 태양선을 보호하기 위한 주문이며, 사자가 라의 배에 승선하는 삽화가 있다. 렙시우스가 편찬한 삽화에는 사자가 라와 피닉스와 함께 승선해 있는 장면이 묘사되어 있다. 이 주문에서 태양선은 제108장과는 달리 길이 4.5미터, 너비 2미터의 작은 것으로 묘사되어 있다.

물에서 나온 당신, 홍수로부터 탈출하여 태양선의 선미로 올라온 당신이여!

당신은 어제보다 더 강해질 것입니다. 당신은 태양선에 있는 승무원 가운데 값진 영혼을 갖게 될 것입니다.

오 라 신이여, 당신이 7큐빗(약 4.5미터)의 눈과 3큐빗(약 2미터)의 신성한 눈동자를 통과한다면 승무원 가운데 당신의 영혼이 제일 고귀할 것입니다.

당신이 건강해진다면 그들도 건강해질 것입니다.

오 라여, 당신의 육체는 주문에 의해 영원할 것입니다.

이 장의 끝에는 "이 주문은 잘 건조된 몰약으로 쓰였기 때문에 고귀한 아마포를 제거하고 장례의 날에 축복받은 사자의 목에 올려놓고 낭송해야 한다. 사자를 위해 이 주문이 그의 목에 올려 아진다면 신을 위해 찬양하는 것처럼 그를 위해 찬양할 것이며 그는 호루스의 추종자들과 합류하게 될 것이다."라는 주해가 부가되어 있다.

제102장 라의 태양선에 승선하기 위한 주문

라의 태양선에 승선하기 위한 주문이며, 포크너가 편집한 것은 다음과 같다. 렙시우스가 편찬한 삽화에는 사자가 라와 함께 있는 장면이 그려져 있다.

오 태양선에 있는 위대한 신이여,

나를 데려가 주십시오. 나는 지칠 줄 모르는 별 가운데 신들을 배치하여 당신의 항해를 책임질 수 있습니다.

나는 당신을 공격하는 적들로부터 당신을 보호할 수 있습니다.

내가 싫어하는 것들이여, 나는 먹지 않을 것입니다.

내가 싫어하는 것은 분뇨이며 그것을 먹지 않을 것입니다. 나는 손으로 만지지도 않고 샌들로 밟지도 않을 것입니다.

그것은 빵과 맥주가 나의 음식이기 때문입니다.

밤의 태양선과 낮의 태양선이 나에게 빵과 맥주를 가져다 줄 것입니다.

헬리오폴리스의 영혼들이 있는 제단에는 신에게 바치는 선물이 텅 비어 있습니다.

하늘을 저어가는 위대한 신, 당신을 찬양합니다. 티니스에 있는 케이크는 개가 먹는 음식입니다. 나는 피로하지 않습니다. 나는 허벅다리, 팔, 다리에 고통을 받는 신을 구원하려고 왔습니다. 나는 허벅다리에 침을 뱉고 양쪽 팔로 들어올릴 것입니다.

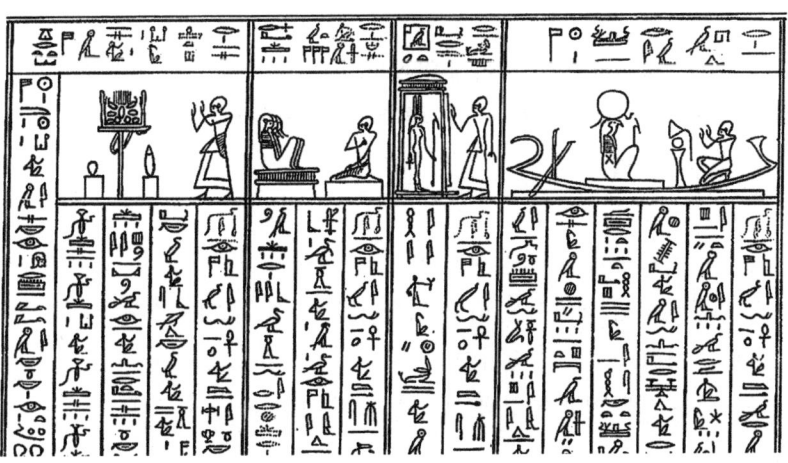

오른쪽부터 사자가 연꽃 앞에 있는 라·호라크티를 경배하는 장면(제102장), 사자가 신전에 있는 하토르 여신을 경배하는 장면(제103장), 미라 형태의 세 신에게 경배하는 사자의 모습(제104장), 사자의 혼인 카를 위로하기 위한 장면(제105장).

"승선하여 항해하자"가 라의 명령입니다.

제103장 하토르 여신 앞에 서기 위한 주문

하토르 여신을 추종하기 위한 주문이며, 포크너가 편집한 것은 다음과 같다. 렙시우스가 편찬한 삽화에는 사자가 하토르 여신의 뒤에 서 있는 장면이 그려져 있다.

나는 순수하고 꾸밈없기 때문에 통과되었습니다. 오 시스트럼(이시스의 축제에 사용되는 악기) 연주자여.
나는 하토르 신을 수행할 것입니다.

제104장 위대한 신들 옆에 앉기 위한 주문

사자가 위대한 신들 사이에 앉아 있기 위한 주문이며, 삽화에는 미라 형태의 신 가운데에 사자가 앉아 있는 삽화가 있다. 이 장의 주문은 다음과 같다.

나는 위대한 신들 사이에 앉아 있습니다.
나는 밤의 태양선을 타고 왔습니다. 하계에 있는 위대한 신들을 보는 것이 정말 어렵습니다.
나는 신들 앞에서 결백함을 입증했습니다. 나는 순수합니다.

264

제105장 영혼을 달래기 위한 주문

카Ka를 제공하기 위한 주문이다. '카'란 사자의 영靈을 뜻하는데 혼을 뜻하는 바Ba와 결합해야만 부활할 수 있다. 영과 혼의 결합을 위해 사자는 공물을 바치고 기원하는 것이다. 삽화에는 사자가 자신의 영 앞에서 향을 피우는 장면이 있다.

그대를 찬양합니다. 내 생애의 영靈이여!

나는 당신에게 왔습니다. 나는 영광스럽게 출현하였습니다. 나는 강해졌고, 신성해졌고, 전능해졌습니다.

나는 당신을 닦아주기 위해 소다수와 향을 가지고 왔습니다. 그것으로 당신이 흘리는 침을 닦아주고 내가 말한 사악한 말들을 제거하고 불결한 것을 닦아서 나를 비방하지 못하도록 할 것입니다.

나는 라의 목에 있는 파피루스로 만든 매듭입니다. 그 매듭은 수평선에 있는 사람들에게도 주었던 것입니다. 만약 그것이 하얀 색이라면 나의 피부는 하얗고, 나의 영혼도 하얗게 될 것입니다.

제106장 프타 신전에 신의 음식을 바치기 위한 주문

멤피스의 프타 신전에 매일 공물을 제공하는 주문이다. 삽화에는 프타 신에게 음식과 음료를 제공하는 장면이 그려져 있다.

오 위대한 신, 식량을 지배하는 군주, 왕궁을 다스리는 위대한 군주여!

오 당신은 높은 곳에 앉아 있으며 프타 신에게 호흡을 주었습니다.

위대한 왕좌에 앉아 있는 신이여, 나에게 빵과 맥주를 주십시오.

나는 구운 빵과 소의 정강이 살을 같이 먹을 것입니다.

오 천국의 뱃사공 신이여!

나에게 태양선으로 여행하는 당신의 아버지, 위대한 신이 먹는 것과 같은 극지極地의 물로 만든 빵을 주십시오.

제107장

제107장부터 제109장까지와 제111장은 사자에게 호의를 갖고 동서의 정령精靈, 신들을 소개시키기 위한 주문이다. 제107장과 제111장은 서쪽 신의 문으로부터 출현하여 신들의 추종자와 오시리스왕국에 있는 영혼을 대면하기 위한 주문이다. 벗지와 포크너는 구체적인 내용을 모두 생략했다. 렙시우스가 편찬한 튜린 파피루스는 라, 슈, 토트 신 등에게 찬양하고 사자가 부활하는 장면이 부가되어 있다. 삽화에는 사자가 동서의 영혼에게 찬양하는 모습이 그려져 있다.

제108장 서쪽의 영혼을 대면하기 위한 주문

서쪽의 영혼을 대면하기 위한 주문이다. 포크너가 편집한 삽화에는 아툼, 세베크, 하토르의 세 여신이 그려져 있다. 주문에 묘사된 태양선은 길이 110미터 너비 46미터나 되는 대형선으로 당시 고대인이 가졌던 강렬한 태양의 이미지를 엿볼 수 있다. 또한 태양선의 항로를 방해하는 괴물 뱀은 이빨이 16미터, 앞발이 5미터나 되는 것으로 과장된 원시인의 사유를 가늠할 수 있다.

하늘에 쉬고 있는 태양선 바쿠는 동쪽에 정박되어 있습니다. 태양선이 뜨는 그곳은 길이 360로드(약 110미터, 1로드는 172피트), 너비 150로드(약 46미터)에 달하는 곳입니다.

바쿠의 군주, 악어의 신, 세베크여!

당신은 동쪽에 있습니다. 당신의 신전은 홍옥으로 만들어져 있습니다.

그 산 정상에는 길이 30큐빗(약 16미터)에 달하는 번뜩이는 이를 내밀며 8큐빗에 달하는 앞발을 가진 뱀이 있습니다.

나는 산 정상에 있는 뱀의 이름을 알고 있습니다. 그 이름은 스스로 불타는 자입니다.

이제 그가 라를 향해 눈을 돌리면, 위대한 시력을 가진 라의 승무원들이 탄 태양선도 정지될 것입니다.

그곳에 있는 뱀이 7큐빗에 달하는 많은 물을 마시면 세트 신이 쇠작살을 던지고, 그가 삼켰던 물을 토해내게 할 것입니다. 세트는 그를 자기 앞에 데려다놓고 마법의 말을 전할 것입니다.

"내 손에 쥔 예리한 칼로 보복할 것이다. 나는 네 앞에 서서 똑바로 항해하고 멀리 볼 것이다. 네 얼굴을 감싸고 손바닥을 씻어라. 나는 왕성하고 선상하다. 나는 위대한 마법사이며 누트의 아들이고 네가 나에게 간청할 만큼 너를 지배하는 힘을 가지고 있다.

너의 배꼽, 꼬리, 돌기에 살고 있는 정령은 누구냐. 나는 이제 너를 통과해야겠다. 너의 꼬리는 내 손에 있으며 나는 강력한 신이다. 나는 라를 구출하러 왔으며, 저녁에 휴식을 취하기 위해 나에게 올 것이다. 나는 하늘을 여행할 것이며 너는 내 앞에서 감금되는 신탁을 받게 될 것이다. 라는 수평선에 살아서 휴식을 취할 것이다. 나는 아아펩을 격퇴하였기 때문에 사물을 지배하는 방법을 알고 있다."

나는 서쪽의 영혼을 알고 있다. 나는 아툼, 세베크, 바쿠의 군주 저녁의 여인, 하토르를 알고 있다.

제109장 동쪽의 영혼을 대면하기 위한 주문

동쪽의 영혼을 대면하기 위한 주문이다. 삽화에는 라와 호루스 신 앞에 경배하는 장면이 그려져 있다. 렙시우스가 편찬한 삽화에는 라·호라크티와 암소를 찬양하는 모습이 묘사되어 있다.

주문 속에는 낙원에서 자라는 보리와 밀의 크기도 묘사되어 있다. 보리는 2.6미터, 밀은 4.5미터로 우리가 현재 생각하는 것보다 훨씬 큰데 이것은 과장된 비유에 지나지 않는다. 왜냐하면 7큐빗으로 묘사된 사람의 크기는 4.5미터에 이르기 때문이다.

나는 내세로 통하는 북쪽 관문을 알고 있습니다. 남쪽 관문은 물새가 사는 호수 옆에 있고, 북쪽 관문은 거위가 사는 호수 곁에 있습니다. 이 호수는 라가 바람을 타고 항해하는 곳입니다. 나는 라의 태양선에 있는 지휘자입니다. 나는 태양선에서 지치지 않고 배를 저을 수 있습니다.

나는 라가 지나가는 곳에 청록색의 나무 두 그루가 서 있는 것을 알고 있습니다. 그 나무들은 라가 지나가는 동쪽 관문에 있으며 슈 신의 보호로 자라고 있습니다.

나는 라가 지배하는 낙원을 알고 있습니다. 쇠로 만든 벽이 둘러쳐져 있고, 보리와 밀이 자라고 있습니다. 보리는 높이가 5큐빗, 이삭이 2큐빗, 귀는 2큐빗, 줄기는 3큐빗입니다. 밀은 키가 7큐빗으로 이삭이 2큐빗, 줄기가 4큐빗입니다.

그리고 거기에는 7큐빗이나 되는 영혼이 살고 있으며 동쪽의 영혼 앞에서 그것을 수확합니다. 나는 동쪽의 영혼을 알고 있습니다. 그는 호라크티(라의 또다른 이름), 신성한 황소(오시리스), 샛별입니다.

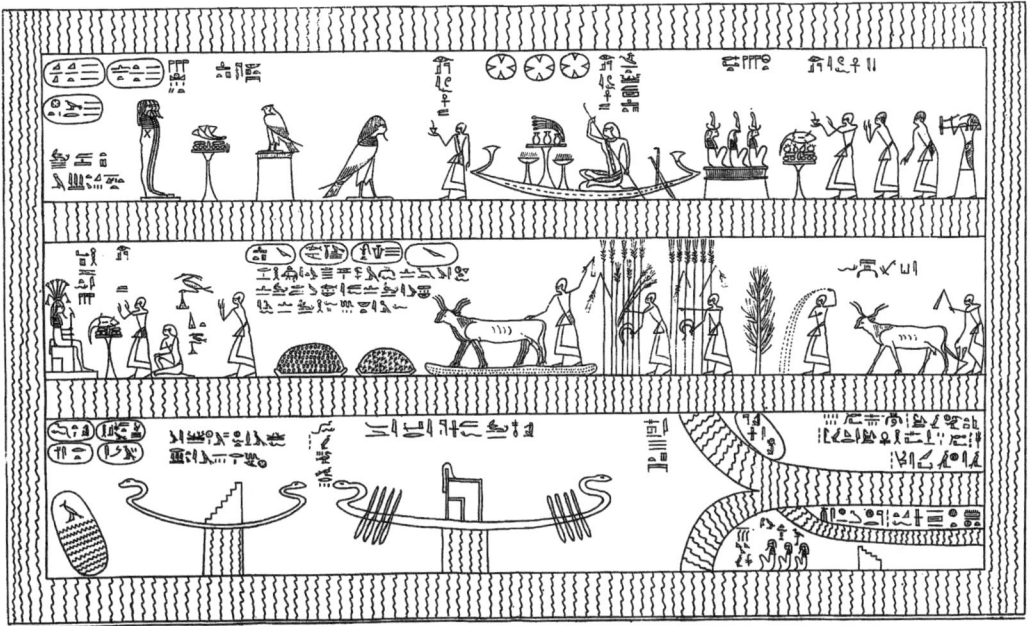

사자 아우팡크가 배를 타고 낙원에 도착하여 신에게 공물을 제공하는 삽화(제110장). 상단은 자신의 영혼이 새로 변한 바와 서쪽의 신들에게 물을 제공하는 장면. 중단은 사자가 영혼의 양식인 밀과 보리를 수확하고 오시리스를 찬양하는 장면. 두 개의 조그만 산은 곡물을 저장하는 창고다. 하단은 두 개의 성스러운 태양선이 놓여 있고 신들이 거주하고 있는 장면.

제110장 낙원에 오고 가며, 오시리스왕국에 도달하고 낮에 출현하는 장과 바람의 여신이 평화롭게 살기 위한 주문

사자가 하계에서 태양과 함께 출현하기 시작하고 사자가 천국의 갈대밭이 있는 제단에 도달하는 장이다. 삽화에는 봉납하는 장면이 장식되어 있다. 이 장의 목적은 사자가 현세에서 살았던 것과 마찬가지로 오시리스왕국에서도 동일한 신분으로 살아가기 위한 데 있다. 이 장을 낭송하면 음식과 음료를 충분히 얻고, 밭을 경작하면서 결혼하고 또 자신이 원하는 곳으로 항해할 수 있다고 보았다.

아니의 파피루스는 신관들의 오역으로 의미를 파악하기에 불가능한 부분이 많아 네브세니의 파피루스를 인용한다.

1. 낙원의 장과 오시리스왕국에서 오고 가며 세켓이 거주하는 낙원에 도달하며 낮에 출현하는 장.

2. 영혼과 경작 수확, 음료, 사랑을 할 수 있는 여신이 사는 위대한 도시.

3. 인간이 지상과 같이 모든 것을 할 수 있는 도시. 네브세니와 프타 신의 체커맨이 말합니다.

4. 세트가 낙원의 건물을 조사하던 호루스를 패배시켰습니다. 그러나 나는 호루스를 세트로부터 석방시켰습니다. 세트는 하늘에 태양과 달의 길을 열었습니다.

5. 세트는 메르티의 도시에서 자신의 두 눈에 있는 영혼으로 물을 분출시켰습니다. 그는 호루스의 신체를 신의 손으로 운반토록 했습니다. 나를 보십시오.

6. 나는 위대한 태양선을 낙원의 호수로 저어갔습니다. 나는 슈 신의 신전에 도착했습니다. 별이 빛나는 신전에서 젊음을 새롭게, 젊음을 새롭게 했습니다. 나는

7. 내가 원하는 호수로 저어갔습니다. 나는 낙원으로 향했습니다. 나는 거기에서 그들과 함께 시간을 보내고 그들의 의지대로 동료신, 신의 아들들과 함께 평화롭게 지내고 있습니다.

제111장

이 장은 제107장과 동일하며, 포크너가 편집한 『사자의 서』에도 설명은 생략되어 있다.

제112장 부토 지방의 영혼을 대면하기 위한 주문

부토 지방의 영혼을 대면하기 위한 또다른 주문이다. 삽화에는 호루스, 케스타, 하피 신이 그려져 있다.

케스타와 하피 그리고 제113장에 나오는 두아무테프와 기브세누프는 호루스의 네 아들이다. 호루스의 네 아들에게는 각각 동서남북의 네 기둥을 떠받드는 역할이 부여되어 있다. 하피는 북쪽, 두아무테프는 동쪽, 기브세누프는 서쪽, 케스타는 남쪽을 담당한다. 이집트인들은 사람이 죽으면 신체를 네 부분으로 분리시켜 각각 네 개의 항아리에 담아서 보관했는데 바로 호루스의 네 아들이 이것들을 지켜준다고 믿었다.

다음 주문은 호루스 신이 검은 돼지로 변한 악의 신 세트를 보았기 때문에 시력을 상실했다는 전설을 기록한 것이다.

밤을 지배하는 여성의 영혼, 늪에 거주하는 멘데스(델타의 중앙지역)의 여인이여!

당신은 물고기가 많은 지방에 살고 있으며, 태양신을 경배할 때 나타나는 그림자 신이며 누비아에서 맥주를 만드는 신입니다.

당신은 페(부토의 한 지역)의 영혼이 왜 호루스에게 주어졌는지 알고 있습니까. 아마 모를 것입니다. 그러나 나는 알고 있습니다.

라가 호루스의 눈을 빼면서 그 보상으로 준 것입니다. 원래 그 일은 라가 호루스에게 이렇게 말하면서 일어난 것입니다.

"그 일이 있고 나서 어떤지 어디 네 눈을 보자."

라가 호루스의 눈을 보면서 말했습니다.

"건강했던 눈을 손으로 감싸고 있을 때 강력하게 강타당했던 그 눈을 한번 보자."

그러자 호루스는 모든 것이 하얗게 보인다고 말했습니다.

"영양이 어떻게 보이느냐. 저기 있는 검은 돼지를 보아라"라고 라가 말하자 호루스가 바라보았습니다.

그러나 호루스는 눈의 상처 때문에 비명을 지르면서 말했습니다.

"보십시오. 나의 눈은 세트가 나에게 가했던 처음의 상처와 같이 심하게 되었습니다." 그리고 그는 기절해버렸습니다.

그때 라가 말했습니다.

"그가 깨어날 때까지 침대에 눕혀라." 그러자 세트는 스스로 검은 돼지로 변해 자기 눈을 자해했습니다.

이윽고 라가 신들에게 말했습니다.

"돼지는 호루스를 몹시도 싫어한다. 나는 그가 잘 지내길 바란다."

그런데 돼지가 극히 혐오했던 호루스 신전에 어떻게 돼지가 제물로 바쳐졌습니까?

눈을 다치기 전의 어린 호루스가 신전에 바치는 제물은 돼지였습니다.

케스타, 하피, 두아무테프, 기브세누프의 아버지는 장남 호루스이며 그의 어머니는 이시스입니다.

이윽고 라가 말했습니다.

"늙은 신들로부터 두 명은 페에서, 나머지 두 명은 네켄(호루스 신앙의 중심지로 상이집트의 고대 수도였다)에서 탄생시키십시오."

나는 영원한 분배자, 영원의 안내자, 싸움의 해결사가 될 것이며, '파피루스의 칼집에 앉아 있는 호루스'가 내 이름입니다.

나는 페의 영혼을 알고 있으며 그들은 호루스, 케스타, 하피입니다.

제113장 네켄의 영혼을 대면하기 위한 주문

네켄Nekhen의 영혼을 대면하기 위한 주문이다. 삽화에는 호루스,

두아무테프, 기브세누프가 그려져 있다. 네켄은 호루스의 아들이 거주하는 상이집트의 세번째 노모스에 있는 지방으로 호루스 신앙의 중심지이다. 이 장은 네켄의 내력을 설명하는 주문이며 마지막에는 돼지를 먹을 때 주문을 낭송해서는 안 된다는 주해가 달려 있다.

나는 네켄의 비밀을 알고 있습니다. 그곳은 호루스의 어머니 이시스가 그를 물속에 던지면서 "너는 네가 발견한 곳을 두 개로 나눌 수 있다."고 말했을 때부터 호루스가 지배하게 된 곳입니다.
이때 라가 말했습니다.
"이시스의 아들은 어머니가 그렇게 물속으로 던졌기 때문에 상처를 입었다. 우리는 물 속에서 악어 신 세베크를 데려와 물고기를 잡아내면 그의 어머니 이시스가 그것을 가져가서 적절한 곳에서 키우도록 할 것이다."
이윽고 세베크가 물속에서 나와서 다음과 같이 얘기했습니다.
"나는 물고기를 잡고 그들을 찾았습니다. 그러나 그들은 내 손으로부터 빠져나와 강 속으로 들어갔습니다. 그러나 나는 마침내 '그물로 그 물고기들을 잡았습니다. 그 물이 이떻게 존재했는지 이제 알 것입니다.'"
라가 말했습니다.
"세베크는 호루스가 했던 것처럼 고기를 발견했다. 그것이 물고기를 숭배하는 도시가 존재하게 된 이유다."
라가 다시 말했습니다.
"호루스의 손으로 우리에게 전달된 그 그물에는 비밀이 들어 있다. 고기를 숭배하는 도시 네켄에서는 15일, 한 달마다 축제가 열리면서 상황은 분명해졌다."
라가 말했습니다.
"네켄은 호루스를 환영하기 시작했고, 내가 그에게 준 네켄은 그의 수중에 있다는 것이 확실해졌다. 내가 준 네켄은 보름마다 열리는 축제에 빠져 모든 일이 중지되었다."

이때 호루스가 말했습니다.

"나는 두아무테프와 기브세누에게 나와 함께 네켄의 사람들을 지키자고 말했습니다. 그리고 그들의 행동을 지켜보았습니다. 왜냐하면 그들은 일시적인 나의 동료에 불과했기 때문이었습니다. 네켄은 나의 것이지만 그들은 거기에 있었습니다."

그러나 그들은 이시스가 넓은 홀에서 했던 것과 같이 행동을 모방하고 있어 라의 명령에 따라 그들을 네켄의 감옥에 가뒀습니다.

당신은 이렇게 말할 것입니다.

"결국 그들은 나와 함께 있다. 그리고 그들이 너와 함께 있다고 불평하는 것을 세트가 알아차릴 때까지 같이 있을 것이다."

오 네켄에 있는 신이여! 나에게 힘을 주십시오. 나는 네켄의 비밀을 알고 있습니다. 그곳은 모두가 호루스의 수중에 있습니다. 그리고 나는 네켄의 영혼을 소개시켰습니다. 나에게 길을 열어주십시오. 나는 호루스를 만날 것입니다.

나는 네켄의 영혼을 알고 있습니다. 그들은 호루스, 두아무테프입니다.

이 주문은, 호루스 신이 물에 빠져 상처를 입고 익사했는데 악어의 신 세베크의 힘에 의해 부활했다는 네켄 지방의 전설을 기술한 것이다.

제114장 헤르모폴리스의 영혼을 대면하기 위한 주문

헤르모폴리스에 있는 하계의 군주를 대면하기 위한 주문이다. 삽화에는 따오기 머리를 한 세 명의 여신이 그려져 있다.

깃털이 오시리스의 어깨에 걸려 있습니다. 붉은 왕관이 둥근 원반 위에 빛나고 있습니다.

나는 라의 심부름꾼으로 오시리스의 어깨에서 깃털이 자라날 수 있도록 했습니다. 그렇게 해서 태양의 둥근 원반에 있는 붉은 왕관을 완벽하게 만들고 숫자를 계산하는 그를 위해 눈을 평온하게 해주었습니다.

나는 권력을 이해하게 되었습니다. 나는 해야 할 말과 해서는 안될 말을 잘 알고 있으며 한 말을 다시 반복하지 않습니다.

헤르모폴리스의 영혼이여, 당신을 찬양합니다!

이제 라는 자라나는 깃털과 신전에서 완벽해진 붉은 왕관을 원합니다.

이제 나는 헤르모폴리스의 영혼입니다. 나는 보름 동안은 커지고 한 달 동안은 작아지는 달의 신 토트입니다.

제115~116장 분묘를 열고 하늘로 승천하며, 헬리오폴리스의 영혼을 대면하기 위한 주문

사자가 분묘의 현관을 통과하여 아누에 있는 영혼을 대면하고 천국에서 모습을 드러내기 위한 주문이다. 사자가 라, 슈, 세크메트, 토트 신을 숭배하는 장면이 그려져 있다.

어제는 위대한 신과 함께 지내고 케페라 신이 되었습니다. 나는 하나의 눈으로 보고 있습니다. 나는 어둠을 벗어났습니다. 나는 내가 알고 있는 헬리오폴리스의 한 영혼입니다. 그러나 헬리오폴리스의 신관들에 의해 계시를 받고 태어난 것은 아닙니다.

나는 헬리오폴리스의 상속자를 파괴하는 신관들의 적대적 행위도 알고 있습니다. 나는 인간을 위해 줄로 만든 자물쇠가 어디에 있는지 알고 있습니다.

라 신은 뱀과 논쟁했습니다. 그 뱀은 '스스로 불에 타는 자'라는 이름을 갖고 있으며 입에는 상처가 나 있는데 그의 입이 어떻게 탈구되는지를 가지고 논쟁했습니다.

라는 뱀에게 말했습니다.

"나는 작살을 집어들 것이다. 그것은 인간 대대로 물려받은 것이며 그렇게 해서 작살이 존재하게 된 것이다."

뱀이 대답했습니다.

"헬리오폴리스에 두 명의 여동생이 나타나게 될 것이다. 그리고 그들은 라에 의해서만 태어날 것이다."

그러자 붉은 옷을 입은 사람이 뱀을 심문했으나 그는 머리를 딴 여자로 변했습니다. 이것이 머리를 묶은 헬리오폴리스의 신관들이 존재하게 된 이유입니다.

나는 헬리오폴리스의 영혼을 알고 있습니다. 그들은 라, 슈, 테프누트 신입니다.

제117장 세케르의 왕국, 라스타우로 가기 위한 주문

라스타우(Rastau, Rosejtau로도 표기한다)로 가기 위한 주문이다. 포크너가 편집한 삽화에는 사자가 막대기를 들고 서쪽의 언덕을 올라가는 장면이 그려져 있고, 렙시우스의 파피루스에는 아누비스가 아우팡크를 이끌고 가는 장면이 그려져 있다.

라스타우는 직역하면 '산에 위치한 건물 복도의 문'이란 뜻이다. 여기서 산이란 죽음의 신이 지배하는 곳으로 결국 세케르왕국을 말한다. 이곳은 라의 배가 갈 수 없고, 돌과 산 사막으로 덮인 지역이다. 세케르왕국은 사자의 영혼이 내세로 가기 위해 반드시 통과해야만 하는 곳이다. 세케르의 어원을 그대로 간직하고 있는 곳이 피라미드 무덤이 많은 현재의 사카라 지방이다.

강물 위에 있는 길은 라스타우로 통합니다. 나는 왕관을 쓰고 훌륭한 옷을 입고 있습니다.

나는 아비도스에서 신에게 공물을 바치도록 하는 제도를 만들었습니다. 나는 라스타우로 가는 길을 만들었고, 오시리스의 고통을 완화시켰습니다.

물을 창조하고, 왕관을 식별하고, 운하와 길을 만든 것도 바로 나입니다.

오 위대한 신이여!

나에게 길을 만들어주십시오. 그 길은 당신의 것입니다. 오시리스를 적들로부터 보호해준 사람도

바로 나 자신입니다. 따라서 나의 적들로부터 내 스스로 변호할 것입니다.

나는 위대한 군주의 동료가 될 것입니다. 나는 당신처럼 위대한 군주, 영원한 신 앞에서 걷고, 서고, 앉고, 말할 것입니다.

제118장 라스타우에 도착하기 위한 주문

사자가 라스타우에서 모습을 드러내기 위한 주문이다. 포크너가 편집한 것에는 사자가 왼손에 막대기를 들고 있는 장면이 그려져 있고, 렙시우스의 파피루스는 삽화가 생략되어 있다.

나는 라스타우에서 태어났습니다. 그리고 오시리스의 신성한 물건을 갖고 있는 귀족들이 나에게 선물을 주었습니다. 내가 오시리스를 그의 왕관이 있는 곳으로 안내하자 라스타우에서 나를 환영해주었습니다.

나는 오시리스를 왕궁으로 인도하는 멋진 사람입니다.

제119장 라스타우로부터 벗어나기 위한 주문

라스타우로부터 나와서 오시리스를 대면하기 위한 주문이다. 렙시우스가 편찬한 삽화에는 사자가 라스타우에서 나와서 오시리스를 향해 가는 장면이 있다. 포크너가 편집한 주문은 다음과 같다.

나는 빛을 탄생시킨 위대한 신입니다. 나는 라스타우로부터 오시리스를 경배하기 위해 왔습니다.

라와 같이 여행하는 군주여!

나는 군주에게 말합니다.

나는 신의 한 사람이 되었고, 군주로부터 떠나지 않을 것을 맹세합니다.

제120~121장

제120장은 제12장과 동일하며, 제121장은 제13장과 동일하다. 벗지와 포크너 모두 제120장과 제121장에 대한 설명은 생략했다. 렙시우스는 제120장을 부활의 장으로 이름 붙였고 간단한 주문을 부가해놓았다.

제122장 내세에서 출현한 후 왕래하기 위한 주문

사자가 하계로부터 나온 후 걸어다니기 위한 주문이다. 렙시우스의 삽화에는 언덕에 있는 자신의 분묘 앞에서 인사하는 장면이 그려져 있다.

나는 모든 것을 소유하고 있고, 모든 것이 나에게 주어졌습니다. 나는 매로 변하여 내세로 갔고, 피닉스로 변해 다시 부활했습니다.

샛별이 나에게 길을 만들어 주었고, 나는 아름다운 서쪽의 왕국으로 평화스럽게 들어갔습니다.

나는 오시리스의 정원에서 살고 있습니다. 내가 갈 수 있도록 길이 만들어져 삶의 군주 오시리스를 위해 걸어갔습니다. 그리고 나는 그를 위해 찬양하였습니다.

제123장 분묘로 걸어가기 위한 주문

분묘로 걸어가기 위한 주문이며, 삽화에는 분묘 앞에 서 있는 사자의 모습이 그려져 있다. 이 주문은 인간의 갈등을 화해시키고 신의 명령을 충실히 이행하여 토트 신과 동격이 되었으니 내세로 갈 수 있도록 허락해달라는 주문이다. 포크너가 편집한 주문은 다음과 같다.

아툼 신이여, 당신을 경배합니다. 나는 적대자를 심판하는 토트 신입니다.

나는 인간들의 싸움을 중지시키고 그들의 슬픔을 없앴습니다.

나는 도망치는 물고기를 잡았습니다. 나는 당신이 명령하는 것을 충실히 완수했고, 나의 눈(달을 가리킨다) 속에서 밤을 보냈습니다.

나는 사악한 의지를 피하고, 명령한 것에 따라서 이중의 얼굴을 갖고 있는 궁전에서 당신이 나를 보러 올 것이라고 생각했습니다.

나이 든 사람들은 나의 통제하에 놓여 있지만, 그 이외에 내가 통제할 수 있는 사람은 없습니다.

제124장 오시리스 신 앞에 나가기 위한 주문

제124장과 제125장은 사자가 '오시리스의 법정'에서 심판을 받는 장이다. 제124장은 사자가 오시리스 신에게 가는 장면이며, 삽화에는 호루스의 네 아들인 케스타, 하피, 두아무테프, 기브세누프를 경배하는 장면이 그려져 있다.

오시리스의 법정은 『사자의 서』 중에서 극적인 전환을 이루는 장이다. 사자가 라의 신으로부터 심판을 받아 무죄를 선고받은 뒤 신들과 나란히 설 수 있는 것은 한마디로 대반전이라 할 수 있다.

삽화에서 보는 것처럼 사자의 심장을 계량하고 신들이 판결을 내리며, 연꽃 위에 서 있는 호루스의 네 아들이 그려져 있는 장면은 인간의 신체와 양심을 검증하고 신들이 보증하는 것을 나타낸다. 이러한 장면은 사자가 어둠과 악의 신, 괴물 등으로부터 죽음을 모면하고 영혼을 보존하여 영원한 내세를 얻을 수 있다는 부활 사상을 단적으로 보여주고 있다.

1. 오시리스 신 앞에 나가는 장. 진실을 말하는 오시리스 아니가 낭송합니다. 나는 나의 영혼을 위하여

2. 부시리스의 어구에 집을 지었습니다. 나는 부토에서 씨앗을 뿌리고 많은 근로자와 밭을 갈았습니다. 나의 야자열매도

3. 쑥쑥 자라서 풍요를 상징하는 메누 신과 같이 컸습니다. 나는

싫은 것은 싫어합니다. 나는 싫은 것은 먹지 않습니다.

4. 나는 신들에게 바쳐진 공물, 밀을 파괴하지 않았습니다. 나의 손으로 만지지도 않았습니다. 나는 그것을

5. 발로 건드리지도 않았습니다. 왜냐하면 나의 빵이 보리로 만들어지고, 맥주가 붉은 밀로 만들어지기 때문입니다.

6. 두 개의 태양선으로 하피 신이 나를 데려오면 음식을 먹을 것입니다.

7. 내가 알고 있는 아름다운 나뭇가지 옆에서 말입니다.

제125장 오시리스 법정에서 찬양하는 주문

사자가 오시리스 법정의 홀에 들어섰을 때 오시리스를 대면하고 답변하는 장이다. 이 장에는 서론, 부정적 자기 고백, 심판 후에 사자가 말하는 장면에 대한 주서가 붙어 있다. 삽화에는 사자의 심장을 깃털과 비교하여 계량하는 법정 현관이 생생하게 그려져 있다. 이 장의 도입부에 대한 주문은 나음과 같다.

1. 마아트의 법정에 들어가고 오시리스를 찬양하는 주문. 진실을 말하는 오시리스 아니가 낭송합니다.

2. 나는 당신에게 왔습니다. 나는 당신의 위대한 신성, 아름다움을 보았습니다. 나는 두 손을 뻗쳐 진리의 여신 '마아트'를 경배합니다. 나는 왔습니다. 나는 삼목이 우거진 곳으로 왔습니다.

3. 그곳에는 아카시아 나무가 자라지 않고, 풀과 목초도 자라지 않습니다. 나는 금지되어 있는 곳으로 들어갔습니다. 그곳에서 나는

4. 세트와 말했습니다. 나를 보호하는 조상들이 나를 통과시켰고 세트의 얼굴을 덮었습니다.

5. 세트는 오시리스 왕궁에 들어가서 감추어진 신비, 즉 차차우 신의 관문에서 영혼을 보았습니다. 신,

6. 호루스 신이 그에게 인간의 언어로 말했습니다. "너는 우리의 길과 도시를 알고 있다. 나는 너와 화해한다."

7. "내가 맡고 있는 냄새는 너에게서 나는 것이다." 그리고 오시리스 아니가 그에게 말했습니다. 진실을 말하는 오시리스 아니가

8. 왔습니다. 나는 위대한 신 옆에 서 있습니다. 나는 영혼에게 제공되는 신전에서 살 것입니다. 나는

9. 부시리스의 군주입니다. 나는 영혼이 거주하는 곳에서 살 것입니다. 영혼은 나를 피닉스로 만들고 그 또한 그렇게 될 것입니다. 나는 자신을 정화하기 위하여 강가에 갔습니다. 나는 신들에게 바쳤습니다.

이윽고 마아트 신에 대한 낭송이 끝나고 법정에 들어서기 전에 먼저 마흔두 명의 신들에게 생전의 죄를 부정하는 고백 절차를 밟아야 한다. 신 앞에서 행하는 이 현대판 고해성사에 대해서는 앞에서 구체적으로 설명했기 때문에 여기서는 생략한다. 그 다음에는 열두 명의 신들이 기다리는 법정에 들어서게 된다. 삽화에는 다음과 같이 묘사되어 있다.

1. 오시리스는 몸에 문신을 새긴 미라의 형태를 하고, 손에는 주권과 지배를 상징하는 왕홀을 들고 앉아 있다.

2. 오시리스의 뒷편에 이시스와 네프티스가 서 있다. 두 여신은 법과 진실을 상징하는 깃털로 머리를 장식하고, 팔찌를 끼고 있으며, 발목까지 내려오는 튜닉을 입고 있다.

3. 아누비스가 아니의 심장을 계량하기 위해 저울 한쪽에 진리를 상징하는 토트 신의 깃털을 올려놓고 토트 옆에서 기록하고 있으며,

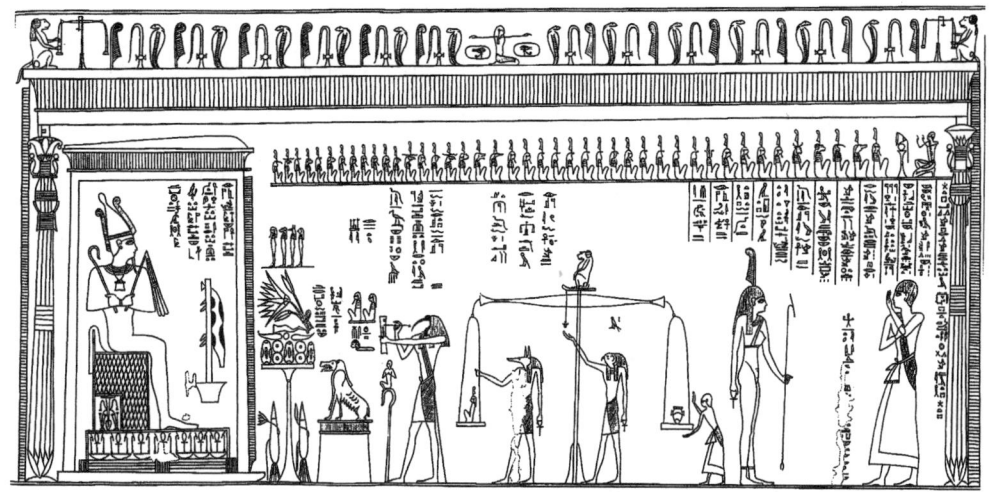

오시리스 아우팡크가 심장을 계량하기 위해 마아트 여신 앞에 서 있는 장면(제125장). 아누비스, 토트, 호루스 그리고 아메미트가 지켜보고 있고, 왼쪽에는 오시리스 신이 앉아 있다.

암무트가 사자의 심장을 먹기 위해 지키고 있다.

제126장

이 장은 제목이 없으며 삽화에는 불의 호수 한구석에 원숭이가 앉아 있는 장면이 그려져 있다. 이 장은 누우의 파피루스에 나오는 주문이며, 라의 태양선에 있는 네 마리의 원숭이를 경배하고 네 마리의 원숭이가 답하는 형식으로 구성되어 있다.

먼저 누우는 태양선의 원숭이, 심판의 장에 앉아 있는 오시리스 신에게 내세로 갈 수 있게 통과시켜주길 강렬히 요청한다. 그리고 내세에서 영혼들이 먹는 케이크와 맥주를 마실 수 있게 해달라고 기원한다. 그러면 네 마리의 원숭이가 이렇게 대답한다.

12. 이리 와라. 우리는 그대의 사악함을 제거했다. 지상에서 너와 관련된 죄를 씻어버리고 제거했으며,

13. 모든 죄를 파괴했다. 그러므로 천국의 문으로 들어가라. 내세의 비밀의 문을 통과하면 거기에는 케이크와

14. 맥주, 그리고 또다른 케이크가 있을 것이다. 그대는 그대가 원하는 대로 오고갈 수 있다. 그대는 수평선에서 매일 신들에게 바치는 공물을 요구할 수 있다.

제127장 오시리스 신을 찬양하는 주문

벗지가 편찬한 파피루스에는 제목이 '네 마리의 신성한 원숭이에 대한 찬양과 오시리스를 찬양하기 장'으로 되어 있다. 반면에 포크너가 편집한 것에는 '위대한 왕국의 오시리스 신을 만나려고 왕국에 도달했을 때 신을 찬양하는 책'이라고 되어 있다. 삽화에는 여덟 쌍의 신 앞에 봉납을 받는 테이블이 놓여 있다.

서쪽에 있는 동굴의 신을 찬양합니다. 오시리스를 지키고 소식을 전달하는 왕국의 문지기를 찬양합니다.

당신의 경계심과 힘으로 적들을 물리쳐주십시오. 어둠을 없애고 세상을 밝게 해주십시오.

당신은 위대하고 신성한 군주를 만나게 될 것입니다. 당신은 둥근 태양 원반 속에 있는 그를 찬양할 것입니다.

당신은 사자를 당신이 살고 있는 문까지 안내할 것입니다. 사자의 영혼은 당신의 숨겨진 몸으로 변하여 통과된 것입니다. 왜냐하면 그는 곧 당신이기 때문입니다.

그는 괴물 아아펩을 물리쳤습니다. 그는 생전의 잘못된 행동을 서쪽에서 강하게 후회할 것입니다. 당신은 당신의 적들에게 승리했습니다.

오 둥근 원반에 거주하는 위대한 신이여!

당신은 승리자입니다. 오 내세의 지배자 오시리스여, 당신은 승리자입니다.

오 사자여, 당신은 내세와 지상과 모든 남신, 여신으로부터 승리하였습니다. 내세에서의 지배자 오시리스는 계곡의 앞에서 말하고, 위대한 법정에서 그를 변호했습니다.

현관을 지키는 문지기여, 당신은 파괴의 집에 거주하는 영혼들이 당신을 통과할 때는 영혼을 먹고 사자의 신체를 한입에 삼키지만, 라를 찬양하고 오시리스를 찬양하는 영혼은 낙원으로 보내는 신입니다.

당신은 나를 인도하고 문을 열 것입니다. 대지도 영혼을 위하여 동굴을 열 것이며, 당신은 영혼이 적들을 무찌를 수 있도록 도와줄 것입니다.

나에게 하늘, 지상, 내세의 문을 열어주십시오. 나는 오시리스의 평화로운 영혼입니다. 나는 오시리스의 법정을 통과할 것이며, 신들은 나를 축복할 것입니다. 나는 환영받을 것이며 어디든지 여행할 것이며 내게서 어떤 결점도 발견하지 못할 것입니다.

제128장 오시리스를 찬양하는 주문

오시리스를 찬양하는 장이며, 사자가 세 명의 신을 경배하는 삽화가 그려져 있다.

당신을 찬양합니다.

누우의 아들 오시리스 운 네페르 당신을 옹호합니다. 당신은 게브의 첫째 아들이고 누트로부터 출생한 위대한 신, 티니스 지방의 왕이며, 내세의 왕이고 아비도스의 군주이며 위대한 권력의 화신이고, 헤라클레오폴리스에서 아테프 왕관을 쓰고 있는 군주이며, 분묘의 소유자이고, 부시리스의 위대한 권위자이며, 멘데스(하이집트의 아홉번째 노모스)의 축제를 집행하고, 공물을 받는 군주입니다.

이시스와 그 동생 네프티스가 보호하는 모든 곳에서 호루스는 아버지 오시리스를 찬양합니다. 토트 신은 오시리스의 육체와 입에서 나오는 주문으로 얘기합니다.

호루스의 심장은 모든 신들의 심장보다도 더 기쁘게 뛰고 있습니다. 이시스의 아들 호루스여, 당신을 찬양합니다. 당신은 아버지 오시리스를 보호해야 합니다.

오시리스여, 환호합니다. 나는 당신에게 왔습니다. 나는 호루스이며, 나는 오늘 당신을 보호하러 왔습니다. 오시리스를 위해 빵과 맥주, 소, 가금, 그리고 좋은 물건은 무엇이든 놓아두고 기원했습니다. 오시리스여, 당신을 찬양합니다.

나는 당신을 위하여 적들을 물리치고, 당신을 그들로부터 구출할 것입니다. 나는 당신의 영광과 권위를 부여받은 자이며, 즐거운 날을 보내는 호루스입니다. 법정에 있는 당신을 축하합니다.

오시리스를 찬양합니다. 당신의 영혼이 당신에게 왔기 때문에 '만족스러운 영혼'이 당신의 이름입니다. 이 이름에 당신도 만족할 것입니다. 호루스는 '성스러운 영혼'이라는 이름을 가진 당신을 찬양했습니다. 그는 '마법'이란 이름을 가진 당신을 경배했습니다.

호루스는 '길 안내자'라는 이름을 가진 당신을 위해 길을 열어주었습니다.

오시리스를 축하합니다. 나는 당신의 적들을 아홉 신이 도열한 법정 재판에 회부하려고 왔습니다.

오시리스여, 왕권을 상징하는 왕홀과 도리깨, 계단을 드십시오. 그리고 신들이 먹는 음식을 통제하고 분묘에 있는 사람들의 음식도 통제하십시오. 그리고 당신의 위대한 능력을 신들에게 전해주십시오. 당신은 위대한 신들을 창조한 분입니다. 미라의 형태로 그들과 있으십시오. 당신은 당신 자신이 모든 신의 군주이기 때문에 또 진리를 상징하는 마아트의 목소리를 들었기 때문에 당신 스스로 생각해야만 합니다.

제129장

이 장은 제100장과 동일하다. 포크너가 편집한 것에도 이 장은 생략되어 있다.

제130장 오시리스의 탄생일에 완전한 영혼을 만들고 영원하기 위한 주문

제130장과 제131장, 제134장은 대동소이한 내용을 갖고 있다. 제130장은 완전한 영혼을 만들기 위한 주문이다. 삽화에는 라 신이 타고 있는 동쪽의 태양선과 서쪽의 태양선 사이에 사자가 서 있는 장면이 그려져 있다. 포크너가 편집한 주문은 다음과 같다.

라가 수평선으로부터 떠오르면 하늘이 열리고, 지구가 열리고, 동쪽이 열리고, 상이집트가 열리고, 하이집트의 신전이 열리고 문이 열리고 동쪽 문이 열립니다.

밤의 태양선의 문이 열리고, 낮의 태양선의 문이 열리고, 슈 신을 숨쉬게 하고, 테프누트 신을 탄생시키고, 그 신들을 수행할 것입니다.

오 사자獅子의 두 신(슈와 테프누트를 말한다)이여,

나는 약속대로 괴물 암무트를 물리쳤습니다. 나는 군주의 법정에 섰습니다.

나는 매일 괴물로부터 라를 보호했습니다. 거기에는 누구도 라 신을 공격하지 않을 것입니다.

제131장 태양신 라로 변하기 위한 주문

사자가 밤에 태양신 라로 변하고 그와 동일하게 됨으로써 라의 힘을 가지고 내세로 들어갈 수 있기를 바라는 주문이다.

나는 밤에 빛나는 라 신입니다. 라 신을 보호하고 토트 신을 수행하는 모든 사람들은 호루스와 나를 찬양할 것입니다.

왜냐하면 나는 토트의 수행원이며 내가 적들을 격퇴했기 때문입니다. 나는 하늘을 여행하고 위대한 여신들을 불러냈습니다. 나는 따로 가는 길에 파괴의 신을 지나쳤습니다. 그러나 그 신은 나에게 관대했습니다.

나는 자신의 하늘을 가지고 있는 라의 추종자입니다. 나는 나의 아버지 라에게 왔습니다.

동쪽 하늘에 있는 위대한 신이여, 당신을 환영합니다. 나는 당신의 태양선에 승선할 것입니다. 오 라여!

나는 성스러운 매로 변하여 통과했습니다. 나는 내가 가진 왕홀로

적들을 격퇴하고 도리깨로 통치할 것입니다

　　나는 당신의 태양선에 승선할 것입니다.

　　오 평화스러운 라 신이여!

　　나는 아름다운 서쪽을 평화롭게 비행할 것입니다.

제132장 사자가 자신의 집으로 귀환하기 위한 주문

　사자가 현세에 살던 자신의 집을 방문하기 위한 주문이나 삽화에는 사자가 자신의 분묘와 집 앞에 서 있는 장면이 그려져 있다. 다음은 자신의 집으로 되돌아가기 위한 주문이다.

　1. 사자가 자신의 집으로 귀환하기 위한 장. 오시리스 아니가 낭송합니다. 나는 사자獅子 신입니다.

　2. 나는 성큼성큼 달려갈 수 있는 사자獅子 신입니다. 나는 화살을 쏘아 적들에게 상처를 입혔습니다. 나는 호루스의 눈이며

　3. 다가오는 계절에 호루스의 눈을 가로질러 집에 갈 것입니다. 오시리스 아니가 평화를 갖게 해주십시오. '나는 오시리스 법정에 나아가 심장을 계량했을 때 수평을 이루었고 가볍거나 심장이 없어진 것을 본 적이 없습니다.'

　마지막의 강조 부분은 나비유가 편집한 것인데, 심장이 수평을 이루었다는 것은 오시리스 법정을 통과하여 부활할 수 있는 자격을 획득했음을 의미한다.

제133장 신년 정월에 낭송하는 주문

위대한 하계의 신 앞에서 영혼을 완전하게 보존할 수 있도록 하기 위한 주문이다. 태양선에 앉아 있는 라를 경배하는 삽화 장면이 있다. 이 장은 7큐빗의 길이로 만든 태양선에 보내는 찬가이다. 이 주문의 목적은 사자 아니가 현세에서 살던 집을 다시 방문하기 위함이다. 사자는 자신을 호루스의 눈, 빛과 동일시하고 태양과 함께 현세에 다시 나타나려는 희망을 표현하고 있다.

1. 신년 정월에 낭송하는 장. 진리를 말하고 평화롭게 있는 서기 오시리스 아니가 낭송합니다. 라는 왕관을 썼습니다.

2. 수평선에서 그의 동료 신들이 도열해 있는 곳에서. 라 신은 비밀의 왕국에서, 그리고

3. 누트의 말로 만들어진 천국의 동쪽 수평선에서 왔습니다. 신들은 위대한 선조, 라가 여행하는 행로를 환영합니다.

4. 여행하고, 신전에 거주하는 라 신이여, 당신을 환영합니다. 당신이 바람을 삼킬 때마다 북쪽 바람이 불어옵니다.

5. 당신이 진리를 호흡할 때면 당신은 앉아서 고기를 먹게 됩니다. 당신이 당신의 추종자들을 둘로 갈라놓았습니다.

6. 태양선은 당신의 지시에 의해서 위대한 신들 사이로 항해합니다. 당신은 당신의 척추에 의존하고 있으며, 당신은 그것을 모으고 있습니다.

7. 당신은 얼굴을 아름다운 아몬테트로 향하고 거기에서 매일 새로운 날을 만들어내고 있습니다. 당신은 황금의 이미지를 갖고

8. 하늘의 태양 원반을 결합시키고 있습니다. 당신은 무섭고, 당신은 여행하며 매일 새로운 날을 만들고 있습니다. 찬양합니다. 수평선에서는

9. 기쁨이 넘치고 있습니다. 하늘에 거주하는 신들은 당신의 태양선을 타고 내려오며

10. 진리의 말을 가지고 있고 라를 향해 기도하는 오시리스 아니를 보게 될 것입니다. 오시리스 아니는 위대한 신입니다.

제134장 신년 정월, 라의 태양선이 항해할 때 부르는 라의 찬가

사자가 자신의 시종과 함께 라의 태양선에 승선하기 위한 주문이다. 삽화에는 사자가 슈, 테프누트, 게브, 누트, 오시리스, 이시스, 호루스, 하토르 신을 경배하는 장면이 그려져 있다.

이 장은 라와 사자의 적을 격퇴하기 위한 주문이다. 맨 처음 주문은 호루스의 신화를 암시하는 내용이다. 호루스는 후대에 가서 상이집트의 에드푸 지방에서 태양신과 동일한 신으로 믿어졌는데, 그는 개벽신화에서 언급한 것처럼 세트에게 아버지 오시리스의 복수를 행한 신이다.

호루스는 세트와 그 추종자들이 하마, 동물, 새 등으로 변신하여 도망가자 끝까지 추격하여 살해한다. 그러나 그 추종자들의 일부가 살아남아 사자가 나일강을 항해할 때 전복을 기도한다. 사자가 주문을 낭송하는 것도 오시리스와 이시스, 호루스의 보호를 받아 적을 물리치기 위한 것이다.

그 다음 주문은 사자가 자신을 슈 신과 동일시함으로써 라 신과 동등해지려고 하는 내용으로 되어 있다.

1. 신년 정월, 라의 태양선이 항해할 때 부르는 라의 찬가. 진실을 말하는 서기 오시리스 아니가 낭송합니다. 당신을 찬양합니다. 그대의 태양선에 거주하는 신이여, 그대는 점점 떠오르고 떠올라

2. 드디어 빛을 내뿜고 있습니다. 빛을 내뿜고 있습니다. 당신은 당신을 존경하는 모든 사람들에게 백만 년을 즐길 수 있는 시간을 주었다고 선포했습니다. 당신은 당신의 얼굴, 케페라의 마음을

3. 태양선에 거주하는 사람들에게 주었습니다. 당신은 괴물 아아펩을 물리쳤습니다. 게브의 아들 오시리스 아니가

4. 마법의 말로 라의 태양선을 파괴하려는 일당을 물리쳤습니다. 호루스가 천국에서 당신의 머리를 보호했습니다.

5. 거위로 변한 당신의 탯줄이 지상에 있습니다. 동물들이 지상에서 고기로 변신했습니다. 모든 남성의 적과

6. 여성의 적들이 마법의 말을 사용하는 오시리스 아니에 의해 격퇴되었습니다.

7. 적들이 천국에서 내려오고 별에서 내려왔지만,

8. 오시리스 아니가 그들을 넘어뜨리고 말 못하는 조용한 벙어리로 만들었습니다. 오 위대한 살해자의 신이여.

제135장 달이 새롭게 뜰 때 낭송하는 또다른 주문

정월 보름달이 뜰 무렵에 사자가 라에게 바치는 장이다. 삽화는 생략되어 있고 주해가 붙어 있다.

주해에 의하면 사자는 이 장을 낭송함으로써 영혼을 완벽하게 하고, 두 번 죽지 않으며 오시리스와 나란히 앉아서 먹을 수 있다고 믿었다. 또한 토트 신과 동일하게 되고 바스트 여신의 강렬한 불꽃 속에 빨려들어가는 것을 방지할 수 있다고 보았다.

이 장은 렙시우스가 편찬한 아우팡크의 파피루스 가운데 일부를 해석한 것이다.

상단. 새로운 달이 시작하는 날에 낭송하는 또다른 장.

1. 오시리스는 낙원에 있으면서 육체가 겪어야 하는 불길한 전조를 만들어 놓았고, 자신도 불운을 겪었습니다. 그러나 호루스는 행복하게 성장했습니다.

수많은 공물을 바치게 했고,

2. 오시리스의 앞에서 폭풍을 멈추게 한 사람은 진리를 말하는 아우팡크입니다. 아우팡크는 방금 도착했고, 여행중에 있는 라이며, 내세에 거주하는 네 명의 신 가운데 하나입니다. 진실을 말하는 오시리스 아우팡크는

3. 새로운 달이 시작되는 날에, 태양선의 밧줄을 잡고 승선했습니다.

(주해) 만약 사자가 이 장을 알게 된다면 내세에서 완벽한 혼을 갖게 되고, 두 번 죽지 않으며 오시리스와 함께 앉아 음식을 먹게 될 것이다.

4. 만약 사자가 지상에서 이 장을 알게 되면 사자는 토트 신과 같이 되고, 살아 있는 사람들로부터 존경을 받게 될 것이다. 그는 바스트 여신(부바스티스의 지방신으로 고양이 형상을 하고 있으며, 네페르 아툼의 어머니이다)이 있는 불꽃 속에 머리를 처박지 않아도 되며, 호루스로부터도 환영을 받을 것이다.

제136장 완벽한 영혼을 만들고, 위대한 라의 태양선에 승선하여 불의 영토를 통과하기 위한 주문

첫번째 주문 (가)는 라의 태양선에 승선하기 위해 영혼을 완벽하게 만들기 위한 주문인데, 여기에는 두 개의 개정본이 있다. 두번째 개정본에는 주해가 붙어 있고, 삽화에는 태양신 라를 경배하기 위해 두

손을 벌리는 장면이 그려져 있다. 주문에 등장하는 나크트는 기원전 1300년경 제18왕조 혹은 제19왕조 시대에 왕실의 서기 겸 군최고사령관의 지위를 가졌던 인물이다. 두번째 주문 (나)는 태양선을 저어서 태양이 불타고 있는 길을 지나가기 위한 주문이다. 삽화에는 태양신 라의 머리가 그려져 있다.

(가) 완벽한 영혼을 만들기 위한 주문

헬리오폴리스에 빛나는 별과 케라하(오시리스왕국의 열다섯번째 영토로 거대한 강물이 흐르는 운하로 묘사되어 있다)의 태양선에 승선한 사람들을 보십시오.

신이 태어나고, 그를 장식하기 위해 리본과 노가 준비되었습니다. 사자 나크트Nakht는 신들의 배가 정박하고 있는 연꽃으로 만든 배에서 그들과 함께 판결을 받았습니다.

사자는 선미에서 연꽃으로 장식한 태양선에 승선했습니다. 그리고 라 신, 원숭이와 함께 누트 신을 향해 항해했습니다. 그는 누트가 살고 있는 극지極地로부터 일고 있는 파도를 물리쳤습니다.

사자 나크트는 강력한 군주입니다. 그는 정의의 지배자이며 그를 보호하는 것이 곧 하늘에 있는 라를 보호하는 것입니다. 사자 나크트가 당신의 태양선에 승선할 수 있도록 길을 열어주십시오.

그는 매일 라를 공격하는 침입자들을 격퇴하고 있습니다. 그는 호루스와 같이 하늘의 수평선이 닿아 있는 신성한 곳에서 왔습니다.

사자는 라를 만들고 사자를 만난 신들은 그를 환영했습니다. 위대한 신이 사자를 보호하고 파괴자들이 그를 공격하지 못하며 관문의 문지기도 그를 무시하지 못할 것입니다.

사자는 위대한 집에서, 그리고 심지어 신전의 군주에게도 얼굴을 숨기고 있습니다.

그는 신의 말들을 전하러 갔습니다. 그는 신에게 바치는 공물을 준비하는 사람 가운데 제일 강한 심장을 갖고 있습니다.

(나) 위대한 라의 태양선에 승선하고 불의 영토를 통과하기 위한 주문

라에게서 눈부신 빛이 나오고 있으며 그것은 그의 뒤에서 나오는 불꽃입니다. 그 불빛과 태양선을 제일 무서워하는 것이 폭풍입니다. 나는 자신의 얼굴을 성스러운 연못의 물로 닦아내는 라와 함께 있습니다. 나는 정의롭고 그 모습이 무엇보다도 신성한 그를 보았습니다. 그는 때로는 석관에, 때로는 낙원의 갈대밭에 있습니다. 그곳을 보고 우리는 즐거워했습니다.

태양선 머리 위로 나를 위한 길이 만들어지고, 나는 태양선을 타고 올라갔습니다.

머리를 숙여라 이 뱀아!

나는 위대한 힘을 가지고 있는 군주로서 이곳을 통과할 것이다. 나는 정의의 군수로서 고귀한 신분이며, 호루스의 눈을 만들었다. 나를 보호하는 것이 라 신을 보호하는 것이다. 나는 두 국가의 신전을 돌아다니고, 아홉 신을 깨울 수 있는 사람으로 당신보다도 위대한 신입니다.

이 장은 주문을 외우기 위한 요건을 제시하고 그 요건을 따르면 사자가 백만 년을 살 수 있다는 주해를 다음과 같이 부가해놓았다.

이 태양선에 있는 영혼을 위해 주문을 낭송하기 위해서는 라 앞에서 씻고, 정화하고, 향을 피워야 하며 빵과 맥주, 구운 고기, 오리를 바쳐야 한다. 이 일을 행하는 정령들은 모두 살아 있으며 결코 사멸

하지 않을 것이다. 그는 내세에서 잠재적인 영혼이 될 것이며, 결코 죽지 않고 매일 오시리스 앞에서 먹고 마시게 될 것이다.

그는 매일 상하 이집트의 왕으로부터 인정받고 강물에서 물을 마실 수 있고, 호루스와 같이 낮에 출현할 수 있으며, 신과 같이 살아갈 것이다. 또한 그는 매일 살아 있는 라 신과 마찬가지로 숭배될 것이다. 그에게는 백만 년의 수명이 주어질 것이다.

제137장 영혼을 위해 네 개의 램프에 횃불을 밝히는 주문

제137장은 두 개의 주문으로 구성되어 있다. 첫번째는 네 개의 횃불로 사자의 혼을 비추기 위한 주문이다. 이 장에는 주해가 붙어 있고, 삽화에는 네 명의 신이 횃불을 들고 있는 장면이 그려져 있다. 두번째는 사자가 불을 얻기 위한 주문이다. 삽화에는 하마 형상을 한 타우르트Tauit 신이 불꽃을 밝히는 장면이 그려져 있다.

1. 영혼을 위해 만들어진 네 개의 램프에 불을 밝히는 장. 당신은 흙으로 네 개의 그릇을 만들어야 합니다.

2. 그리고 향을 태우고 거기에 흰 암소의 젖을 가득 채워야 합니다. 이렇게 하면 램프를 끌 수 있습니다.

3. 옥쇄의 감독관이며 진실한 오시리스 누우여. 불빛이 그대의 혼에 갈 것입니다. 오 오시리스 켄티 아몬티의 불빛이여!

4. 진실을 말하는 오시리스 누우에게 갈 것입니다. 낮이 지면 밤이 옵니다.

5. 불꽃이 아몬티의 지배자 라의 두 자매, 오시리스의 혼에 갈 것입니다. 불빛이 아비도스에서 일어나

6. 호루스의 눈앞으로 왔습니다. 그리고 그대의 눈앞에 멈추어 섰

습니다. 오 오시리스 켄티 아몬티여!

7. 불꽃이 그대의 신전에 멈추었고 그대의 눈앞에서 타오르고 있습니다. 그것은 오시리스 누우의 앞에 멈추어 섰습니다.

제138장 아비도스에 도착하여 오시리스를 수행하기 위한 주문

오시리스 신을 부활시키기 위해 아비도스에 도착하기 위한 주문이나 사자가 커다란 촛대에 경배하는 삽화가 있다.

아비도스에 있는 훌륭한 모든 동료 신들이여! 그리고 내가 인정하는 나의 아버지 오시리스, 나를 즐겁게 맞이하십시오.

나는 검은 대지와 붉은 대지의 군주 호루스입니다. 나는 결코 정복되지 않는 오시리스의 힘을 가지고 있습니다.

나는 홍수로부터 아버지와 어머니를 구하고, 적과 강도들을 격퇴하고 파괴자에 대항했던 호루스의 눈이 있기 때문에 적들을 제압할 수 있습니다.

나는 오시리스의 아들이며, 나의 아버지는 그의 왕국에 있습니다.

아비도스에는 원래 '서쪽을 지배하는 자'인 켄티 아몬티Kenti amonti라는 '장제의 신'이 숭배되고 있었다. 그러나 6왕조 이후에는 오시리스와 켄티 아몬티 신이 결합하여 '서쪽 제일의 신' 오시리스가 최고신으로 숭배되었다.

아비도스는 나일강 서쪽에 위치해 있는데, 이곳에서는 사자의 장례 행렬이 동쪽에 모여서 배를 타고 나일 서쪽 연안으로 가는 관행이 있었다.

제1장의 삽화에 나타난 것처럼 아비도스에 도착하면 보통 두 마

리, 귀족의 경우에는 네 마리의 소가 끄는 썰매를 타고 묘실로 이동하는데 그 앞에서는 신관이 향을 피우고 공물을 바치며 주문을 낭송한다. 피안彼岸이라고 부르는 곳이 바로 아비도스라 할 수 있다.

제139장

이 장은 제123장과 동일하다.

제140장 신성한 눈을 회복하기 위해 3월 마지막 날에 낭송하는 주문

제140장부터 제142장까지는 오시리스의 권능을 회복하기 위하여 공물을 공납할 수 있도록 열두 개의 제단을 만드는 주문이다. 제140장은 '봄Pert의 두번째 달이 만월일 때 봄의 두번째 달에 신성한 눈(Utchat 또는 Udjat)의 회복을 기원하는 주문이다. 사이테 텍스트의 삽화에는 호루스 신, 토트 신, 라 신이 그려져 있다.

우자트Udjat란 좌우에 하나씩 있는 '신성한 두 눈'으로 번역되며 원래는 태양과 달을 가리키나 여기서는 토트 신을 말한다. 우자트는 원래 라가 지상에서 임무를 끝내고 하늘로 올라갈 때 그 임무를 수행했던 대신이다.

봄의 두번째 달은 6월이지만, 현재 방식으로 하면 3월이다. 당시 이집트인들은 일 개월을 30일로 하여 십이 개월을 360일로 계산하는 태양력을 사용했다. 또한 일 년을 겨울 또는 증수기Akht, 봄 또는 파종기Pert, 여름 또는 수확기Shemu로 나누어 한 계절의 사 개월을 각각 첫번째 달, 두번째 달, 세번째 달, 네번째 달로 불렀다.*

신성한 눈이란 호루스가 세트와의 전투에서 패배하여 한쪽 눈을 상실했을 때 달의 신 토트가 찾아와 치료해준 호루스의 눈을 말한다.
이 장의 주문은 다음과 같다.

　위대한 신이 출현하고 수평선이 빛나며, 아툼 신이 향기를 발산하
며 나타났습니다. 태양신은 하늘에 떠오르고, 오벨리스크의 대신전
은 환희로 가득차고, 기쁨에 넘치는 소리가 내세에까지 울려퍼지게
되었습니다.
　이윽고 아툼 호라크티의 말에 복종했습니다. 아툼 호라크티는 아
홉 신을 옆에 앉도록 지시하고 '신성한 눈'이 회복되는 것을 즐거워
했습니다. "보라. 나의 육체가 동료들로부터 보호받으면서 점차 회

---

* 이집트인이 사용했던 기수는 로마자와 비슷하며 1은 우아우, 2는 세누이, 3은 크므트
등으로 발음했으며 백만 단위까지도 표시했다. 카르낙 신전에 가보면 개구리를 표시한
상형문자를 많이 볼 수 있는데, 개구리는 수많은 알을 낳는 속성에 의해 숫자상으로 십
만을 상징한다.

I = 1 uāu	III / III = 6 su	@ = 100	shaā
II = 2 senui (dual)	III / III = 7 sfḫ	= 1,000 ḫa	
III = 3 ḫmt	III / III = 8 ḫmnu	= 10,000 ḏbā	
IIII = 4 ftu	III / III = 9 psḏ	= 100,000 ḥfn	
IIIII or ⋆ = 5 tuau	∩ = 10 met	= 1,000,000 ḥḥ	

또 나일강 물이 불어나는 중수기(또는 겨울), 물이 빠진 다음 곡식을 뿌리는 파종기(또는
봄), 수확기(또는 여름)를 다음과 같이 상형문자로 표기했다.

겨울	봄	여름

복되고 있다." 그렇게 말하면서 그의 눈은 밤의 네번째 시간에 왕궁에서 휴식을 취하기 시작했고, 대지는 3월의 마지막 날에 기쁨으로 넘쳤습니다.

신성한 눈은 아홉 신 앞에 앉게 되었습니다. 그러자 위대한 아툼의 신전은 빛을 발산했고, 신성한 눈은 그의 머리에 있게 되었습니다.

신성한 눈이 라, 아툼, 슈, 게브, 오시리스, 세트와 호루스, 몬트(테베 지방에서 숭배된 전쟁의 신), 바, 토트, 마아트의 두 여인, 아누비스, 멘데스의 영혼을 대면했을 때, 드디어 완전해지고 신들은 만족스러워했습니다.

신들은 신성한 눈을 손으로 떠받치고 축제를 거행하고 노래했습니다.

"당신을 축하하고 라를 찬양합니다. 승무원들은 태양선으로 항해하고 괴물 아아펩을 물리쳤습니다. 당신을 축하하고, 라를 찬양합니다. 적들을 격퇴한 호루스를 축하합니다!

당신을 축하하고 라를 찬양합니다."

제141~143장 장사자가 아버지와 아들을 위해 낭송하는 주문

제141장과 제142장은 신년에 아몬테트의 축제가 시작되었을 때 축제일 9일째에 자신의 아버지와 아들을 위해 무수한 신들을 열거하여 낭송하는 주문이다. 이를 통해 사자는 태양신 라와 다른 신들 앞에서 완벽해지고 신들과 함께 거주할 수 있게 된다. 제143장은 제142장의 삽화로 사자가 신 앞에 공납하는 장면이 그려져 있다.

신들에게 빵과 맥주, 황소와 오리, 구운 고기를 바치고 향을 올림

제141장과 제142장의 주문을 설명하는 삽화. 두 개의 태양선과 우자트, 그리고 헬리오폴리스의 신들이 묘사되어 있다.

니다.

　내세의 군주 오시리스, 라 호라크티, 눈, 마아트, 라의 태양선, 아툼, 위대한 아홉 신, 난쟁이 신, 호루스, 슈, 테프누트, 게브, 누트, 이시스, 영혼의 신전, 모든 여신, 높은 곳에서 신을 만든 하늘의 폭풍, 침묵의 대지 위에 살고 있는 신, 우아한 여신 케미스, 붉은 머리를 갖고 있어 사랑받는 여신, 삶을 보호하는 얼룩덜룩한 여신, 기능을 갖고 있는 여신, 목자의 황소 신, 북쪽 하늘의 키를 갖고 있는 위대한 신, 서쪽 하늘의 키를 갖고 있는 위대한 신, 두 국가를 안내하는 배회자, 동쪽 하늘의 키를 갖고 있고 상상 속에 거주하는 태양신, 북쪽 궁전에 거주하는 신, 남쪽 하늘에 키를 갖고 있는 신, 케스타, 낮의 태양선, 남쪽의 왕, 북쪽의 왕, 밤의 태양선, 낮의 태양선, 토트, 남쪽의 신, 북쪽의 신, 서쪽의 신, 동쪽의 신, 웅크리고 있는 신, 공납을 받는 신, 언덕의 신, 상이집트의 페르웨르 신전, 하이집트의 페르네르 신전, 낙원의 신, 오시리스왕국의 신, 수평선의 신, 왕관을 쓴 신, 남쪽의 길, 서쪽의 길, 내세의 관문, 내세의 입구, 비밀의 출입구, 비밀의 성, 내세의 입구를 지키는 신, 길을 지키는 보이지 않는 얼굴의 신, 비명을 지르는 문지기, 다정한 얼굴을 지닌 사막의 문지기, 불을 만드는 열의 신, 내세에서 불꽃을 만들고 끄는 신에게 바칩니다.

제144장 사자가 관문에 들어가기 위해 낭송하는 주문

　제144장은 사자가 관문에 들어가는 장이다. 이 장에는 주해가 붙어 있고 삽화에는 일곱 개의 관문별로 현관 안내인 문지기, 전령이 지키는 장면이 그려져 있다. 사자가 오시리스왕국의 문 앞에 도착하면 먼저 다음과 같은 주문을 외워야 한다.

나는 라처럼 일어섰습니다.

나는 호루스처럼 강인합니다.

나의 심장은 이제 강해졌습니다.

나는 매처럼 날 수 있습니다.

나는 천국의 밭에서 먹을 수 있습니다.

마아트의 문이 나에게 열렸으나, 하늘의 문은 내 앞에 묵중하게 닫혀 있습니다.

한편, 이집트의 또다른 신화에 의하면 오시리스왕국으로 가기 위해 라에게는 사다리를 타고 가야 하는 운명이 주어져 있다. 예를 들면 "나는 신에게 다가갈 수 있는 사다리를 준비하여 신의 일원이 되려고 합니다"라는 주문을 페피 1세, 페피 2세의 피라미드 텍스트에서 볼 수 있다. 그러나 아니의 파피루스에서는 이러한 내용이 기술되어 있지 않다.

제144장부터 제147장까지는 오시리스왕국의 일곱 개 관문pylon에 관한 장이다. 각각의 관문에는 현관 안내인, 문지기, 전령이 지키고 있는데 방문자가 현관 안내인의 안내를 받아 전령에게 가면 전령이 방문자의 이름을 오시리스에게 바치게 된다.

사자는 무엇보다도 현관 안내인, 문지기, 전령의 이름을 알지 않으면 안 되며, 이들의 이름을 불러 각각의 관문을 통과해야만 한다. 신화에 의하면 오시리스왕국의 관문이 몇 개인지는 정확하지 않으나 열네 개 혹은 스물한 개라고 한다. 각각의 관문에는 신비적인 이름이 붙어 있고, 각각의 신들이 지키고 있기 때문에 이들의 이름을 기억했다가 이름을 불러서 통과해야 한다.

제145장 일곱 개의 관문

제145장은 두 개의 주문으로 구성되어 있는데, 첫번째 주문에는 제목과 삽화가 없다. 두번째 주문은 비밀의 관문에 사자가 출현하는 내용을 담고 있으며 삽화는 없다. 오시리스왕국에 들어가기 위해서는 성벽으로 둘러싸여 있는 관문을 통과해야 하고, 그러기 위해서는 사자가 그 관문을 지키는 신의 이름을 불러야만 한다.

여기서는 아니의 파피루스에 나오는 일곱 개의 관문에 대한 것만 소개한다.

제1관문은 삶과 안정과 권력을 상징하는 부적이 붙어 있고 토끼의 머리를 한 신, 뱀의 머리를 한 신, 악어의 머리를 한 신 등 세 명의 신들이 나란히 앉아 있다. 토끼의 머리를 한 신은 동물의 꼬리로 만든 깃털을 갖고 있고, 나머지 신들은 칼을 들고 있다.

제2관문은 사자獅子의 신, 인간의 모양을 한 신, 개의 머리를 한 신 등 세 명의 신이 칼을 쥔 채 앉아 있다. 여기에서 사자 아니는 다음과 같은 주문을 낭송해야 한다.

자기 창생의 위대한 신, 모든 신의 아버지인 누여. 여기 자기 창생으로 태어나고 다른 아홉 명의 신을 창조한 위대한 신으로 일컬어지는 또다른 신인 라가 있습니다. 라 신은 자신의 이름을 신의 동료에게 알리고 그들이 추종하는 신입니다.

제3관문은 재칼의 머리를 한 신, 개의 머리를 한 신, 뱀의 머리를 한 신 등 세 명의 신이 앉아 있다. 재칼의 신은 깃털을 들고 있고 나머지 신은 칼을 들고 있다. 여기에서 아니는 다음과 같이 안내인, 문지기, 전령의 이름을 불러야 한다.

안내인의 이름은 우넴하우우엔투페휘, 문지기의 이름은 세레셔, 전령은 아아.

제4관문은 인간의 머리를 한 신, 매의 머리를 한 신, 사자獅子의 머리를 한 신 등 세 명의 신이 앉아 있다. 이때 아니는 다음과 같이 세 명의 문지기와 안내인, 전령을 불러야 한다.

안내인의 이름은 케세페라시트케루, 문지기의 이름은 세레스테푸, 전령의 이름은 케세파트.

제5관문은 깃털을 든 채 매의 머리를 한 신, 인간의 머리를 한 신과 뱀의 머리를 한 신이 앉아 있다. 나머지 두 신은 칼을 들고 있다. 이때 아니는 다음과 같이 말해야 한다.

안내인의 이름은 앙크헴헨트, 문지기의 이름은 사부, 전령의 이름은 텝헤르케하케푸트.

사자는 세 사람의 이름을 부르면서는 "나는 당신들 동료와 함께 그대를 위해 오시리스의 턱뼈를 가져왔습니다. 나는 그대를 위해 아니의 척추를 가져왔습니다"라고 말한다.

제6관문은 재칼의 머리를 한 신, 악어의 머리를 한 신, 개의 머리를 한 신이 앉아 있다. 첫번째 신은 깃털을, 나머지 두 신은 칼을 들고 있는데 사자는 다음과 같이 낭송해야 한다.

안내인의 이름은 아테크타우케하케루, 문지기의 이름은 안헤르,

전령의 이름은 아테세르.

제7관문은 토끼의 머리를 한 신, 사자獅子의 머리를 한 신, 인간의 머리를 한 신이 앉아 있다. 첫번째 신과 두번째 신은 칼을 들고 있고 마지막 신은 깃털을 들고 있다. 이때 아니는 다음과 같이 세 사람의 이름을 불러야 한다.

안내인의 이름은 세케메투세넨, 문지기의 이름은 아아마아케루, 전령의 이름은 케세프케미.

제146장 오시리스왕국의 관문

세켓 아알루 즉 갈대밭의 오시리스왕국에 들어가기 전에 거쳐야 하는 관문을 통과하기 위한 주문이다. 삽화에는 각 신들이 일곱 개의 관문을 지키는 장면이 그려져 있다. 앞에서는 아니의 일곱 개 관문을 설명했으므로 이번에는 나비유가 사자 아니, 누우, 헤루엠케비트의 파피루스로부터 엮은 스물한 개 관문을 설명한다.

제1관문에 도달했을 때 낭송하는 주문

진실을 말하는 오시리스 아니가 낭송합니다. 공포의 여주인, 높은 벽에 둘러싸여 있는 지배자, 파괴자를 마법의 언어로 물리치고, 파괴를 제거하는 파괴의 여인, 그 문지기의 이름은 레이누트입니다.

제2관문에 도달했을 때 낭송하는 주문

진실을 말하는 오시리스 아니가 낭송합니다. 하늘의 여주인, 인간보다도 무한한 죽음의 지배자, 불을 먹는 두 국가의 여주인, 그 문지기의 이름은 메스프타입니다.

제3관문에 도달했을 때 낭송하는 주문

진실을 말하는 오시리스 아니가 낭송합니다. 신전의 여인, 신전에서 공납을 받는 위대한 여인, 아비도스로 향해하는 모든 신으로부터 사랑받는 여인, 그 문지기의 이름은 세브가입니다.

제4관문에 도달했을 때 낭송하는 주문

진실을 말하는 오시리스 아니가 낭송합니다. 칼을 이기는 능력자, 두 국가의 여주인, 심장을 탈취해가는 적들의 격퇴자, 악에 고통받는 사람들의 구원자, 그 문지기의 이름은 네가우입니다.

제5관문에 도달했을 때 낭송하는 주문

진실을 말하는 오시리스 아니가 낭송합니다. 그녀에 대한 탄원을 모두 흡수하는 불의 여인, 적들의 접근을 허용하지 않는 불꽃의 여인, 그 문지기의 이름은 헨티 레구이우입니다.

제6관문에 도달했을 때 낭송하는 주문

진실을 말하는 오시리스 아니가 낭송합니다. 그 숨결을 알 수 없을 정도로 작렬하는 태양의 여인, 처음부터 볼 수 없는 여인, 그녀를 능가하는 미지의 뱀, 심장 앞에 멈추어 선 여인, 그 문지기의 이름은 세마티입니다.

제7관문에 도달했을 때 낭송하는 주문

진실을 말하는 오시리스 아니가 낭송합니다. 사랑과 슬픔의 옷을 입고 있는 무력한 신, 그 문지기의 이름은 사크티프입니다.

제8관문에 도달했을 때 낭송하는 주문

진실을 말하는 오시리스 아니가 낭송합니다. 억제할 수 없는 불의 섬광, 죽음의 공포가 없이는 통과할 수 없고 적들이 대항할 수 없을 만큼 타오르는 불꽃, 그 문지기의 이름은 쿠체테프입니다.

제9관문에 도달했을 때 낭송하는 주문

진실을 말하는 오시리스 아니가 낭송합니다. 신에게 바치는 공물로 심장을 튼튼하게 만드는 여인, 엄청난 몸무게의 뚱보 여인, 남쪽의 녹색 장석으로 옷을 해 입은 여인, 무력한 사람들에게 신성한 옷을 주는 여인, 그 문지기의 이름은 아리수체세프입니다.

제10관문에 도달했을 때 낭송하는 주문

진실을 말하는 오시리스 아니가 낭송합니다. 커다란 목소리의 여신, 자신을 슬픔에 젖게 하고 사람들을 놀라게 하면서도 자신은 놀라지 않는 여신, 그 문지기의 이름은 세케우르입니다.

옥쇄를 지키는 누우가 제11관문에 도달했을 때 낭송하는 주문

나는 나의 길을 걸어왔습니다. 나는 당신을 알고 있습니다. 나는 당신의 이름을 알고 있습니다. 나는 당신의 마음속에 있는 이름도 알고 있습니다. 당신의 이름은 '항상 불꽃으로 적들을 죽이는 살해자, 모든 관문의 주인, 어둠의 날'입니다. 그대는 나약한 미라의 붕대를 검사합니다.

옥쇄를 지키는 누우가 제12관문에 도달했을 때 낭송하는 주문

나는 나의 길을 걸어왔습니다. 나는 당신을 알고 있습니다. 나는 당신의 이름을 알고 있습니다. 나는 당신의 마음속에 있는 이름도 알고 있습니다. 당신의 이름은 '불꽃의 여인, 마법의 말로 적들을 정복하는 군주'입니다. 그대는 나약한 미라의 붕대를 검사합니다.

옥쇄를 지키는 누우가 제13관문에 도달했을 때 낭송하는 주문

나는 나의 길을 걸어왔습니다. 나는 당신을 알고 있습니다. 나는 당신의 이름을 알고 있습니다. 나는 당신의 마음속에 있는 이름도 알고 있습니다. 당신의 이름은 '팔에 오시리스를 안고 있으며 비밀의 장소에서 장엄한 불빛을 발산하여 나일의 하피(호루스의 아들)를 만든 신'입니다. 그대는 나약한 미라의 붕대를 검사합니다.

옥쇄를 지키는 누우가 제14관문에 도달했을 때 낭송하는 주문

나는 나의 길을 걸어왔습니다. 나는 당신을 알고 있습니다. 나는

당신의 이름을 알고 있습니다. 나는 당신의 마음속에 있는 이름도 알고 있습니다. 당신의 이름은 '죄를 신문하는 날 하아케르의 축제를 보호하고 붉은 악마를 짓밟는 위대한 여인'입니다. 그대는 나약한 미라의 붕대를 검사합니다.

제15관문. 진실을 말하는 오시리스 헤루엠케비트가 이 관문에 도달했을 때 낭송하는 주문

당신의 이름은 '밤에 나타나고, 굴에서 잠자는 적들을 잡아 가두는 붉은 머리, 붉은 눈의 적'입니다.

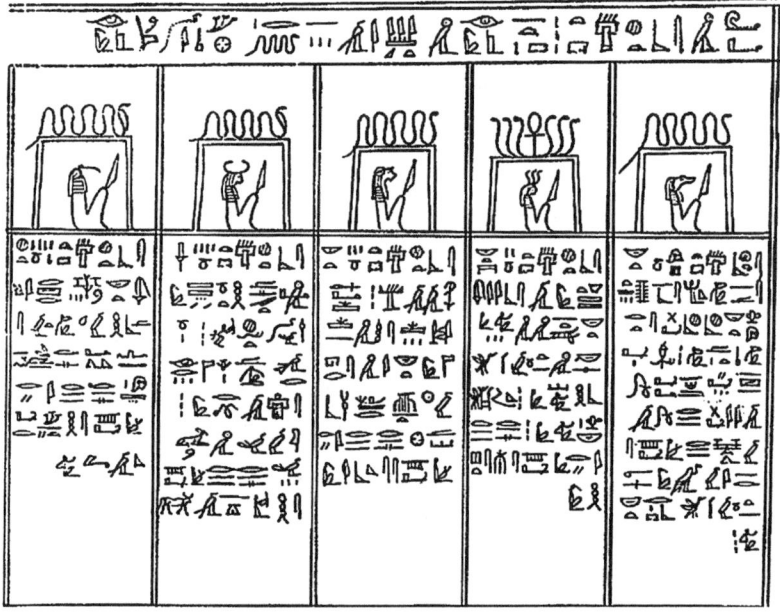

오시리스왕국으로 들어가기 위한 스물한 개 관문 중 제16관문에서부터 제20관문을 지키는 문지기 신을 묘사한 삽화

310

제16관문. 진실을 말하는 오시리스 헤루엠케비트가 이 관문에 도달했을 때 낭송하는 주문

당신의 이름은 '폭풍우의 여인, 영혼의 파괴자, 인간의 육체를 먹는 자, 살해자를 지시하고 생산하고 만드는 공포의 군주'입니다.

제17관문. 진실을 말하는 오시리스 헤루엠케비트가 이 관문에 도달했을 때 낭송하는 주문

당신의 이름은 '혈액을 수집하는 사람, 머리카락의 여인 아히비트'입니다.

제18관문. 진실을 말하는 오시리스 헤루엠케비트가 이 관문에 도달했을 때 낭송하는 주문

당신의 이름은 '불의 여인, 순수한 절대자, 살해자 머리를 자르는 사람, 헌신, 위대한 집의 여인, 저녁 무렵의 살해자'입니다. 당신은 나약한 미라의 붕대를 검사합니다.

제19관문. 진실을 말하는 오시리스 헤루엠케비트가 이 관문에 도달했을 때 낭송하는 주문

당신의 이름은 '대지와 생명에 빛을 주는 자, 토트 신의 기록을 실천하는 여인'입니다. 당신은 하얀 집에서 미라의 붕대를 검사합니다.

제20관문. 진실을 말하는 오시리스 헤루엠케비트가 이 관문에 도달했을 때 낭송하는 주문

당신의 이름은 '군주의 동굴에 사는 동거인, 재단사, 창조의 은둔자, 심장의 정복자, 탐식가'입니다. 당신은 하얀 집에서 미라의 붕대를 검사합니다.

제21관문. 진실을 말하는 오시리스 헤루엠케비트가 이 관문에 도달했을 때 낭송하는 주문

당신의 이름은 '이름을 부를 때 살해하는 칼, 불꽃에 다가가는 사람들의 살해자'입니다. 당신은 비밀의 계획을 가진 사람입니다.

한편, 렙시우스가 편집한 아우팡크의 파피루스에서는 오시리스왕국으로 들어가기 위해 스물한 개의 관문을 통과해야만 한다. 스물한 개의 관문 가운데 열 개의 관문은 뱀의 형상을 한 신이 지키고 있으며, 제11관문은 고양이 형상의 신이, 제12관문은 뱀의 형상을 한 신이, 제13관문은 나일의 신이, 제14관문은 황소 머리와 뱀의 머리를 한 신이, 제15관문은 죽창을 가진 신이 지키고 있는데, 여기서는 마지막인 제21관문 개관문에 대해 기록한 제71절부터 제87절까지만 발췌한다.

71. 진리를 말하는 오시리스 아우팡크가 기도합니다. 오 호루스를 찬양합니다. 오 심장을 지키는 21관문이여! 나는 길을 만들어 여기까지 왔습니다. 나는 당신을 알고 있습니다. 나는 당신의 이름을 알고 있습니다.

72. 나는 당신을 수호하는 여신의 이름을 알고 있습니다. '이름을 말할 때 사자를 찌르는 칼, 역겨운 얼굴, 불꽃에 다가갈 때 사자를 내던져버리는 자'가 당신의 이름입니다. 당신은 신에게 복수한 자를

숨겨주고 보호했습니다. 그의 이름은

73. 아맘입니다. 그는 물푸레나무를 자라지 않게 하고, 아카시아 나무에서 꽃이 피지 않도록 방해하고, 광산에서 구리를 채취하지 못하도록 방해하는 자입니다. 이 관문의 주인은 일곱 신입니다. 첸 Tchen이라는 신이

74. 문 앞에 있는 신의 이름이며, 헤텝메스Hetepmes가 신의 이름 이며, 우차라Uchara가 신의 이름이며, 웁우아트Upuat가 신의 이름이며, 베그Beq가 신의 이름이며, 아누비스가 또다른 신의 이름입니다.

75. 나는 길을 만들어 여기까지 왔습니다. 나는 아버지의 원수를 복수한 호루스이며. 오시리스의 상속자입니다. 나는 여기에 왔으며, 아버지 오시리스에게 공물을 바쳤습니다. 나는 오시리스의 모든 적 들을 물리쳤습니다. 나는 군주에게 충성을 맹세하고 진실한 것만을

76. 헬리오폴리스의 군주이며 나의 아버지인 아툼에게 말합니다. 나는 남쪽에 있는 내세에서 진실을 말하는 오시리스 아우팡크입니다. 나는 마땅히 해야 할 것을 행하고 군주를 기념하기 위해 축제를 열었습니다. 나는 축제를 집행하는 리더로 행동했습니다. 나는 제단 에 케이크를 바쳤습니다.

77. 나는 나의 아버지 오시리스 운 네페르에게 케이크, 맥주, 황 소, 오리와 같은 공물을 바치는 리더입니다. 나는 영혼을 보호하는 사람입니다. 나는 말로써 피닉스가 나타나도록 했습니다. 나는 매일 향을 피우기 위해 신전에 갔습니다.

78. 나는 튜닉 옷을 입고 있으며 강물에 배를 띄웠습니다. 나는 오 시리스 켄티 아멘티의 말이 진실하다는 것을 그의 적들 앞에서 입증 했습니다. 나는 적들 앞에 정박해 있는 태양선을 가져다 동쪽으로 옮겨놓아 적들을 감시하고 있으며,

79. 거기에 살고 있는 게브 신으로부터 탈출하지 못하도록 했습니 다. 나는 라 신을 일어서게 했으며, 그의 말이 진실임을 입증했습니

다. 나는 서기였습니다. 나는 기록했습니다. 나는 자신의 다리로 일어설 수 있도록 신에게 힘을 부여했습니다. 나는 묘실의 군주를 보았습니다.

80. 나는 라스타우에 들어갔었습니다. 나는 나 자신을 보이지 않도록 했습니다. 나는 나 자신을 위한 경계선을 발견했고, 네루테프 Nerutef(헤라클레오폴리스에 있는 오시리스 신전)로 다가가서 벌거벗은 자에게 옷을 입혀주었습니다.

81. 나는 항해하여 아비도스까지 갔습니다. 나는 심판의 장에 나오는 두 여신 후Hu와 사Sa 신을 위한 의식을 행하였습니다. 나는 아멘테트의 군주인 아스테스Astes의 집으로 들어갔습니다. 나는 네이트(사이테 텍스트는 네이트를 라의 어머니로 간주하고 있다)의 신전에 들어가서

82. 카티 신(괴물 뱀으로 형상화되어 있다)과 세크메트 신(프타 신의 아내로 라와 오시리스의 적들을 파괴하는 역할을 맡고 있다)에게 탄원했습니다. 나는 라스타우에 들어갔습니다. 나는 나 자신을 볼 수 없도록 했고, 거기에서 어떤 경계선을 보았습니다. 나는

83. 네루테프로 다가가서 벌거벗은 자에게 옷을 입혀주었습니다. 나는 항해하여 아비도스까지 갔습니다. 나는 후와 사 신을 위해 의식을 행하였습니다. 나는 환영을 받았고,

84. 왕과 같이 일어섰습니다. 나는 태초부터 신이었던 나의 아버지가 사용했던 옥좌에 앉았습니다. 나는 내세의 오시리스를 찬양했습니다. 나의 입은

85. 진리로 가득찼습니다. 나는 괴물 뱀을 물리쳤습니다. 나는 나의 육신이 잘 보관되어 있는 오시리스왕국으로 갔습니다. 나는 태양선을 타고 여행했습니다. (이 부분은 형태를 알 수 없어 해독이 불가능하다) 의 몰약이

86. 사람의 머리에 발라져 있습니다. 나는 아스테스의 집으로 들

어갔습니다. 나는 카티 신과 세크메트 신에게 다가가서 예배했습니다. 그들은

87. 헬리오폴리스의 신전에 있습니다.

(오시리스가 말하기를) 여기에 온 그대여. 그대는 부시리스를 좋아하게 될 것이다. 오! 진실을 말하는 오시리스 아우팡크여, 그대는 진리를 말하는 여신 쉐르텐 메누의 아들이다.

제147장 오시리스왕국의 제1관문에 도달했을 때 낭송하는 주문

사자가 오시리스왕국에 들어가기 전의 제1관문에 도달했을 때 낭

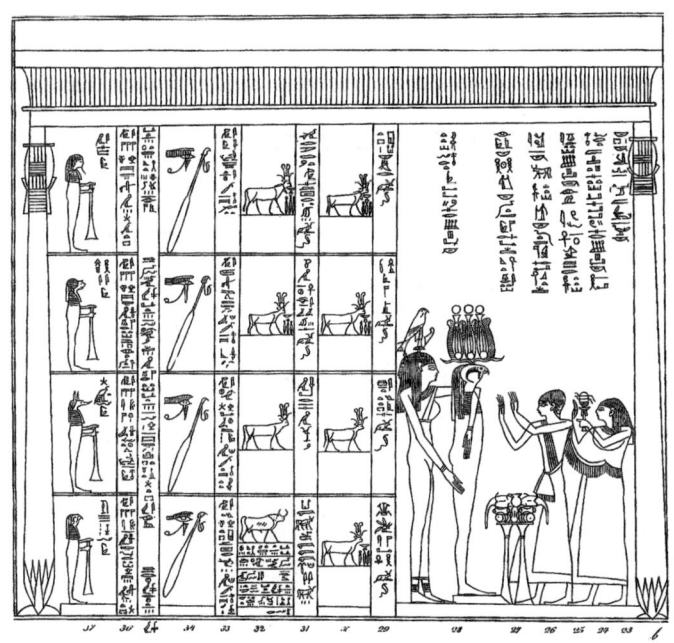

사자가 아테프 관을 쓴 오시리스를 찬양하는 삽화

송하는 주문이다. 삽화에는 각 신들이 지키는 관문이 그려져 있다. 사자가 제1관문에 도달하면 다음과 같이 주문을 외우고 신의 이름을 밝혀야 통과할 수 있다.

제1관문에 도달했을 때 낭송하는 주문

진실을 말하는 오시리스 아니가 낭송합니다. 공포의 여주인, 높은 벽에 둘러싸여 있는 지배자. 파괴자를 마법의 언어로 물리치고, 파괴를 제거하는 파괴의 여인, 그 문지기의 이름은 레이누트입니다.

사자가 제2관문에 도착하면 위와 같이 문을 지키는 수호신의 이름을 불러야 하며, 이런 방식으로 각각의 지배신을 불러야 일곱 개 또는 스물한 개의 관문을 통과할 수가 있다.

제148장 사자에게 고기와 우유를 제공하는 주문

하계에서 사자의 모든 악을 제거하고 혼의 힘을 배양하기 위한 주문이다. 삽화에는 일곱 마리의 암소와 수소, 천국을 향해 가기 위한 네 개의 방향타가 그려져 있다. 일곱 마리의 암소는 이시스, 하토르, 기타 신의 화신이며 사자와 신들에게 우유, 음식 등 영양분을 공급하는 주자원이다. 사자는 다음과 같은 주문을 낭송해야 한다.

1. 진실을 말하는 오시리스 아니가 낭송합니다. 오 라 신을 경배합니다.
2. 유일한 진리의 군주, 영원한 군주.
3. 불멸을 만드는 군주, 나의 군주 라 신이여! 나는 당신 앞에 섰

습니다.

4. 일곱 마리 암소와 황소를 활력 있게 만들 것입니다.

5. 케이크와 맥주를 영혼에게 주는 신이여, 나의 영혼이 당신과 함께 할 수 있게 해주십시오.

6. 당신의 넓적다리에서 영혼이 태어날 수 있도록 해주십시오.

7. 영원히, 영원히 당신을 존경할 것입니다. 진실을 말하는 오시리스 아니가 힘을 갖게 해주십시오.

8. 아름다운 천국에서 말입니다.

제149장 오시리스왕국의 영토

오시리스왕국의 영토에 관한 장이다. 삽화에는 오시리스왕국의 지도가 그려져 있다. 오시리스왕국은 열다섯 개 지역으로 이루어져 있다.

제1의 영토는 아몬테트라고 부르며, 여기에는 마누겟이라는 신이 지배한다.

제2의 영토는 세켓 아알루라고 하며, 라 헤루쿠티 신이 다스린다.

제3의 영토는 영혼의 영토로 라 또는 오시리스가 다스린다.

제4의 영토는 투이 가우아우이라고 부르며, 사티 테무이라는 뱀의 신이 다스리는데 주로 영혼들을 살해하는 역할을 하고 있다.

제5의 영토는 영혼이 거주하며 오시리스의 도움으로 살아간다.

제6의 영토는 암헤트라고 부르며, 세케르 아트 신이 다스린다.

제7의 영토는 아세스라고 부르며 영혼을 유혹하여 파괴하는 사악한 눈을 가진 뱀이 거주한다.

제8의 영토는 하헤텝이라 하며 가하헤텝 신이 다스린다.

제9의 영토는 아크시라고 부르며, 알 속에서 거주하는 신성한 신이 다스린다.

　제10의 영토는 공포의 지역으로 나우, 네헤브카우 신이 거주하며 사자의 그림자와 영혼을 먹고 산다.

　제11의 영토는 케르트 네테르라고 부르며, 자칼의 머리를 한 신이 다스린다.

　제12의 영토는 죽음의 신이 사는 곳에 인접해 있으며, 불꽃이 타

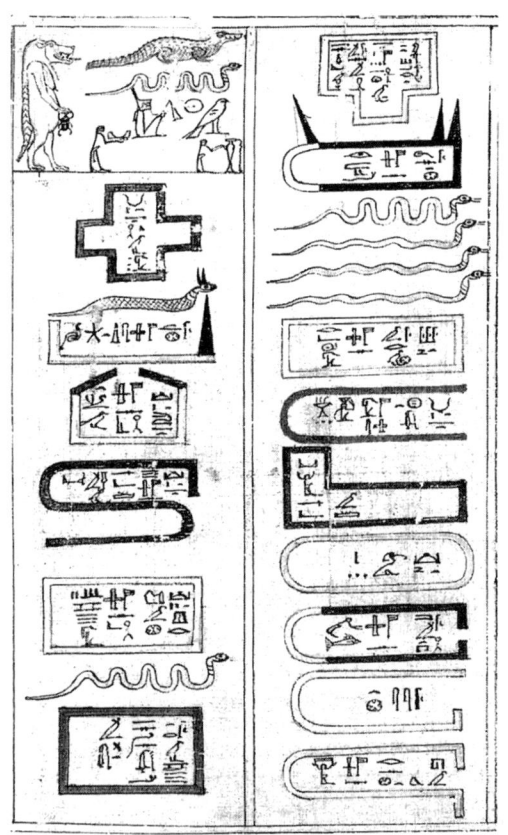

오시리스왕국의 열다섯 개 영토를 나타내는 삽화.
오른쪽 상단에 있는 네 마리의 뱀은 네 방위(cardinal point)를 가리킨다.

오르는 지역이다.

제13의 영토는 불, 수증기, 끓는 물이 넘치는 곳으로 하마의 신이 다스리고 있다.

제14의 영토는 케라하라고 부르며, 커다란 운하와 호수가 있는 곳으로 바이우 쉐타이우라는 신이 다스린다. 커다란 운하는 네트아스알이라 불리는데 여기가 곧 나일강이다. 여기에서 흘러내리는 물이 나일강을 채운다고 믿어졌다.

제15의 영토는 불분명하다.

제150장 오시리스왕국의 지도

이 장은 제149장의 삽화로서 오시리스왕국의 열다섯 개 지역이 도표화되어 있다.

제151장

이 장의 제목은 없으며, 삽화에는 미라의 방이 그려져 있다. 제151장의 첫번째는 미라에 거주하는 이시스, 네프티스, 아누비스의 아들들이 강독하는 장이다. 삽화에는 아누비스가 사자의 관에 서 있는 장면이 그려져 있다. 제151장의 두번째 삽화에는 사람의 머리가 그려져 있다. 제151장의 첫번째 주문은 제목이 없으나 이시스, 네프티스, 오시리스의 척추, 빛 등이 강독하는 형태로 기록되어 있다.

1. 이시스의 강독. 이시스가 말한다.
나는 너를 보호하기 위해 왔다. 나는 아툼 신이 그대의 코에서 북쪽 바람을 불어넣어서 공기 중에 너를 실어나를 수 있다. 나는 그대를 위해 피리를 만들었다. 나는 그대에게 신과 함께 살 수 있게 해주었다. 그대의 적들은 그대의 발밑에서 쓰러졌다. 나는 누트 신 앞에 선 그대에게 진리의 말을 부여했고, 그대는 신 앞에서 전능해질 것이다.

2. 네프티스의 강독. 네프티스가 진리를 말하는 오시리스 아니에게 전한다.

나는 그대를 보호하기 위해 순찰하고 있다. 오 오시리스의 형제여! 나는 그대를 보호하기 위해 왔다. 나의 힘이 그대에게 전해질 것이다. 나의 힘이 그대에게 영원히 전해질 것이다. 라 신은 네가 울부짖는 것을 들었고, 신들은 너의 말이 진실하다는 것을 알았다.

그대여 일어나거라. 그대의 말은 그대의 행동에 비추어볼 때 정직한 것으로 판명이 났다. 프타 신이 그대의 적들을 무찔렀고 그대는 호루스이며 하토르의 아들이다.

3. 아누비스의 아들 케스타의 강독. 나는 케스타이다. 진실을 말하는 오시리스 아니여, 나는 그대를 보호하러 왔다. 프타 신이 나에게 명령하고 라 신이 나에게 명령하였듯이 나는 그대의 집을 영원히 번영케 하리라.

제152장 사자가 내세에서 기거할 집을 짓기 위한 주문

사자가 내세에서 기거할 집을 부여받기 위한 주문인데, 삽화에는 사자가 자신의 집에 누워 있는 장면이 그려져 있다. 이 장은 내세에 새로운 영혼들이 도착하고 오시리스 법정에서 구원받은 영혼들이 보리를 가꾸고 수확하는 내용이 들어 있다.

오시리스는 자신을 수행하는 신들에게 말했습니다.

"너희들은 오늘 나와 함께 새로 도착하는 영혼들을 위해 집을 짓는 것을 보러 가자. 영혼이 거기에서 존경받고 찬양을 받게 된다면 너희들은 내가 행했던 말과 행동을 알게 될 것이다."

오시리스가 신들에게 말했습니다.

"오늘 영혼이 너희들에게 새로 도착할 것이다. 내가 그들에게 가축을 제공할 것이다. 남쪽에 부는 바람이 보리를 제공하고, 북쪽에서 부는 바람이 밀을 제공하여 지상에서 수확하게 할 것이다."

오시리스의 말이 끝나자 파괴되었던 영혼들은 왼쪽부터 자신을 일으키고 오른쪽도 일으켜 세웠습니다. 인간, 신, 영혼, 사자들은 축복 속에서 시간을 보내고 나도 즐거운 시간을 보내게 되었습니다.

제153장 사자가 고기 잡는 그물로부터 출현하는 장

제153장은 사자가 어부가 쳐놓은 고기 잡는 그물에 잡히지 않기를 바라는 주문으로 두 가지로 구성되어 있다. 첫번째 주문의 삽화에는 사자의 옆에 그물이 그려져 있고, 두번째 주문의 삽화에는 세 마리 원숭이가 그물을 들어올리는 장면이 그려져 있다. 다음은 두번째 주문의 내용이다.

오 그물을 사용하는 사냥꾼, 어부여!

당신은 아버지의 아들입니다. 당신은 내가 위대하고 힘 있는 그물의 이름을 기억한다는 것을 알고 있습니다. '모든 것을 포용하는 자'가 그 이름입니다.

당신은 내가 그 밧줄의 이름을 기억한다는 것을 알고 있습니다. '이시스의 근육'이 그 이름입니다.

당신은 내가 나무 못의 이름을 기억한다는 것을 알고 있습니다. '아툼 신의 정강이'가 그 이름입니다.

당신은 내가 그물의 이름을 기억한다는 것을 알고 있습니다. '쉐스무(영혼을 살해하는 신)의 손가락'이 그 이름입니다.

당신은 내가 밸브의 이름을 기억한다는 것을 알고 있습니다. '프타 신의 손톱'이 그 이름입니다.

당신은 내가 칼의 이름을 기억한다는 것을 알고 있습니다. '목을 베는 이시스의 칼'이 그 이름입니다.

당신은 내가 낚시추의 이름을 기억한다는 것을 알고 있습니다. '하늘을 떠받치는 쇠붙이'가 그 이름입니다.

당신은 내가 뗏목의 이름을 기억한다는 것을 알고 있습니다. '매의 깃털'이 그 이름입니다.

당신은 내가 어부의 이름을 기억한다는 것을 알고 있습니다. '원숭이'가 그 이름입니다.

당신은 내가 견고한 대지 위에 있는 고원의 이름을 기억한다는 것을 알고 있습니다. '원숭이 집'이 그 이름입니다.

당신은 자신을 위해 그 그물을 사용하는 사람의 이름을 기억한다는 것을 알고 있습니다. '동쪽 하늘에 거주하는 위대한 왕자'가 그 이름입니다.

오 위대한 신이여 나를 잡아먹지 마십시오. 나를 삼키지 마십시오.

제154장 육체가 소멸하지 않도록 하는 장

육체가 소멸하지 않도록 오시리스에게 드리는 기도문이다. 기도문은 육체가 없어지거나 부패하지 않고 케페라와 같이 영원히 존속하기를 바라는 기원을 담고 있다. 사이테 텍스트의 개정본에 있는 삽화에는 태양이 사자의 육체를 비추는 장면이 그려져 있다.

1. 육체가 소멸하지 않도록 하는 장. 오시리스 누우가 낭송합니다.
2. 오! 나의 신성한 아버지 오시리스여, 그대를 찬양합니다. 나는 당신을 미라로 만들고 방부 처리하기 위해 왔습니다. 당신도 나의 동료를 위해 미라를 만들어야 합니다. 그 이유는 나는 사멸하지 않고 결국에는
3. 결코 썩지 않는 표상인 나의 아버지 케페라 신과 같이 되어야 하기 때문입니다. 오 신성한 바람의 군주여, 내가 호흡할 수 있도록 북돋아주십시오.
4. 당신과 같이 신성한 존재로 찬미하는 군주, 묘의 신이여, 나를 공고히 하고, 또 공고히 하고, 나를 강렬하게 장식해주십시오. 당신을 위해 헌신했던 것을 감안해서 영원한 대지로 나를 들여보내주십시오.
5. 결코 부패하지 않고, 또 자신이 썩지 않는 것을 보고 있는 나의 아버지 아툼과 같이 있게 해주십시오. 나는 당신이 싫어하는 것을 하지 않고, 사랑합니다.
6. 당신의 영혼을. 벌레가 내 육체를 먹지 않도록 하고 당신 자신을 위해 했던 것처럼 나를 인도해주십시오. 나를 부패하도록 놓아두지 않기를 기원합니다.

제155장 황금의 척추에 관한 장

제155장은 황금의 척추djed를 영혼의 목에 올려놓기 위한 주문이다. 삽화에는 오시리스의 선골仙骨이 그려져 있다.
제155장부터 제160장까지는 사자를 위한 여러 가지 부적이 등장

한다. 부적으로는 오시리스의 척추를 상징하는 제드djed, 이시스의 자궁을 상징하는 테트tet, 생명을 상징하는 앙크ankh, 이시스의 마력을 상징하는 황금의 깃털, 지배를 상징하는 왕홀, 베개 등이 있다. 부적을 지니게 되면 라, 오시리스, 이시스, 호루스 신이 영혼과 육체에 마법의 힘을 준다고 믿었다. 황금으로 만든 오시리스의 척추는 사자의 몸체가 손상되지 않도록 하기 위해 토트 신이 부여한 것이며, 이시스의 마력을 가지고 있다고 보았다. 이것을 장례식 날 사자의 머리 곁에 두고 다음과 같은 주문을 외우면 사자와 사자의 몸을 보호할 수 있다고 여겨졌다.

1. 황금의 척추에 관한 장. 진리를 말하는 오시리스 아니가 낭송합니다. 당신은 스스로 일어서야 합니다. 오 움직이지 않는 심장이여! 그대는

2. 스스로 빛나고 있습니다. 오 움직이지 않는 심장이여, 그대의 병에 놓여 있기 바랍니다. 나는 그대에게 왔습니다. 황금의 척추를 가지고 왔습니다. 그대는 기뻐할 것입니다.

다음은 렙시우스가 편찬한 아우팡크의 주문으로 오시리스의 척추를 만들어놓으면 내세를 통과하여 오시리스 법정의 심판을 통과하여 영원히 살 수 있다는 내용을 담고 있다.

1. 진실을 말하는 오시리스 아우팡크가 낭송합니다. 당신은 스스로 일어섰습니다. 오 심장이여! 당신은 스스로를 위해 빛나고 있습니다. 오 오시리스여! 당신은 당신의 위치에 있어야 합니다. 나는 당신을 위해 황금의 척추를 가져왔습니다. 당신은 기뻐할 것입니다.

2. 이 장은 무화과 나무줄기로 만든 황금의 척추에 대해 낭송하는 장입니다. 그리고 사자의 목에다 놓아야 합니다. 그러면 사자는 내

세의 문을 걸어갈 수 있습니다. 사자는 침묵해서는 안 됩니다. 사자는 오시리스의 추종자들과 함께 신년이 되는 날, 자신이 앉을 자리를 갖게 될 것입니다.

3. 만약 사자가 이 장을 알게 된다면 내세에서 완벽한 혼을 갖고 살게 될 것입니다. 또 내세에 들어가는 문에서 거부당하지 않을 것입니다.

4. 그리고 내세에서 케이크와 한 컵의 맥주, 빵, 라와 오시리스 운네페르의 제단에 놓여 있는 고기를 받게 될 것입니다. 그리고 그의 말은 내세에 있는 그의 적들 앞에서 진실로 판명받을 것이며 영원히 살게 될 것입니다.

원래 이 전통은 아프리카의 많은 부족들 사이에서 위대한 왕, 존경하는 조상의 뼈를 소중히 보관하는 관습에서 유래했으며, 이집트에서도 중왕국, 신왕국 시대에 이르러 황금, 유리, 도기 나무로 척추를 만들어 관 속에 넣거나 관 위에 새겨넣는 풍습이 유행했다.

제156장 자수정의 테트에 관한 장

자수정의 테트를 영혼의 목에 올려놓기 위한 주문이다. 삽화에는 테트를 상징하는 이시스의 자궁과 질이 그려져 있다.

오시리스 아니는 이시스의 피, 이시스의 마법이 갖는 힘으로 사자의 육체를 강하게 하고 탈골되는 것을 방지하여 영혼을 보호하고자 다음과 같은 주문을 외워야 한다.

1. 자수정의 테트에 관한 장. 진실을 말하는 오시리스 아니가 낭송합니다.

테트를 세우고 있는 장면

← 태양 원반을 떠받치고 있는 두 팔과 테트
(아니의 파피루스에서)

파라오가 이시스 여신에게 테트를 바치는 장면

2. 이시스의 피, 이시스의 주문, 이시스의 마법의 힘이 테트를 위대하고 강하게 만들며 탈골되는 것을 방지할 것입니다.

다음은 렙시우스가 편찬한 오시리스 아우팡크의 주문으로 이시스를 상징하는 테트를 위해 낭송하는 내용이다.

1. 푸른색을 띤 이시스의 피, 이시스의 마법을 지닌 푸른색의 테트를 찬양하는 장.
2. 진실을 말하는 오시리스 아우팡크가 낭송합니다. 이시스의 매듭은 무화과나무 기둥으로 만들어졌습니다. 그것은 사자의 목에 올려놓아야 합니다. 만약 이 주문이 사자를 위해 씌어졌다면 이시스의 마법이 그를 보호하고 이시스의 아들인 호루스가 그를 반갑게 맞이할 것입니다.
3. 모든 길도 그가 가는 곳을 막지 못할 것입니다. 그의 손은 내세에 있고, 그의 손은 지상에도 있게 될 것입니다. 만약 이 주문을 사자가 알게 된다면 그는 오시리스 운 네페르의 추종자가 되고 내세에서 진실을 입증받을 것입니다. 내세의 문이 그를 위해 열릴 것입니다.
4. 그는 내세에서 밀과 보리를 받게 될 것입니다. 그의 이름은 내세에 거주하고 있는 신, 수확하고 있는 호루스로 불려질 것입니다.

대영박물관의 이집트 전시실에는 테트를 모아놓은 공간이 있는 데 청색, 초록색, 파앙스 도기, 유리, 자수정, 에메랄드로 만들어진 것이 대부분이다.
사이테 텍스트에는 테트가 무화과나무로 만들어졌으며 "사자가 만약 이 책(『사자의 서』를 가리킨다)을 보게 된다면 이시스가 가지고 있는 마법의 주술이 그를 보호할 것이다"라고 기록되어 있다.

제157장 황금의 독수리를 사자의 목에 올려놓기 위한 장

황금 독수리를 혼의 목에 올려놓기 위한 주문이다. 삽화에는 독수리가 그려져 있다. 독수리는 양 발톱에 생명의 상징인 앙크를 들고 있는데, 이것이 사자의 영혼을 보호해준다고 믿었다.

이 장에는 "장례 날에 황금의 독수리를 새겨넣고 주문을 외우면 위대한 영혼을 보호할 수 있고, 백만 년을 살아갈 수 있다"는 주서를 달아놓았다.

이시스가 왔습니다. 그녀는 늪에서 나와서 자신의 몰골을 알아차리고 자신의 눈에 신의 배를 그려놓고 호루스를 숨겨놓을 만한 장소를 찾았습니다.

호루스는 강을 통치하라는 명령을 받았고, 그는 과거에 그를 공포 속에 몰아넣었던 일, 영감을 받았던 일을 회상하면서 위대한 전사가 갖추어야 할 조건을 생각했습니다. 호루스의 위대한 어머니는 호루스의 적들을 제거하고 그를 보호했습니다.

제158장 황금의 옷깃을 사자의 목에 올려놓기 위한 장

황금의 옷깃을 사자의 목에 올려놓기 위한 주문이다. 삽화에는 옷깃이 그려져 있다.

이것 역시 이시스의 마력을 지니고 있어 사자를 보호해준다고 믿었다. 이 장에도 "장례 날에 사자의 목에 주문과 함께 황금의 옷깃을 그려넣으면 백만 년을 살 수 있다"는 주해가 붙어 있다.

오 나의 아버지, 형제, 어머니 이시스여!

나를 자유롭게 놓아주시고, 돌보아주십시오. 나는 게브 신이 사자들을 면접할 때 석방시켜야만 하는 사람입니다.

제159장 에메랄드로 만든 왕홀을 사자의 목에 올려놓기 위한 주문

벗지가 편집한 이 장의 제목은 에메랄드로 장식한 왕홀을 혼의 목에 올려놓기 위한 장이다. 필자는 포크너의 주제를 그대로 사용했다. 삽화에는 파피루스 기둥이 그려져 있다.

오늘 신전으로부터 나온 당신이여!

당신은 두 국가의 문에서부터 사방으로 들리는 큰 목소리를 갖고 있고, 아버지의 권위를 갖고 있으며 간호하는 황소의 여신으로 고귀한 분입니다. 또 당신의 행실을 추종하는 자를 받아들이는 분입니다.

제160장 녹색 장석으로 파피루스 기둥을 만들기 위한 주문

녹색 장석으로 장식한 기둥을 만들기 위한 주문이다. 삽화에는 파피루스 기둥이 그려져 있다. 이 부적 또한 토트 신이 갖고 있는 마법의 말을 강하게 만드는 효력이 있는 것으로 간주되었다.

나는 녹색 장석으로 만든 파피루스 기둥이며 불완전하지 않습니다. 토트 신이 손으로 그 외관을 검증했습니다.

파피루스 기둥이 만약 고스란히 놓여 있다면 나 또한 건강할 것입니다. 그것이 만약 상처를 입지 않았다면 나 또한 상처가 없을 것입니다. 그것이 충격을 받지 않았다면 나 또한 충격을 받지 않을 것입니다.

제161장 천국의 문을 열기 위한 주문

제161장부터 제190장까지는 『사자의 서』를 추가로 설명하는 부록적인 성격이 강한 주문들이다. 제161장은 토트 신에 의해 천국의 문을 여는 주문이다. 삽화에는 토트 신이 천국의 문을 여는 장면이 그려져 있다.

라는 살아 있고 거북이는 죽었습니다. 신체는 매장하고 사자의 뼈는 결합시켰습니다.

라는 살아 있고 거북이는 죽었습니다. 대리석으로 만든 석관과 관 속에 있는 그는 성큼성큼 걷기 시작했습니다.(두 번 반복된다.)

한편, 이 장에는 다음과 같은 내용이 추가되어 있다.
"이 의식이 진행되는 동안 사자의 관을 하늘을 향해 네 번 열어야 한다. 한 번은 북풍 즉 오시리스를 향해, 한 번은 남풍의 라를 위해, 세번째는 서풍 즉 이시스를 향해, 마지막으로 동풍의 네프티스를 향해 열어야 한다.

동서남북의 바람은 관을 열었을 때 사자의 코에 들어간다. 외부자가 이 의식을 보아서는 안 되며, 일반인이 알지 못하게 비밀로 진행되어야 한다. 자신만을 위해서 해야 하고, 아버지, 아들을 위해서 행하는 것도 안 된다. 그것은 비밀이며, 누구도 알아서는 안 된다."

제162장 영혼의 머리 밑에 불꽃을 지피기 위한 주문

사자가 쿠의 머리 밑에 불꽃을 지펴 생명을 존속시키기 위한 주문이다. 삽화에는 두 뿔 사이에 깃털과 동근 원을 올려놓은 암소상과 테이블 위에 연꽃이 그려져 있다.

위대한 군주 오시리스에게 경배하여 라가 오시리스에게 빛을 주어 보호했듯이 사자가 불꽃에 휩싸여 하계의 암흑을 통과할 수 있도록 불꽃을 달라고 기원하는 내용이다.

큰 깃털, 왕관의 소유자, 주권을 상징하는 도리깨의 소유자여! 위대한 군주를 찬양합니다.

당신은 남근의 군주이며, 해가 뜨고 빛날 때 강해지고 시들지 않습니다. 당신은 다양한 형상, 다양한 색깔을 가지고 있으며, 태어나기 전까지는 성스러운 눈에 숨어 있었습니다.

당신은 큰 소리로 말하는 아홉 신 가운데 빨리 걷고 빨리 달리는 신입니다. 당신은 누가 보호를 요청하면 비참한 고통을 해소해주는 위대한 신입니다.

나는 태양신을 낳은 '하늘의 암소'입니다. 나의 목소리에 달려오는 당신은 나의 입속에 있으며 이름을 말하겠습니다.

'펜하가하가헤르'가 당신의 이름이며, '이우리위아그르사인그르바티'가 당신의 이름이며 '사자獅子-양의 꼬리'가 당신의 이름이며 '카르샤티'가 당신의 이름입니다.

나는 당신을 존경합니다. 나는 라를 출산한 '하늘의 암소'이며, 당신은 오늘 나의 목소리를 들어야 합니다.

당신은 헬리오폴리스의 성스러운 내세에 있는 라의 머리에 불을 준비해야 합니다. 당신은 사람들이 지상에 있는 것처럼 그가 출현하도록 해야 합니다. 그는 당신의 영혼이며, 그를 잊어서는 안 됩니다.

사자가 그의 머리 밑에 불꽃을 지펴야 합니다. 왜냐하면 사자는 헬리오폴리스에서 휴식을 취하고 있는 그 육체의 영혼이기 때문입니다.

아툼 신은 그 이름이며, '바르카티티아'가 그 이름입니다. 따라서 당신의 동료에게 했던 것처럼 그를 깨워야 합니다. 그는 당신의 동료입니다.

이 장에는 "사자의 목에 놓아둔 순금의 이헤트 암소상에게 말해야 한다. 그리고 그 목 속에서 새로 만든 파피루스 두루마리를 꺼내 그의 머리 밑에 놓아라. 수많은 불꽃이 지상에서와 같이 그를 완전히 감싸게 될 것이다. 그가 불을 지폈을 때, 아들 라를 위해 하늘의 암소 이헤트가 했던 것과 같이 그의 집은 불꽃으로 뒤덮여, 그는 신이 될 것이며 견고한 하계의 어떤 성문에서도 거부당하지 않을 것이다. 당신은 사자의 목에 이 성우의 암소 여신을 놓아둔다고 말해야 한다"는 주해가 붙어 있다.

제163장 태양 아래 출현하는 책에 부가된 또다른 책으로부터 발췌한 주문, 그리고 내세에서 영혼이 먹히지 않도록 부패를 방지하고, 생전의 죄로 기소되는 것을 방지하고, 해충으로부터 신체를 보호하고, 절단되는 것을 방지하고, 원하는 곳으로 가기 위한 주문

하계에서 사자가 부패하는 것을 방지하기 위한 주문이다. 삽화에는 사자의 양 다리에 두 개의 우자트와 한 마리의 뱀이 그려져 있다. 우자트는 태양과 달의 두 눈을 뜻하는데, 앞에 서서 입을 여는 의식을 진행하면서 신관들이 미라에 두 눈을 그려넣는 것을 떠올리면 이해가 쉬울 것이다. 즉 우자트는 미라가 눈을 떠서 하계를 돌아다닐 수 있도록 하기 위한 것이다.

분말로 만든 몰약을 술과 함께 섞은 다음, 상이집트에서 출토되는 녹색 돌과 서쪽 나일강 물을 다시 섞어 모든 인간의 뼈에 감싸야 한다.

이 장에서도 다음과 같이 주해가 붙어 있다.

그는 내세의 모든 관문에서 거부당하지 않을 것이며, 그가 다시 대지에 나오게 되면 한구석에서 먹고 마시며 배설할 수 있을 것이다. 그에 대한 불평도, 그에 대한 어떠한 해도 영원히 가하지 못할 것이다. 만약 이 책이 지상에서 사용되어 잘못을 행한 사람들을 공격하는 심부름꾼에게 공개되면 안 된다.

그의 머리는 참수되지 않고, 세트의 칼에도 파괴되지 않을 것이다. 그는 어떤 감옥에도 가지 않을 것이며 오시리스 법정으로 인도되어 심판을 받게 될 것이며 지상에서 행했던 죄에 대한 공포로부터 보호받게 될 것이다.

제164장 또다른 주문

이 장은 제103장과 같은 내용이다. 삽화에는 두 명의 난쟁이 사이에 세 개의 머리와 날개를 가진 신의 모습이 그려져 있다. 이 장에서처럼 제18왕조에서 번성했던 아몬라와 그 부인 무트, 아들 콘수가 등장하는 경우는 제83장 등 몇 개의 장에 불과하다.

이 장은 사자가 무트 여신에 대한 찬양을 통해 모든 신으로부터 호의를 얻고 벌레와 적들로부터 자신이 보호받고자 하는 강한 원망을 담고 있다.

세 개의 머리를 가진 무트(아몬 신의 배우자이며 매의 형상을 한 테베의 여신)의 입상에게 말합니다.

하나는 깃털을 가진 파겟(중북부에서 믿었던 사자獅子상의 여신)의 머리이며, 두번째는 상하 이집트를 상징하는 이중의 왕관을 쓰고 인간의 모습을 하고 있으며, 세번째는 깃털 달린 매의 형상을 하고 있습니다.

나는 내세에서 신 가운데 신이 될 것입니다. 나는 신들로부터 배척당하지 않고 육체를 언제나 새롭게 할 것입니다. 강물을 마시고 내세에서 땅을 하사받을 것입니다.

하늘의 빛나는 별이 나를 비추고, 뱀으로부터도 보호받을 것입니다. 새가 나를 보호하고, 벌레도 나를 먹지 않을 것입니다.

제165장 상처난 신성한 눈과 신체를 유지하며, 물을 먹기 위한 주문

사자의 육체가 천국의 문과 결합하여 부활할 수 있게 항구에 도달하는 장이다. 삽화에는 풍뎅이의 육체를 가진 메누Menu 신과 어깨에 숫양의 머리를 한 사자가 그려져 있다.

치켜든 팔, 머리에 꽂은 두 개의 깃털, 따로 떨어진 긴 다리, 풍뎅이 모습의 몸통을 한 신성한 이미지에 대해 낭송합니다.

인간 형상의 머리, 늘어뜨린 팔, 좌우 어깨에 하나씩 붙어 있는 숫양의 머리를 한 신성한 입상立像에게 말합니다.

팔을 치켜올리고 있는 당신의 마음속으로 심장을 감은 붕대를 잡아주십시오. 내세에서 그것을 알고 있는 슈가디를 보호하며 당신의 가슴속에 있는 또다른 입상을 보호하십시오. 그러면 나는 물을 먹고 하늘의 별처럼 빛날 것입니다.

제166장 베개를 만들기 위한 주문

사자가 누울 때 필요한 베개를 만들기 위한 주문이다. 삽화에는 베개가 그려져 있다. 이 장은 사자인 오시리스 아니가 호루스의 보호에 의해 머리를 잘리는 것을 모면한 후, 머리를 들 수 있는 힘을 부여받고 자신의 육신을 새롭게 만드는 것을 표현한 것이다.

사자 아니는 누워 있는 육신을 새롭게 일으켜세우기 위해 다음과 같이 낭송한다.

1. 진실을 말하는 오시리스 아니의 머리 밑에 놓을 베개의 장. 누워 있는 그대여, 고통에서 깨어나기 바랍니다. 머리가 수평선에 있는 그대여,

2. 일어나기 바랍니다. 그대의 머리는 수평선에 있습니다. 진실을 말하는 나는 당신을 일으켜 세울 것입니다. 프타 신이 그대의 적을 물리쳤습니다. 그대의 적들은 넘어지고 다시는 돌아오지 않을 것입니다. 오, 오시리스여.

제167장 우자트의 의식을 회복하기 위한 주문

우자트의 의식을 회복하기 위한 주문이다. 삽화에는 우자트가 휴식하는 장면이 그려져 있다.

라가 신성한 눈을 멀리 쫓아낸 이후 토트 신이 그를 달래면서 데려왔습니다.

그는 매우 화가 나 있었고 그 때문에 멀리 돌아다녔습니다. 토트 신이 그런 그를 진정시켰습니다.

만약 내가 원기왕성하다면 그도 원기왕성할 것입니다.

테베 신학에 의하면 태양은 라의 눈이며, 달은 토트 또는 호루스의 눈이다. 그런데 호루스는 세트와의 전쟁중에 눈 하나를 잃어버렸다. 세트가 눈을 찔러 훔쳐간 것이다. 이때 토트 신이 잃어버린 눈을 되찾아와서 호루스를 치료하여 건강을 회복시켰다. 따라서 우자트에 대한 기도를 통해 사자의 신체에서 눈이 탈구되는 것을 막고 또 부적을 만들어놓으면 토트 신의 마법으로 신체를 온전하게 보존할 수 있다고

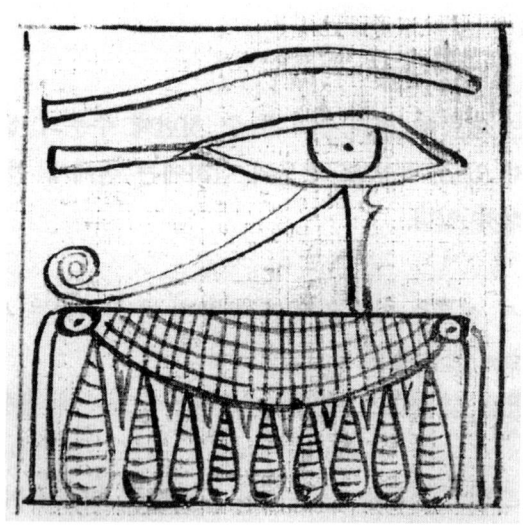

황금을 뜻하는 상형문자인 우자트가 정교한 모양의 깃털 위에 묘사되어 있다.

믿었다.

제168장 (라의 신이 떠오를 때, 태양선의 뱃머리에서 하늘을 보기 위해 얼굴을 돌리는 사람들에게 라를 볼 수 있도록 오시리스가 허락하는 주문)

이 장에는 제목이 없다. 두 개 중 첫번째 주문의 삽화에는 태양선이 그려져 있고, 두번째 주문의 삽화에는 신에게 헌주獻酒하는 장면이 그려져 있다.

낙원에서 선물을 가지고 있던 사자가 지상에 있는 사람에게도 둥근 원반을 주었습니다.

라와 함께 행동하는 사자가 지상에서 그들에게 선물을 주었습니다.

오시리스를 수행하는 신들은 사자가 미라 속에 휴식할 수 있도록 했습니다.

서쪽의 영혼들은 사자에게 빵, 맥주, 황소, 오리를 지상과 천국에서 바치도록 했습니다.

오시리스를 수행하는 아홉 신들은 사자가 적들을 격퇴하도록 도왔습니다.

제169장 분묘를 바로 세우기 위한 주문

제169장은 사자가 누울 침상, 묘실을 바로 세우기 위한 주문이다. 제170장도 동일한 주제를 가지고 있다. 이 장의 주문을 초역하면 다음과 같다.

당신은 사자獅子입니다. 당신은 두 마리의 사자獅子입니다. 당신은 아버지를 보호하는 호루스입니다.

당신의 오른쪽을 일으켜세우고, 왼쪽을 일으켜세우십시오. 게브 신이 당신의 감겨진 눈을 뜨게 하고, 구부러진 다리를 펴고, 심장을 주었습니다. 당신의 영혼은 내세를 향해 떠났고, 당신의 육체는 지하에 있습니다.

당신의 뱃속에 빵이 있고, 입속에 물이 있고, 코 속에 신성한 공기가 있습니다.

분묘 속에 있는 모든 사람들은 당신에게 친절하고 관 속에 있는 사람들은 당신을 위해 개방할 것입니다. 그들은 당신이 원래의 모습을 회복하면 동료들을 소개할 것입니다. 당신은 내세로 가야 합니다.

당신을 위해 라의 면전에 밧줄이 준비되었습니다.

당신은 강가에 있는 그물에 가서 물을 마시고, 발로 걸어야 하며 넘어져서는 안 됩니다. 당신은 대지 위에 있는 사람들을 넘어서 가야 하고, 분묘 아래에 있는 사람들 쪽으로 가서는 안 됩니다.

신이 당신을 위해 도시를 만들었듯이, 당신의 분묘는 당신 것이며 버려서는 안 됩니다.

당신은 순수하고, 당신의 앞자락은 깨끗하며 당신의 등은 소다수, 물, 향으로 깨끗이 씻어냈습니다. 당신은 아피스의 우유, 맥주로 씻어서 깨끗하고, 소다수로 닦아서 사악한 적을 물리칠 수 있습니다.

당신은 라와 함께 가야 하고, 라를 통해 힘을 얻게 될 것입니다. 당신은 사계절, 매 시간마다 다리에 힘을 얻게 될 것입니다. 당신은 시험을 당할 필요도 없고, 감금될 이유도 없으며, 경계당할 필요도 속박당할 이유도 없고 반란군의 감옥에 들어갈 일도 없습니다.

두 마리의 사자獅子가 당신의 영혼을 위해 만든 집으로 안내할 것입니다. 당신은 이미 생명을 갖고 있으며, 당신의 영혼은 건강하고 육체는 영원할 것이며 불을 보고 호흡하며 어둠 속에서 내세로 들어가는 입구를 잘 볼 수 있는 시력을 갖게 될 것입니다.

한편, 사후에 매장되는 곳은 단순한 묘가 아니라 영원한 집의 의미를 갖는다. 현세의 생활은 잠깐이지만 피안의 생활은 영원하다는 믿음 때문에 왕을 비롯한 대신들은 현세보다도 기쁘고 즐거운 생활을 할 수 있도록 넓은 정원, 많은 방, 훌륭한 가구, 많은 종자와 사환들이 기거하는 방까지 만들었다.

이집트에서는 이와 같은 '위대한 집'을 'Per ur'라 했으며, 파라오도 이 단어로부터 파생되었다. 뿐만 아니라 영혼이 파괴되지 않도록 미라를 만드는 데 많은 시간과 돈을 투입했다. 헤로도토스는 『역사』에서 이집트인이 사자를 애도하는 의식과 장례를 다음과 같이 기술하였다.

미라를 만드는 장인들은 유해가 운반되어 오면 실물과 비슷한 목재 미라의 몇 가지 견본을 내보인다. 가장 고귀한 신분을 가졌던 미라의 견본이 가장 비싸고, 그보다 질이 떨어지고 조합한 것이 중간이며, 그리고 그 이하는 가장 값이 싼 것임을 알려주어 미라의 형태를 결정짓는다.

미라의 형이 결정되면 장인들은 먼저 사자의 비공鼻孔에 갈고리를 넣어 뇌수腦髓를 끄집어내고 약품을 사용하여 씻어낸다. 그다음에 복부를 절개하고 내장을 적출한 다음 야자유와 향료로 씻어내고 몰약과 계피 등의 향료를 채워서 봉합한 후 소다수에 담가 칠십 일간 보관한다. 칠십 일째가 되는 날 유체를 꺼내어 씻은 다음 상급의 아마포로 만든 붕대를 전신에 감고, 그 위에 고무를 바른다.

그후 가족들이 미라를 인계받아 사자가 생전에 데리고 있던 가신과 종자를 철, 금속, 목재로 만든 인형과 함께 사체 속에 봉인하고 장례 당일까지 보관한다.

중류계급은 유체의 항문에 삼목杉木에서 뽑아낸 기름을 주입하여 내장을 분해시켜 체외로 배출시키고, 소다수에 담근 후 칠십 일째 되는 날 기름을 빼내는 비교적 간단한 방법을 사용한다.

서민계급은 하제下劑를 사용하여 내장을 씻어낸 다음 칠십 일간 소다수에 담갔다가 그대로 가족에게 인도한다. 또 미라를 만드는 데 지불할 능력이 없는 사람들은 사체에 산양의 피를 덮거나 야자나무를 덮어 매장한다.

그러나 관과 부장품을 갖춘 분묘는 대체로 중상층에 한정되었고 나머지는 황폐해진 타인의 묘를 재사용하거나 바위의 암굴 묘를 이용했다. 따라서 현재 남아 있는 『사자의 서』 파피루스는 모두 지위 높은 고관들의 것이다.

제170장 분묘실을 만들기 위한 주문

분묘실을 만든 후 정리하는 주문이다. 삽화는 생략되어 있다. 분묘실을 만들고 정리하는 이유는 묘실 안에 침상을 놓아 사자가 누울 수 있도록 하기 위한 것이다.

오 사자여, 나는 당신에게 육체를 주었고 뼈를 모았으며 당신의 동료를 모았습니다.

우리는 당신의 육체가 있는 대지에 당신을 놓았습니다.

당신은 알 속에 있는 호루스입니다. 신을 볼 수 있도록 일어나십시오. 당신의 팔을 수평선까지 벌려 당신이 원하는 순결한 땅까지 닿도록 하십시오.

거기에 있는 사람들이 당신을 도와줄 것이며, 당신을 환영할 것입니다. 호루스가 당신을 일으켜세울 것입니다.

오 사자여, 아누비스 신이 당신을 일으켜 세우고 붕대를 단단히 감아줄 것입니다.

토트 신이 마법의 말이 담긴 책을 가져와 주고 당신의 손을 수평선에 놓을 것입니다.

오 사자여, 아툼 신이 당신을 영원하게 할 것입니다.

오 사자여, 당신은 호루스입니다.

오 누트 신이여, 나는 하늘의 상속자이며, 빛을 탄생시킨 군주입니다.

제171장 신성한 옷을 만들기 위한 주문

신성한 의상을 만드는 주문이다. 삽화는 생략되어 있다. 포크너가 편집한 『사자의 서』에는 사자가 신성한 옷을 얻기 위해 다음과 같이 하늘의 신, 지상의 신, 남과 북의 모든 신들을 경배한다.

아툼 신, 슈 신, 테프누트 신, 호라크티 신, 하토르 신, 네프티스 신, 두 국가의 왕인 아몬 신, 크로코딜로폴리스의 세베크 신, 남쪽의 신, 북쪽의 신, 하늘의 신, 지상의 신이여! 나의 영혼이 소중히 간직할 수 있는 신성한 옷을 주십시오.

그 옷을 입고 사악한 적들을 제거할 수 있도록 해주십시오. 청결한 옷으로 나를 영원하게 하고 사악한 적들을 제거할 것입니다.

제172장 신성한 옷을 만들기 위한 주문

사자가 자신을 위해 낭송하는 주문이다. 삽화는 생략되어 있다. 이 주문은 육체를 정화시켜 자신이 순수한 사람이라는 것을 밝히는 내용으로 신의 동료가 되고자 하는 원망이 가득차 있다.

나는 소다수로 정화했습니다. 소다수와 향유로 몸을 씻었습니다. 나는 청결하다는 것을 내 입으로 노래합니다.

강물 속의 물고기보다도 더 순수하고 신전보다도 더 신성합니다. 나의 낭송 또한 순결합니다.

나는 얼마나 행복한지 모르겠습니다. 프타 신이 나를 찬양하고, 모든 신과 여신들까지 나를 찬양했습니다.

제173장 오시리스를 부르는 주문

사자가 자신을 호루스와 동일시하고 자신의 아버지 오시리스를 부르는 장이다. 삽화에는 사자가 오시리스를 경배하는 장면이 그려져 있다. 이 주문은 사자가 오시리스를 위해 논을 경작하고, 나일강의 운하를 관리하고, 농업용수를 관개하고, 신선한 야채를 제공하고, 신들을 위해 신전에 공물을 영원히 바치고, 이집트를 단결시키고, 빵을 만들고, 오시리스의 적들을 제거한다는 것을 서약하는 내용이다. 포크너가 편집한 것을 초역하면 다음과 같다.

오 오시리스여! 나는 당신의 아들 호루스입니다. 나는 나의 아버지 오시리스를 경배하기 위하여 왔습니다.

오 오시리스여! 나는 당신의 아들 호루스입니다. 나는 당신의 적들을 제거하기 위해 왔습니다.

오 오시리스여! 나는 당신의 아들 호루스입니다. 나는 당신을 위해 경작하러 왔습니다.

오 오시리스여! 나는 당신의 아들 호루스입니다. 나는 당신을 위해 운하를 건설하려고 왔습니다.

오 오시리스여! 나는 당신의 아들 호루스입니다. 나는 당신을 위해 호수에 물을 관개하려고 왔습니다.

오 오시리스여! 나는 당신의 아들 호루스입니다. 나는 당신을 위해 반란자들을 살해하러 왔습니다.

오 오시리스여! 나는 당신의 아들 호루스입니다. 나는 당신을 위해 황소와 가축을 도살하러 왔습니다.

오 오시리스여! 나는 당신의 아들 호루스입니다. 나는 당신을 위해 신선한 야채를 갖고 왔습니다.

제174장 혼을 부르는 주문

천국의 문으로부터 혼을 부르는 장이다. 삽화에는 사자가 문에서 걸어나오는 장면이 그려져 있다. 이 주문은 사자가 게브 신, 아툼 신, 동과 서쪽의 신을 나열하면서 이들 신들이 오시리스를 탄생시켰듯이 자신의 혼과 심장이 결합하여 새롭게 태어날 수 있도록 기원하는 내용으로 포크너가 편집한 것이다.

게브 신이 당신을 만들고, 아홉 명의 신이 당신을 낳았습니다.

나는 새롭게 태어나 볼 수 있고 마침내 여기에 서서 이제는 무기력한 잠에 빠지지 않겠다는 것을 선포했습니다.

위대한 지혜의 신이며 오시리스의 오른쪽에 있는 시아 신으로부터 나의 혼과 심장이 결합되는 것을 검증받았습니다.

나는 위대한 여신의 지혜로 심장을 결합했습니다.

'아홉 명의 신Ennead'이란 헬리오폴리스의 창세신화에 등장하는 주신들로 태초의 물에서 스스로 태어난 아톰과 삼대에 걸친 신들로 그 자식인 슈와 테프누트, 손자인 게브와 누트, 그리고 증손자인 오시리스, 이시스, 세트, 네프티스를 집단적으로 지칭하는 말이다. 따라서 이 주문은 사자가 헬리오폴리스의 모든 신들로부터 보호를 받고 있기 때문에 혼과 결합하여 부활할 수 있다는 희망이 가득 실려 있다.

제175장 두 번 죽는 것을 방지하기 위한 주문

제175장과 제176장은 사자가 하계에서 두 번 죽는 것을 방지하기 위한 주문이다. 제175장에서 하계는 바람도, 빛도, 물도 없는 암흑으로 묘사되어 있다. 삽화에는 사자가 토트 신을 경배하는 장면이 그려져 있다.

이 장은 흥미로우면서도 매우 난해한 장이다. 아니의 파피루스에 의하면 사자는 누트 신의 아들의 훼방으로 혼란에 직면하게 된다. 이때 아니는 혼란을 이해할 수 없어서 토트 신에게 가서 해석을 의뢰한다. 그러나 토트 신은 결코 설명해주지 않는다. 이윽고 아니가 어둠보다도 더 어둡고, 공기도 물도 아닌 무시무시한 곳에 있는 것을 발견하게 된다. 자신이 왜 이곳에 있어야 하는지를 알 수 없고 또 어딘지도 알 수 없다. 아니가 다시 토트 신에게 다가가서 묻는다.

"내가 얼마나 더 살 수 있습니까?"

그제야 토트 신은 만족할 만한 대답을 들려준다.

"너는 백만 년을 살게 될 것이다."

나머지 이야기는 사자 아니가 행복을 얻는 내용이다.

나비유는 이 장의 기원을 홍수의 신화에 뿌리를 둔 것으로 해석했다. 필자가 라의 신화에서 언급한 것과 유사하게 나비유는 오시리스가 하늘로 승천하면서 홍수를 내려 모든 인간을 파멸시킨 다음, 호루스로 하여금 불의 왕국을 건설하게 했다고 밝히고 있다.

아니가 토트로부터 백만 년을 살 수 있다는 말을 들은 것은 홍수로 인해 백만 명을 죽게 하고 그 외에 자기만이 선택되어 살 수 있게 된다는 것과 연관된다는 것이 나비유의 해석이다.

제176장 하계에서 두 번 죽는 것을 방지하기 위한 주문

사자가 생명을 상징하는 앙크를 들고 있는 토트 신에게 두 번 죽지 않도록 기원하는 장면

사자가 하계에서 두 번 죽는 것을 방지하기 위한 주문이다. 주해가 붙어 있고, 삽화는 생략되어 있다. 제175장과 제176장은 앞에서 설명한 제45장, 제46장과 동일한 주제를 갖고 있으며 포크너가 편집한 주문은 다음과 같다.

나는 동쪽의 대지를 싫어합니다. 나는 파괴가 지배하는 곳에는 들어가고 싶지 않습니다.
상하 이집트가 통일되는 날, 모든 사물을 지배하는 위대한 군주가 자신의 권능을 나에게 부여할 수 있는 서쪽으로 가길 원합니다.

영혼이 파괴되어 부활할 수 없는 것을 두 번 죽는다고 한다. 사자가 공물을 받지 못하거나, 괴물의 공격으로 영혼을 파괴당하거나 부패할 경우 부활할 수 없게 된다. 이 때문에 영혼을 파괴하는 무수한 적들로부터 신체를 온전하게 보존하는 온갖 수단과 주문, 부적이 동원된 것이다.

제177장 영혼을 성장시키고 살 수 있도록 하기 위한 주문

사자의 혼이 성장하고 하계에서 살아갈 수 있도록 영혼을 부여하기 위한 주문이다. 삽화에는 사자가 공물을 받는 장면이 그려져 있다. 이 장은 사자가 누트 신에게 말하고 신이 사자에게 대답하는 형식으로 진행된다.

누트 신에 대한 청원

오 누트 신이여, 나의 날개는 매의 그것처럼 쑥쑥 자라고 있으며, 나의 깃털은 신성한 매 그것입니다. 나의 영혼이 나에게 돌아오고 마법의 말도 갖게 되었습니다.

누트 신의 대답

너는 하늘의 별들 앞에서 나의 자리를 마련해야 한다. 너는 하늘의 외로운 별이다. 네가 영혼에게 명령을 한 것은 잘한 일이다. 너는 힘을 가지고 있으므로 배고프지 않고, 별들 사이에 있지 않고 또 그렇게 되지 않을 것이다.

황소의 뿔과 같이 너의 영혼을 상징하는 머리를 보거라. 너는 암양이 출산한 어린 숫양이며, 네 개의 젖꼭지로 먹게 될 것이다. 푸른 눈의 호루스가 너에게 오고, 과격한 힘을 가진 붉은 눈의 호루스가 너를 기다릴 것이다. 너는 힘을 가지고 있어서 파괴되거나 사멸하지 않을 것이다. 그리고 너는 신과 인간들 속에서 살아갈 것이다.

제178장 육체를 발육시키기 위한 주문

사자의 귀, 머리, 눈이 힘을 가지고 멀리 볼 수 있도록 육체를 발육시키기 위한 주문이다. 삽화는 생략되어 있다. 포크너가 편집한 주문은 영원한 군주가 사자에게 빵을 주어 호루스의 눈을 가지고 멀리 날게 하고 머리를 세울 수 있도록 하는 내용이다.

오 라 신이여, 당신은 음식과 먹을 것을 관리하고 명령하고 있습니다. 사자는 빵의 집을 관리하길 원합니다. 나에게 그리로 가게 해주십시오.

나에게 빵과 맥주를 주어 모든 것이 행복하고 순수한 날이 되게 하여주십시오.

하늘을 지배하는 라와 토트 신이여 당신이 먹는 것을 내가 먹을 수 있게 하고, 당신이 마시는 것을 내가 마실 수 있게 하고, 당신이 앉아 있는 곳에 내가 앉을 수 있게 하고, 당신이 강한 만큼 나를 강하게 하고, 당신이 항해할 때 나도 항해할 수 있도록 해주십시오.

제179장 어제를 떠나서 오늘로 돌아오기 위한 주문

어제를 떠나서 오늘로 돌아오기 위해 사자가 자신과 신에게 기원하는 주문이다. 삽화는 생략되어 있다.

어제는 사자가 죽은 날이며 오늘은 천국으로 가는 날이다. 어제는 비록 사자가 죽었지만 오늘은 새로운 모습으로 붉은 왕관을 쓰고 신들의 안내로 천국의 길을 향해 가는 날이다.

나는 어제 죽었고, 오늘 다시 귀환했습니다. 나는 나 자신의 모습을 갖고 있습니다. 그러나 돌아오는 길에 나무 때문에 머리가 헝클어졌습니다. 왕홀을 가지고 오느라 빗질하지 못했습니다.

나는 왕관을 쓴 군주이며, 눈을 보호하는 붉은 신입니다.

나는 어제 죽었고, 오늘 다시 귀환했습니다. 내가 귀환하도록 위대한 군주의 문지기들이 길을 열어주었습니다. 나는 적들을 물리치고 나왔습니다. 나는 그들을 무찌를 힘을 갖고 있습니다.

나는 귀환하는 날에 피를 소유하고 있고, 칼을 가지고 있습니다. 그렇다고 강도는 아닙니다.

위대한 붉은 왕관이 나에게 주어졌습니다. 나는 적들에 대항하여 그들을 이기고 낮에 출현했습니다. 나는 그들을 이길 힘이 있습니다. 그들은 나에게 항복하지 않았고 도망가지도 않았습니다. 그래서 나는 그들을 오시리스 법정에 세울 것입니다. 나는 성스러운 신전에서 그들을 살해할 것입니다. 나는 그들을 이길 힘이 있습니다. 어디를 가더라도 모든 신들이 갖고 있는 모습을 소유할 것입니다.

제180장 라를 찬양하고 낮에 출현하기 위한 주문

태양신 라와 하계를 찬양하는 장이다. 삽화에는 사자가 라와 다른 두 신을 찬양하는 장면이 그려져 있다. 포크너가 편집한 주문에는 사자가 라와 오시리스의 하인이며, 상속자임을 찬양하는 내용이 들어 있다.

오 라 신이여!
서쪽의 모든 신과 정령들에게 영광을 부여하며 나타나는 오시리스와 같이 휴식하고 있는 라 신이여. 당신은 서쪽 끝에 휴식하고 있는 신성한 영혼입니다.
오 오시리스 신이여!
나는 당신의 신전에 있는 노예입니다. 내가 하계에 있는 자 앞에 영광스럽게 나타날 수 있도록 허락해주십시오.
나는 오시리스의 상속인입니다. 나는 내세에서 그의 가발을 받았습니다. 나는 당신의 육체로부터 영광스럽게 출현했습니다. 나는 그의 아버지가 되었고, 그도 환영했습니다. 나를 보고 환영해주십시오.
나는 높은 곳에 있습니다. 나는 존재하고 나의 형체를 제시할 수 있으며 나의 영혼에 길을 만들어줄 수 있습니다. 아름다운 내세에서 평화롭게 살 수 있도록 해주시고, 당신과 함께 지낼 수 있도록 해주십시오.

제181장 오시리스 법정으로 향하기 위한 주문

하계의 왕국인 오시리스왕국에 가기 위한 주문이다. 삽화에는 사자가 오시리스를 경배하는 장면이 그려져 있다. 포크너가 편집한 주문을 발췌하면 다음과 같다.

내세의 위대한 신 오시리스, 낙원의 군주, 당신을 찬양합니다.
당신은 라처럼 영광스럽게 나타났습니다.
보십시오. 라는 당신을 보러 왔고, 당신의 아름다움에 기뻐했습니다.
라의 둥근 태양 원반은 당신의 태양 원반
라의 광명은 당신의 광명
라의 왕관은 당신의 왕관
라의 위대함은 당신의 위대함
라의 아름다움은 당신의 아름다움
라의 위엄은 당신의 위엄
라의 자리는 당신의 자리
라의 유산은 당신의 유산
라의 갑옷은 당신의 갑옷
라의 운명은 당신의 운명
라의 선행은 당신의 선행
라의 지혜는 당신의 지혜
라의 영예는 당신의 영예
라를 보호하는 자는 당신을 보호하는 자
라가 죽지 않으면 당신도 죽지 않고, 라가 적들에게 승리하면 당신도 승리할 것입니다.

라에게 사악함이 없으면 당신도 영원토록 사악함이 없을 것입니다.

아홉 명의 신 앞에 긴 왕관과 왕홀을 들고 있는 누트의 아들 오시리스여!

당신은 전능한 유일한 군주이며, 당신의 아들 호루스가 당신을 보호합니다. 그는 군주를 위하여 적들을 제거했습니다. 당신의 가족들이 당신의 육체를 꿰매고 당신을 부활시켰습니다.

신성한 땅의 군주 오시리스여. 나의 심장은 정직하고 나의 손은 정화되었습니다. 나는 당신의 땅을 정화시키고, 호수를 깨끗이 할 것입니다.

제182장 토트 신 앞에서 심장에 활력을 주고, 오시리스의 적들을 격퇴시켜 오시리스를 영원하도록 만드는 주문

오시리스의 척추를 만들고 심장이 뛸 수 있도록 호흡을 부여하고, 토트가 오시리스의 적을 격퇴하기 위한 주문이나 삽화에는 수 많은 신들에 둘러싸인 채 사자가 관 속에 누워 있는 장면이 그려져 있다.

나는 토트 신입니다. 순수한 손으로 정직하게 기록하고, 순수성을 가지고 있으며 모든 악을 제거하고 진리만을 기록하며 위선을 싫어하고 모든 군주를 보호하는 토트 신입니다.

나는 두 국가의 기록과 말을 해석하는 법의 지배자입니다.

나는 라를 존경하는 토트 신입니다. 나는 자신을 탄생시킨 그를 더욱 강하고 고귀하게 하는 힘의 군주이며, 태양선에서 백만 년 동안 쓸 수 있는 마법을 갖고 있으며 두 국가의 내용을 이루는 법을 지배하고 있습니다.

나는 오시리스가 적들로부터 승리할 수 있도록 도와준 토트입니다.

나는 호루스를 평화롭게 만든 토트입니다.

나는 오늘 오시리스왕국의 케라하에서 온 토트입니다.

나는 밧줄이 달린 태양선을 타고 동쪽과 서쪽을 다녀왔습니다. 나는 어떤 신보다도 높은 곳에 있으며 나의 이름은 '제일 높은 곳에 있는 얼굴'입니다.

영원히, 영원히 존재하는 고귀한 오시리스를 찬양합니다.

제183장 운 네페르에 충성을 서약하고, 숭배하는 오시리스 찬가

오시리스를 찬양하고 사자의 영광을 오시리스에 돌리는 주문이다. 삽화에는 두 손을 하늘로 들고 경배하는 사자와 토트 신이 그려져 있다.

오 누트의 아들, 영원의 군주 오시리스여!

나는 토트 신을 수행하고 있고, 모든 것을 훌륭하게 완수하여 매우 유쾌합니다.

토트 신은 당신의 코를 위하여 신선한 공기를 주었고, 당신의 체면을 위하여 삶과 통치권을 주었습니다.

오 낙원의 군주여!

아툼 신이 사는 북쪽에서 불어오는 순풍이 당신의 코로 불어오고 있습니다.

토트 신은 당신의 가슴에 태양을 비추게 했고, 어두운 길을 밝혔습니다. 그리고 입에 있는 마법의 말로 당신의 육체에서 사악함을 제거했습니다. 그리고 당신과 대항하는 신들을 진정시키고, 광란과 소란을 중지시켰습니다.

토트 신은 경쟁관계에 있는 신들을 잘 배치시켜 두 국가가 평화롭게 화해토록 했습니다. 그는 당신의 마음속에 화를 제거하고 서로 다정스럽게 만들었습니다.

당신의 아들 호루스는 아홉 명의 신 앞에서 자신의 결백을 입증했고, 나라를 다스리는 왕권을 부여받았습니다. 그리고 그의 우라에우스가 전국에 가득찼습니다.

게브의 왕관이 그에게 이양되고 아툼의 신전에서는 그것을 모래판에 새겨 기록으로 남겼습니다.

나는 순수한 손으로 기록하는 훌륭한 서기 토트입니다. 나는 사악한 것을 물리치고, 진리를 기록하고, 위선을 검증하고, 펜으로 모든 군주를 보호하고, 두 국가의 말과 기록을 해석하는 순결한 군주입니다.

나는 정의의 군주, 조용한 목소리로 그를 변호하고, 재산을 잃은 가난한 자를 보호하고, 어둠도 없애고, 폭풍을 가라앉히는 토트입니다.

나는 오시리스가 어머니 자궁에서 태어났을 때 호흡을 주고 북쪽 바람을 주었습니다. 나는 그를 비밀의 동굴로 들어가게 하여 움직이지 않는 심장을 재생시키도록 했습니다. 누트의 아들 오시리스는 호루스의 정의를 입증시켰습니다.

제184장

사자가 오시리스로 다시 태어날 수 있도록 기원하는 주문이다. 삽화에는 사자가 오시리스 옆에 서 있는 장면이 그려져 있다.

제185장 오시리스 켄티 아몬티 운 네페르의 찬가

오시리스를 찬양하고, 영원한 주인으로 섬기기 위한 주문이다. 삽화에는 사자가 오시리스에게 경배하는 모습이 그려져 있다.

사자가 "군주 가운데 군주 왕중의 왕, 모든 신 가운데 주신인 오시리스"라는 찬가를 부르면 아니는 신의 동료로서 지위를 얻고 그의 영혼이 내세에서 권위를 얻게 된다.

1. 진실을 말하는 오시리스 아니가 오시리스 켄티 아몬티 운 네페르를 경배합니다. 영원한 나의 군주를 찬양합니다.

2. 불멸의 존재, 군주 가운데 군주, 왕중의 왕, 모든 신 가운데 주신主神.

3. 자신의 신전에 살고 있는 군주를 찬양합니다. 당신의 영혼을 경배하고, 내세에 살고 있는 신들과 함께 앉을 수 있도록 해주십시오.

(……)

5. 백만 년의 백만 년을 살아가는 신이여.

제186장 아몬테트의 여인, 하토르의 찬가

사자가 하계의 계곡의 여주인인 하토르, 그리고 메후르트Mehurt(위대한 암소의 여신을 가리킨다)에 경배하는 찬양문이다. 삽화에는 사자가 하토르 신으로부터 부활하고 사자의 계곡으로 걸어가는 장면이 그려져 있다. 하토르는 라의 두 눈 즉, 해와 달을 상징하며 사자에게 백만 년의 생을 주는 능력을 갖고 있다. 다음은 하토르에 대한 찬가의 한 구절이다.

1. 여인. 아몬테트의 여신 하토르
2. 여인. 위대한 내세에 거주하는
3. 라의 두 눈의
4. 그녀의 가슴, 아름다운 얼굴에 거주하는
5. 백만 년의 배에 앉아
6. 진리를 실천하는 평화스러운
7. 수많은 사람들이 갈구하는 배에 거주하며
8. 신성한 대지의 여인
9. 서쪽의 여인
10. 서쪽의 고귀한 여인

제187장 아홉 신의 동료를 만나기 위한 주문

아홉 신의 동료를 수행하기 위한 주문이다. 삽화는 생략되어 있다. 벗지의 책에는 설명과 삽화가 생략되어 있고, 포크너가 편집한 『사자의 서』에 나오는 주문은 다음과 같다.

라의 아홉 신이여, 당신을 찬양합니다. 나는 라 신을 수행하기 위하여 당신들에게 왔습니다. 나는 오늘 한 일이 없기 때문에 당신들과 함께 지나가는 길을 준비해야 합니다.

제188장 분묘를 짓고 낮에 출현하기 위하여 영혼을 보내는 주문

사자가 분묘를 짓고 태양과 함께 출현하기 위해 아누비스로부터 자신의 영혼과 그림자가 돌아다닐 수 있는 힘을 부여받는 주문이다.

삽화는 생략되어 있다.

오! 평화로운 아누비스여, 나의 성스러운 눈과 평화로운 라의 아들은 잘 지내고 있습니다.

당신은 나의 영혼과 그림자를 축하하고 자신이 신에게 바치는 것만큼 라를 보게 될 것입니다.

사람들은 라와 같이 빛나고 하토르와 같이 여행할 수 있는 나의 지혜, 나의 진정한 모습, 나의 신성한 영혼에 의해서 라를 보게 될 것입니다.

따라서 당신은 나의 영혼과 그림자가 안고, 걸어다니고, 영원의 신전에 들어갈 수 있도록 허락해주십시오.

제189장 몸의 위치가 뒤집혀 오염된 것을 먹지 않도록 하는 주문

사자가 굶주림으로부터 벗어나기 위한 주문이다. 삽화는 생략되어 있다. 다음은 포크너가 편집한 주문이다. 이 주문은 사체死體의 위치가 뒤집혀져서 사자의 입 앞에 있는 배설물을 먹게 되는 것을 방지하기 위한 것이다.

내가 가장 싫어하는 것은 먹을 수 없다는 것입니다. 내가 가장 싫어하는 것은 배설물이며, 그것은 정말로 먹을 수 없습니다. 나는 그것을 소비할 수 없습니다. 그것은 나의 복부 가까이에 있고, 발로 만지고 싶지 않습니다.

너는 무엇으로 살아가느냐고 신들과 영혼이 묻는다면, 당신이 나에게 무엇을 가져다주었는지 되물을 것입니다.

나는 나에게 보낸 일곱 개의 빵으로 살아갈 수 있습니다. 그 가운데 네 개는 호루스에게 드리고, 세 개는 토트 신에게 드릴 것입니다.

나는 하토르의 무화과나무 밑에서 먹을 것입니다. 그곳은 그녀를 위해 내가 일원으로서 노래를 부르는 곳입니다.

(……)

제발 나를 해방시켜주십시오. 원하는 장소에서 나의 영혼이 살 수 있도록 하고, 적들에게 항복하지 않도록 나에게 길을 만들어주십시오.

나는 오염된 채로 헬리오폴리스에 되돌아갈 수가 없습니다. 나의 영혼도 배설물을 싫어해서 나의 육체로 돌아오려 하지 않습니다.

제190장

사자의 혼을 완벽하게 보존하기 위한 주문이며 삽화는 생략되어 있다.

1. 『사자의 서』에 출현하는 신들

네베르 체르Neber tcher '우주의 군주'라는 의미를 갖고 있는데, 세트에 의해 살해되었으나 자신의 육체를 재결합한 오시리스에게 부여된 또다른 이름이다.

네케이비트Nekheibit 상이집트 네케브 지역의 지방신을 가리킨다.

네트Net 나일 델타의 사이스Saïs 지방신으로, '하늘의 여인, 신의 여주인'이라는 의미를 갖고 있다. 피라미드 텍스트에 의하면, 그녀는 세크베크의 어머니로 묘사되어 있고 태양이 뜰 때 하늘에 있으며 화살과 밑실을 넣는 북과 왕홀을 들고 있으며 암소의 형태로 의인화되어 있다. 그녀는 베틀과 밑실을 감는 북의 여신이며 그리스의 아르미테스 신과 동일한 의미를 갖고 있다.

네페르 아툼Nefer atum 프타 신과 세크메트 사이에서 태어난 아들이며 떠오르는 태양의 형태로 묘사되어 있다. 그는 보통 머리에 연꽃을 이고 있으나 간혹 사자獅子의 머리를 하고 있다. 우나스 왕의 피라미드 텍스트에 있는 "연꽃으로부터 태어나 라의 턱밑까지 성장하는 네페르 아툼과 같이 매일 지평선으로부터 출현한다"는 구절로 보아 그는 연꽃으로부터 태어났다고 주장하기도 한다.

네프티스Nephtys 오시리스와 이시스의 동생이자 세트의 아내이다. 그녀는 '왕국의 여자'를 뜻하는 상형문자를 머리에 올려놓고 있는 모습으로 형상화되어 있고, 오시리스가 죽었을 때 언니인 이시스를 도와서 시체를 부활시켰다. 『사자의 서』의 삽화에서 이시스와 네프티스 자매가 함께 나오는 것도 이러한 연유에서 비롯된다.

네헤브 카Neheb ka 뱀의 머리를 한 여신으로 종종 사자와 동일시된다.

마아트Maât 라의 딸로서 프타와 크눔 신을 도와서 사물을 '올바르게' 창조한 신이다. 마아트가 올바르다, 진실되다, 순수하다, 실제적이다, 변경할 수 없다, 변함없이 확고부동하다 등의 의미를 지니고 있듯 이 '바꿀 수 없는 하늘의 법률, 이를 관여하는 신'을 의미한다. 『사자의 서』의 '심판의 장'에는 두 명의 마아트 여신이 등장한다. 한 여신은 실정법을, 또다른 여신은 도덕적 규칙을 상징하고, 각각은 하이집트와 상이집트를 분할하여 관리하는 것을 뜻하기도 한다.

메누Menu 암시Amsi라고도 불리며, 아푸Apu의 지방신으로서 번식력, 자연의 생산력을 상징한다. 전능한 호루스, 오시리스의 복수자 호루스와 동일시되는 신이다. 그리스신화에는 판Pan 신으로 등장한다.

메르트 세케르트Mert sekert '침묵을 사랑하는 사람'의 의미를 갖고 있는데, 이시스 또는 하토르를 달리 부르는 이름이다. 이 신앙의 중심지는 서쪽 테베 지역이다. 이 신은 머리에 뿔과 태양 원반을 하고 있는 여신으로 형상화되어 있다.

메후르트Mehurt 태양이 뜨는 하늘, 태양이 움직이는 과정을 의인화 하여 두 척의 태양선이 항해하는 모습과 암소의 형태를 한 모습으로 형상화되어 있다. 피라미드 텍스트에는 토트 신이 지켜보는 가운데 마아트의 집에서 사자를 심판하는 장면을 찾아볼 수 있다.

바스트Bast 네페르 아툼의 어머니이며, 부바스티 지역(현재의 텔 바스타 Tell Bastah 지역)의 유명한 지방신으로 태양의 따스한 빛을 가지고 있는 고양이 머리의 신으로 의인화되어 있다. 고양이는 당시 성스러운 동물의 하나로 간주되었다.

베브Beb 오시리스의 첫째 아들이며 창조의 신 가운데 한 명이다. 베브 이
외에 베브티, 바바, 바부라고도 불린다.

세르그Serq, Selk 이시스의 모습에 머리는 전갈 형태 또는 둥근 원반을 하
고 있으며 뿔이 달린 여인으로 형상화되어 있다.

세베크Sebek 세트 신과 동일시되었던 악어 머리의 남신 세베크는 제1폭
포 주변에 위치한 콤옴보 호수의 지방신이다.

세크메트Sekhmet 멤피스에 있는 프타 신의 아내이며 네페르 아툼, 아엠헤
텝의 어머니이다. 그녀는 태양이 타오르는 불꽃으로 묘사되며 라와 오시리
스의 적을 제압하는 역할을 맡고 있다. 라가 인간에게 죽음을 부여하기로 결
정하고 세크메트를 보냈을 때, 자신의 눈으로 복수를 완수해냈다는 전설이
있다. 이 때문에 그녀는 태양의 눈으로 묘사되며 태양에 둘러싸인 사자의 머
리를 하고 있는 것으로 의인화되어 있다.

세트Set 오시리스의 동생이지만 형의 왕위를 탐내서 그를 유인하여 왕위
를 빼앗고 살해했기 때문에 조카인 호루스에 의해 복수를 당하는 악의 상징
이다. 이 때문에 세트와 호루스의 싸움은 영원한 대립, 갈등 관계인 선과 악
의 도덕적 대립의 상징이다. 그는 형태를 알 수 없는 인신수두人身獸頭를 하
고 있으나, 후기에 가서는 흰 피부와 붉은 털을 가진 당나귀로 형상화되었
다. 어느 경우에는 기린과 비슷한 오카피Okapi로 알려져 있지만 이것은 정
확하지 않다. 당시 이집트인들은 붉은 털을 가장 싫어했기 때문에 혐오하는
동물의 특성을 모두 갖고 있는 당나귀를 대입시킨 것이 아닌가 생각된다.

아누비스Anubys 재칼의 머리를 한 길 안내자이자 어둠, 새벽과 관련된 신
이다. 오시리스 신화에 따르면 오시리스가 세트에 의해 살해되었을 때, 라의

사절로 파견되어 이시스와 네프티스를 도와서 오시리스를 찾아내고 사체를 방부 처리하여 미라를 만든 다음 장례를 치르는 데 중심적인 역할을 하였다. 『사자의 서』에서 아누비스는 오시리스의 메신저 역할을 하고 있다. 심판의 장에서 그는 죽은 자를 하계로 인도하고 관 위에 누워 있는 사자를 보호하며, 사자를 오시리스왕국으로 인도하여 영혼을 계량하여 심판을 받는 것을 관리·감독하는 것으로 형상화되어 있다. 아누비스를 신성시하는 것은 사자가 아누비스에 의해 오시리스왕국으로 인도되어 심판을 받는 것을 마치 현세에서 들개가 사막의 길을 만들고 오아시스로 인도하는 역할과 동일시해왔던 사고를 반영한 것이다.

아누비스 이외에도 웁우아트Up-uat라는 늑대의 이름이 나오며, 종종 중복 사용되고 있다. 웁우아트는 '길 안내자'라는 의미다. 이것은 아누비스와 웁우아트가 각각 북쪽 지방과 남쪽 지방에서 달리 사용되었기 때문으로 해석된다.

아몬Amon 아몬은 아주 오래된 신이며 피라미드 텍스트에는 아몬트Amont로 언급되어 있고, 그리스로 건너가서 암몬이 되었다. 그러나 아몬 신과 그의 부인인 무트Mut, 아들인 콘수Khonsu는 『사자의 서』에서 자주 발견되지 않는다. 제18왕조 시대에 아몬 신은 우주를 창조하고 지탱하는 신비적인 힘을 가진 것으로 인식했고, 태양신 라와 결합하여 아몬라Amonra로 자리잡게 되었다.

아스텐누Astennu 토트 신 그리고 토트의 동료에게 주어진 이름이다.

우아치트Uatchit 부토의 지방신으로 태양이 뜰 때 하이집트의 왕관과 왕홀을 갖고 하늘에 나타나는 수호신으로 형상화되어 있다. 그녀는 나일강의 떠도는 섬의 성주이며, 이시스와 네프티스가 오시리스를 찾으러 갈 때 아들 호루스를 맡아 기른 여신이다.

운 네페르Un nefer 원래 '아름다운 사물'을 뜻하며, 내세에서 사자를 심판하는 능력을 가진 오시리스에게 부여된 또다른 이름이다.

케페라Khepera 모든 사물과 세상을 창조했으며, 아툼 신과 마찬가지로 자기 창생의 신이다. 케페라(또는 '케프라'라고 불리기도 한다) 신의 상징은 룩소르의 성스러운 연못 앞에 놓여 있는 것과 같이 '풍뎅이' 형태를 한 인간이다. 태양신 라의 사제들이 라를 케페라와 동일시한 사실을 볼 때 풍뎅이에 대한 신앙은 라의 신앙보다 더 오래되었다고 간주할 수 있다.

딱정벌레를 비롯한 풍뎅이와 같은 갑충은 열대 지방을 비롯한 나일강 계곡에서 주로 서식했기 때문에 갑충에 대한 신앙은 이집트와 수단 지방에서는 일반화되어 있었다. 이 곤충은 검은색을 띠고 있지만, 어떤 종류는 많은 색을 몸에 지니며 주로 낮에 날아다니는 습성을 갖고 있어서 태양이 떠오르면 같이 활동하는 것으로 간주되었다.

이처럼 열대의 지리적인 특성을 반영한 풍뎅이 신앙은 제4, 제5, 제6 왕조에서 일반적인 신앙으로 자리잡았다. 우나스Unâs 왕의 피라미드 텍스트에는 이러한 사상이 잘 반영되어 있다.

우나스 왕은 거위처럼 날아다니며, 풍뎅이와 같이 날아다닌다. 우나스 왕은 라의 태양선에 있는 빈 왕관 위에 풍뎅이처럼 내려앉았다.

풍뎅이가 케페라 신의 상징으로 등장한 이유는, 소똥이나 말똥을 경단처럼 말아올리는 것이 두 팔을 벌려 태양 숭배를 하는 인간의 모습과 유사하기 때문이다. 또 유충의 먹이를 위해 만드는 경단이 태양의 둥그런 형태와 비슷하고, 경단을 만들어 유충의 영양분을 공급하는 것도 케페라 신이 삶과 죽음 등 인간을 보호하고 지배하는 것과 유사하기 때문이다. 이러한 이유로 풍뎅이의 배면에 상형문자를 부조해 넣어 사자와 함께 매장하는 풍습이 제4왕조 시대부터 퍼지기 시작했다. 『사자의 서』 제30장과 제65장은 이러한 내용을 담고 있다.

케페라, 라, 하르마키스, 아툼 태양을 상징하는 라 신은 매일 아침 동쪽의 하늘에서 나타나 태양선을 타고 하늘을 여행하는데 새벽에는 케페라 Khepera, 대낮에는 라Ra로 불렸고, 석양이 질 때에는 하르마키스Harmakys, 저녁이 되어 서쪽 산에 있는 암흑의 하계로 들어가게 될 때는 아툼Atum으로 불렸다. 아툼은 계란의 모습으로 물 위에 떠 있으면서 여러 부류의 신과 남자와 여자, 생물을 창조했다. 케페라는 하늘과 땅을 창조하고 이들 신들이 바람의 신 슈, 비의 여신 테프누트를 만들었다. 그 다음으로 땅의 신 게브를 만들고 대기의 여신 누트를 만들었다. 그후 지상의 인간을 지키기 위해 오시리스, 이시스, 세트, 네프티스, 호루스를 만들었다. 이들이 헬리오폴리스 개벽신화의 주인공들이다.

켄티 아몬티 Khenti amonti   아비도스 지방의 장제의 신인 켄티 아몬티는 태양이 지는 서쪽을 지배하는 신이다. 태양이 지면 서쪽은 사자의 국가가 되고, 아비도스 서쪽의 비옥한 토지와 사막은 남이집트인을 위한 거대한 묘지가 된다. 피라미드 텍스트에는 사자에게 공물을 바치고 사자를 향해 고하는 말이 다음과 같이 기록되어 있다.

그대는 모든 신들이 다니는 길을 따라왔으며, 그대를 위해 바친 이 공물을 보기 위해 계속 바치고, 이것은 서쪽 제일의 신인 그대를 위해 만든 것이다.

후에 켄티 아몬티는 오시리스 신앙이 지배적인 위치를 차지함에 따라 상호 결합되었다.

크눔 Khnum   그는 제1폭포와 그곳의 항구인 필레, 엘레판틴 지방에서 으뜸가는 신이었다. 초기에 그는 단지 제1폭포의 물의 신이었고, 나일강의 홍수를 의인화한 지방신이었다. 그러나 후기에 가서는 이집트 전역에서 나일 신이 되었다.

인신양두人身羊頭의 화신인 크눔 신은 흰 왕관을 쓰고 평온과 삶의 상징을 손에 든 채 앉아 있는데 제12왕조가 시작될 무렵에는 이 숫양의 모습은 사라진다. '크눔'이라는 말은 '건설하다, 만들다, 연결하다, 함께 이루다' 등의 의미를 내포하고 있다. 이것은 태양과 달, 신과 인간을 만들었다는 창조의 의미다. 크눔은 커다란 우주의 달걀을 만들어 그 안에 태양을 담고, 도자기를 굽는 불꽃 화로에서 인간을 만들었다고 한다.

신화에 의하면 이집트 제3왕조의 왕이었던 제세르Tcheser가 통치할 때 칠 년 동안 흉년이 들었는데 이 기근은 이집트인들이 크눔에 대한 숭배를 소홀히 했기 때문에 크눔 신이 제1폭포의 바위를 들어다가 나일강 물을 막고 전 국토를 파괴했다고 한다. 이에 따라 왕이 엘레판틴의 신전에 가서 공납을 행하자 크눔 신이 나일강의 물을 다시 흘려보내 기근을 면하게 했다고 전한다. 이처럼 크눔과 나일강은 동일시되었다.

타우르트Taurt 신의 지배자, 신의 창조자라는 의미로서 세푸트Sheput라고 불리기도 한다. 이 여신은 앞발을 들고 뒷다리로 서 있는 하마로 형상화되어 있으며, 간혹 깃털과 둥근 원반 뿔을 가진 여인으로 그려지기도 한다.

토트Thoth 따오기Ibis 머리를 하고 왕관과 둥근 원반을 이고 있는 모습으로 형상화된 토트 신은 우주를 만들고 과학과 예술을 만든 창조의 신으로 알려져 있다. 왜냐하면 그의 중얼거림에 의해 지구와 물, 바다, 공기, 하늘이 만들어졌기 때문이다. 또한 예술과 연금술 등 과학을 발명하여 '파피루스의 지배자' '상형문자의 군주'로 불리기도 한다. 한편 그는 내세에서 적대적인 힘으로부터 사자를 보호할 수 있는 마법의 언어를 지니고 있어서 '전능의 힘을 가진 연설자' '달콤한 혀'라는 별명을 갖고 있기도 하다.

프타Ptah 아름다운 얼굴을 가진 신, 상하 이집트를 만든 신, 두 눈에서 나오는 불로 이집트를 비추는 신 등으로 표현된다. 프타 신은 멤피스에서 지배 계급의 신으로서 멤피스 지방의 전설에 의하면 프타는 원래 크눔이라는 여덟 명의 키 작은 사람들과 함께 천지를 창조하고 동물과 인간을 만들어 냈다고 한다. 프타는 육체적인 안녕과 성생활을 상징하는 메나트Menat를 등에 걸고 다니며, 손에는 삶과 안정을 상징하는 휘장을 들고 있다. 또한 조각과 건축의 신, 물건을 주조하는 대장장이의 신 등 다방면의 얼굴을 갖고 있다.

하토르Hathor '하늘의 집'이라는 의미를 지닌 하늘의 여신으로 '헤트헤루 Hetheru'라고 불리기도 한다. 하토르는 사랑과 미, 행복의 여신으로 그리스로 건너가서 아프로디테 여신이 되었다. 하토르는 머리에 둥근 원반과 뿔을 가진 여신으로 형상화되어 있고 간혹 우라에우스를 가진 사자의 머리로 묘사되기도 한다. 또한 신성한 암소로 묘사되어 사자를 위해 고기와 우유를 제공하는 묘지의 여신으로 형상화되기도 하는 데, 이러한 성격은 수단으로 유입된 전통이다.

하피Hāpi 원래는 헤프르Hepr였으며 상하 이집트에서 경배되는 위대한 나일강의 신이다. 남쪽은 파피루스, 북쪽은 연꽃을 상징하는데 이집트에 번영을 가져다주는 원천이며, 생활하는 데 없어서는 안 되는 물을 형상화한 것이다. 반면 동일하게 발음되는 하피Hapy는 호루스의 아들이다.

호루스Horus, 헤르우르Her-ur 오시리스와 이시스 사이에서 태어난 아들로서 헤루Heru라는 이름으로도 불리며, 그 상징으로서 매의 머리를 가진 신으로 묘사되었다. 호루스 신에게는 두 가지 양면성이 부여되어 있다. 하나는 태양신으로서 밤, 어둠, 암흑과 싸워야 하는 것이며, 또하나는 숙부인 세트와 대결해야 하는 운명이다.
피라미드 텍스트에 의하면 호루스를 나타내는 이름이 어린 유년기, 성장기 등 시기에 따라 다양하게 사용되었다. '어린 아기 호루스'의 의미인 헤루프카르트Heru-p-Khart는 호루스가 입으로 손가락을 빨며 유약하게 성장했던 소년 시절을 지칭하고 있으며 '위대한 호루스'라는 의미의 헤르우르Her-ur는 어린 아기 호루스가 성장하여 아버지를 살해한 숙부 세트와 싸우고 신탁에 의해 왕권을 회복한 것을 가리킨다.
'두 지평선의 호루스'라는 의미의 '호라크티'는 태양이 뜨는 동쪽 지점 Bekhatet과 태양이 지는 서쪽의 끝점Manu를 가리키는데 호루스가 하계에서 사자들을 오시리스 앞에 안내하여 영혼의 무게를 계량하고, 오시리스를 호

위하는 일을 하고 있기 때문에 파생된 말이다.

'남과 북을 통일한 사람'의 뜻을 가진 헤루스마타우이Heru-sma-taui는 영토상 상하 이집트를 통일시킨 주인이자 정신적으로도 태양신 호루스와 오시리스, 이시스의 아들인 호루스가 통합되어 이집트를 이념적으로 통합시켰기 때문에 붙여진 이름이다.

이 이외에도 해와 달을 뜻하는 헤루메루티, 황금의 호루스를 뜻하는 헤루누브 등이 별명으로 사용되었다.

후HS, 사아Sâa 두 여신은 태양선에서 볼 수 있는 신이며, 이들은 아툼 신의 아들이며, 오시리스 법정에서 사자의 심장을 저울로 계량할 때 나타나는 신들이다.

2. 『사자의 서』에 출현하는 지명

이집트인의 신화와 장의를 이해하는 데는 『사자의 서』에 나오는 몇 개의 지명을 살펴보는 것이 필요하다. 고대 이집트는 전국을 마흔두 개 주로 나누었다. 그리스인들은 이를 '노모스Nomos'라고 불렀는데, 상이집트 스물두 개 주, 하이집트 스무 개 주로 구성되었다. 그리고 각각의 주에는 지방 신이 있었다. 뿐만 아니라 각각의 지명을 내세에까지 붙여놓았다.

네켄Nekhen 호루스 신앙의 중심지이며, 상이집트의 세번째 노모스 네케브에 있는 여신 네케베트의 신전을 가리킨다.

라스타우Rastau 세케르의 신. 사카라의 무덤을 뜻했으나 후기에 가서는 내세로 가는 통로의 의미로 사용되었다.

마누Manu 태양이 지는 곳이며, 반대로 태양이 뜨는 곳은 베카Bekha라고 한다.

바스트 Bast　이시스의 영혼과 동일시되는 바스트 신을 경배하는 곳으로 하이집트의 열여덟번째 노모스였다. 헤로도토스는 저서 『역사』에서 부바스티스 Bubastis로 기록했으며, 「에스겔 서」에서는 비베셋 Pibeseth으로 표기했다. 현재의 텔 바스타 Tell Bastah이다.

사 Sa　하이집트의 다섯번째 노모스이자 네이트 Neith 여신을 동시에 지칭하는 말이다.

세케르 보트 Seker boat　세케르의 상징이 그려진 상자를 싣고 있는 배를 말하는데 이 배를 헤누 Henu라고도 한다. 세케르는 완전한 죽음을 지배하는 신이다. 이에 반해 오시리스는 부활에 의해 삶을 다시 살아갈 수 있도록 일시적으로 죽는 죽음을 지배하는 신이란 점에서 차이가 있다. 세케르 보트는 제11왕조 시대부터 기록에 나타나는데, 신관들이 태양이 뜨는 곳으로 세케르 보트를 인도하는 모습들이 『사자의 서』 제74장 삽화에 나온다. 세케르 보트를 태양이 뜨는 곳으로 인도하기 위해 의식을 집전하는 신관은 '대장장이 신인 프타를 경배하는 최고의 사제'란 의미를 지닌 우르 케르프 헴 Ur Kherp hem이라는 공식 직함을 가지고 있다.

세켐 Sekhem　장남 호루스 Her ur를 모신 신전을 말하며 그리스인들은 이곳을 레토폴리스 Letopolis라고 불렀다.

세트 아몬테트 Set amontet　나일강 서쪽 지구의 사막과 산에 위치한 사자의 무덤을 가리키며 원래의 뜻은 '하계의 산'이다. 이집트인들이 생각하는 동쪽과 서쪽은 그 기능과 개념이 다르다. 신왕국 시대의 수도였던 테베는 동서로 나뉘어 발전해왔다. 동쪽 해안은 '살아 있는 자의 계곡'으로서 신전, 왕궁, 개인의 주거지가 형성되었다. 반면, 서쪽 해안은 묘지와 장제전이 건설되어 '사자의 계곡'으로 불린다. 카르낙, 룩소르 신전도 여기에 모여 있다.

수텐 헤넨 Suten henen　상이집트의 열두번째 노모스로서 헨수 Hensu라고도

하며, 그리스어로는 '헤라클레오폴리스 마그나'로 불린다. 성경의 「이사야 서」에 나오는 하네스Hanes가 이 지역이다. 현재는 아흐나스Ahnas로 불리고 있다.

아누Anu 그리스어로는 헬리오폴리스로서 하이집트의 열세번째 노모스였 다. 이집트인들은 이곳을 '태양의 집Per Ra'으로 불렀다. 성경에는 여러 이름 으로 나타난다. 창세기에는 온On으로, 「에스겔 서」에는 아웬Aven으로, 「예 레미야 서」에는 벧 세메스Beth Shemesh로 나오는 지역이다. 아누의 도시는 선사시대부터 태양신과 결합하여 제5왕조 시대에는 신관들이 라의 신앙을 모태로 최고의 지위를 얻었다. 오시리스 신화에 사자가 죽으면 영혼이 자신 의 몸이 보관되어 있는 아누로 여행하여 결합하게 되는데, 그곳이 바로 헬리 오폴리스다.

아몬타Amonta 이곳은 태양이 지는 곳으로 나일강 서쪽 해안에 있는 모든 묘지를 가리킨다. 이집트인들이 처음부터 아몬타를 신화나 장의와 연관지어 생각한 것 같지는 않다. 아몬타가 죽음과 연결된 것은 후기에 들어와서인 것 같다.

아브투Abtu 상이집트의 여덟번째 노모스로서 그리스어로는 아비도스 Abydos라고 불린다. 현재 카이로 남쪽 515킬로미터에 위치한 곳으로 기원전 1318~1304년 사이에 재위했던 세티 1세의 장제전이 있다. 이 신전은 세티 1세가 만든 것으로 여기에는 아몬라, 오시리스, 이시스, 호루스, 프타 신 등 이 있고, 그의 아들인 람세스 2세가 만든 람세스 2세의 장제전이 있다. 아비 도스는 수세기 동안 오시리스의 고향이었고, 오시리스의 고난과 죽음, 부활 이 일어났다고 믿는 곳이다. 지방신화에 의하면 태양이 매일 아비도스로 일 몰하여 하계Tuat로 들어간다고 믿었고, 사자 또한 아비도스의 계곡을 통해 내세로 간다고 믿었다.

아알루Aalu(또는 세켓 아안루Sekhet aanru) 사자의 영혼이 살고 있는 갈대밭을 가리킨다. 이곳은 오시리스 신이 거주하는 곳으로 오시리스의 하인, 즉 사자를 새로운 존재로 인도하고 모든 종류의 음식을 제공하는 풍요로운 내세이다. 『사자의 서』 제110장에 나오는 아알루는 '평화의 밭' 가운데 한 지역이다.

아케르트Akert 내세에서 사자가 거주하는 장소를 가리킨다. 내세에서 거주하는 또다른 곳으로 헤트 벤벤트Het benbent가 있다. 헤트 벤벤트는 원래 이집트와 수단의 태양신 신전에 붙여진 이름이며 이곳은 사자가 거주하는 곳 가운데 하나로 인식되었다. '성스러운 하계'라는 뜻을 지닌 네테르 케르테트Neter Khertet 지역도 사자가 거주하는 곳 가운데 하나이다.

아푸Apu 상이집트의 아홉번째 노모스의 수도였으며 그리스어로는 파나폴리스Panapolis라고 불리는 지역이다. 고대에는 채석장과 아마포를 만드는 지역으로 이름이 나 있었으며, 메누 신, 암시 신, 켐 신 등이 태어난 곳이다.

안테스Antes 빛의 신을 뜻하는 신전이 세워진 지역으로 그곳이 어디를 지칭하는지는 구체적으로 나타나 있지 않다.

케라하Kherāha 현세에서는 나일강의 오른쪽 연안, 아누의 남쪽에 위치한 고대 도시로서 이집트의 바빌론으로 불리는 지역이며, 내세에서는 오시리스 왕국의 한 영토이다.

케메누Khemenu 이집트 신화에서 여덟 명의 위대한 신이 사는 도시로 나타난다. 이곳은 상이집트의 열다섯번째 노모스의 수도로서 그리스 인들이 헤르모폴리스Hermopolis라고 이름 붙인 지역이며, 현재는 에스무넨Eshmunen으로 불린다.

타네네트Tanenet 멤피스 부근에 있다고 믿어져 내려왔던 도시로 오시리스, 프타 신을 모신 성스러운 지역이다.

타체세레트 Tatcheseret '신성한 땅'을 의미하며 곧 내세를 가리킨다. 내세를 지칭하는 또다른 의미로 두아트(Duat 또는 Tuat)가 있다. 본문에서 두아트는 오시리스 법정에 들어가기 전의 내세로서 '하계'로 표현했고, 내세는 영혼이 구원을 얻어 거주하는 곳에 한정해서 사용했다.

테투 Tetu 원시시대에 인간을 제물로 하여 신에게 바쳐진 것을 말하며, 후기에 가서는 인간의 피가 물처럼 흐르는 곳으로 부시리스 지방을 가리킨다.

테투트 Tetut 하이집트의 아홉번째 노모스와 열여섯번째의 노모스를 가리킨다.

페 Pe 델타 지역에 위치한 페르 우아체트 Per uatchet 도시로 그리스어로는 부토 Buto라고 불리는 지역이다. 이곳은 텝 Tep으로도 불린다.

페르 아사르 Per asar '오시리스의 왕국'을 의미한다. 하이집트의 나일 델타에 위치하고 있으며 오시리스 신앙의 중심지이다. 그리스어로는 부시리스라고 불린다.

푼트 Punt 이집트 남동쪽에 위치한 열대 지방으로 후기에 가서는 아프리카 동쪽 해안과 소말리아를 지칭하는 말로 확대되었다. 여성으로서 파라오였던 하트셉수트가 교역을 했던 국가가 푼트 국이었다.

헤트프타카 Hetptahka '프타의 혼이 머무는 집'이라는 의미로서 제1왕조 시대부터 사용되어 온 말이다. 이곳은 하이집트의 첫번째 노모스의 수도이며 멤피스를 성스러운 의미로 부르는 말이다. 멤피스의 또다른 이름으로는 '하얀 벽의 도시'를 뜻하는 아네브 헷체트 Aneb hetchet가 있다.

E. A. Wallis Budge, *The Book of the Dead : Hieroglyphic Trnanscript of the Papyrus of Ani, Late Keeper of the Egyptian and Assyrian Antiquities in the British Museum*, University Book, Inc., Scaucus, New Jersey, 1977.

E. A. Wallis Budge, *The Chapter of coming Forth by day or the Theban recession of the Book of the Dead*, Vol. 1~3. AMS Press, New York, 1976.

R. O. Faulkner, *The Ancient Egyptian Book of the Dead*, British Museum Press, London, Paperback, 1996.

The Ancient Egyptian Pyramid Text, Oxford, 1969.

Thomas George Allen, *The Book of the Dead or Going forth by Day*, Illinoi University of Chicago Press, Chicago, 1974.

The Book of the Dead, trans, and comment, and completed by Edouard Naville, Paris Leroux, 1907.

R. Lepsius, *Das Totenbuch der Äegypter nach dem hieroglypbischen Papyrus in Turin*, Leipzig, 1842.

R. Lepsius, R. *Aelteste, Texte des Todtenbuchs nach Sarkophagen des altʒ egyptischen Reichs im Berliner Museum*, Berlin, 1867.

Ian Shaw and Paul Nicholson, *The British Museum Dictionary of Ancient Egypt*, London, 1995.

Isabelle Franco, *Mythes et Dieux : Le Souffle du Soleil*, Pygmarion, Paris, 1996.

Brian M. Fagan, *L'Aventure Archeologique en Egypte*, Pygmarion, Paris, 1981.

Plutarque, *Oeuvres Morales, Isis et Osris, Les Belles Letteres*, Paris, 1988. The Rosetta Stone in the British Museum, London, 1929.

지은이 **서규석**

연세대학교 사회학과에서 박사학위를 취득했다. 연세대, 배재대, 청주교대에서 '인간과 사회' '경제 인류학'을 강의했다. 한국폴리텍Ⅳ대학 학장을 역임했고, 현재 충남테크노파크 원장으로 재직중이다. 지은 책으로 『잊혀진 문명 참파』『신화가 만든 문명 앙코르와트』『앙코르』『보로부 두르』 등이 있고, 옮긴 책으로 『고다이버』(전2권)가 있다.

이집트 사자死者의 서書

1판 1쇄 1999년 9월 3일 ︱ 1판 12쇄 2024년 7월 17일

지은이 서규석

펴낸곳 (주)문학동네 ︱ 펴낸이 김소영
출판등록 1993년 10월 22일 제2003-000045호
주소 10881 경기도 파주시 회동길 210
전자우편 editor@munhak.com ︱ 대표전화 031) 955-8888 ︱ 팩스 031) 955-8855
문의전화 031) 955-1927(마케팅) 031) 955-1917(편집)
문학동네카페 http://cafe.naver.com/mhdn
인스타그램 @munhakdongne ︱ 트위터 @munhakdongne
북클럽문학동네 http://bookclubmunhak.com

ISBN 89-8281-211-3 03200

잘못된 책은 구입하신 서점에서 교환해드립니다.
기타 교환 문의 031) 955-2661, 3580

www.munhak.com